大银鱼资源、生态与渔业技术

唐富江　李　喆　李培伦　主编

黑龙江科学技术出版社

图书在版编目（CIP）数据

大银鱼资源、生态与渔业技术／唐富江，李喆，李培伦主编. —哈尔滨：黑龙江科学技术出版社，2021. 11

ISBN 978－7－5719－1210－9

Ⅰ. ①大… Ⅱ. ①唐… ②李… ③李… Ⅲ. ①经济鱼类－渔业经济－研究－中国 Ⅳ. ①F326. 4

中国版本图书馆 CIP 数据核字（2021）第 246842 号

大银鱼资源、生态与渔业技术
DAYINYU ZIYUAN、SHENGTAI YU YUYE JISHU
唐富江　李喆　李培伦　主编

责任编辑　刘　杨
封面设计　博鑫设计
出　　版　黑龙江科学技术出版社
地址：哈尔滨市南岗区公安街 70－2 号　邮编：150007
电话：（0451）53642106　传真：（0451）53642143
网址：www. lkcbs. cn
发　　行　全国新华书店
印　　刷　黑龙江龙江传媒有限责任公司
开　　本　787 mm × 1092 mm　1/16
印　　张　14. 5
插　　页　3
字　　数　330 千字
版　　次　2021 年 11 月第 1 版
印　　次　2021 年 11 月第 1 次印刷
书　　号　ISBN 978－7－5719－1210－9
定　　价　98. 00 元

【版权所有，请勿翻印、转载】
本社常年法律顾问：黑龙江博润律师事务所　张春雨

《大银鱼资源、生态与渔业技术》
编委会

主　编　唐富江　李　喆　李培伦

编　委　鲁翠云　曾皓宇　郑　义　鲁万桥
王继隆　刘　伟　那荣滨　张树文
单金根　孔令杰　单志鹏　高文燕
陈　昕

顾　问　尤　洋

前　言

大银鱼是主要分布于我国的小型经济鱼类，在我国大水面增殖渔业中具有特殊的地位，有着经济效益极高的特点。近些年来，大银鱼全国总产量稳定在 8 000 t 左右，成为我国大水面增殖渔业中总利润仅次于鲢鳙的种类。1987 年内蒙古岱海从太湖引进大银鱼，开启了我国大银鱼移植的先河。30 多年的移植增殖成就了大银鱼产业，大银鱼移植地区大庆市杜尔伯特蒙古族自治县被授予“中国大银鱼第一县”的称号。而大银鱼增殖产业也一直受种群数量波动剧烈、产量忽高忽低的困扰，同时也存在大银鱼过度增殖对土著鱼类种群影响明显的问题；此外，在大银鱼移植产业轰轰烈烈开展的同时，土著大银鱼种群却面临着资源衰退的问题。

针对以上几方面的问题，我们先后在中央级科研院所基本科研业务费项目(201014)、国家自然科学基金项目(31201993)、中央级科研院所基本科研业务费项目(HSY201806M&2019HY－JC03)、农业部渔业遥感科学观测实验站开放课题(OFSOES-FRS201503)、中国水产科学研究院创新团队项目(2020TD07)和黑龙江省应用技术研究与开发计划项目(GA20B202)等项目的连续资助下，自 2010 年始进行了 10 余年的潜心研究，开展了大银鱼遗传、生态和可持续稳产技术等方面的研究。鉴于目前尚未有一本关于大银鱼的专著出版，我们在总结自己研究成果的基础上收集和整理了同行的研究成果著成此书，旨在为大银鱼资源保护与可持续增殖渔业提供理论依据和技术指导。

本书第一章由唐富江、鲁翠云执笔；第二章由唐富江、李培伦执笔；第三章由李喆、唐富江执笔；第四章由李培伦、唐富江、李喆执笔。郑义和曾皓宇参与部分数据统计及图表制作等。唐富江负责全书统稿和定稿。其他编者虽未亲自执笔，但在形成本书研究成果中均有其相应的贡献。在这 10 余年大银鱼的研究中，我们得到了众多相关人士的帮助，特别是得到了中国水产科学研究院黑龙江水产研究所领导和科研管理部门的大力支持和帮助，在这里一并表示诚挚的谢意！

本书承蒙大银鱼研究资深专家中国水产科学研究院淡水渔业研究中心尤洋研究员的审阅，特此致谢。

我们在本书中介绍的新发现仍有细化和完善的空间，希望能起到抛砖引玉的作用。

此外，由于北方水域冬季冰封，冰下采集大银鱼早期资源十分困难，故冰下阶段大银鱼食性研究缺失。地域的局限也使我们未能研究衰退的土著大银鱼种群生态。由于经验有限，错误和不足之处在所难免，敬请广大读者批评指正。

CONTENTS 目录

大银鱼资源多样性

第一节　大银鱼的命名、形态与分布

一、命名历史与分类地位

1765 年 Osbeck 首次报道银鱼类，当时命名为 *Albula chinensis*，之后不断有新银鱼物种被提出。1902 年 Jordan 和 Snyder 建立银鱼科 Salangidae，已报道的银鱼有 5 种：*Albula chinensis*、*Salangichthys microdon*、*Salanx euvieri*、*Salanx hyalocranius* 和 *Salanx ariakensis*（郭立，2010）。

1908 年，Regan 对银鱼类群进行了校订，同时建立银鱼亚科（Salanginae），未承认 Jordan 和 Snyder（1902）发现的物种 *Salanx ariakensis* 为有效种，共记录有效物种 9 种分列 6 属，其中包括大银鱼属（*Protosalanx*）（郭立，2010）。

Fang 于 1934 年对银鱼物种进行校订，并将银鱼亚科提升为科，认为 Jordan 和 Snyder 于 1902 年发现的物种 *Salanx ariakensis* 为有效物种，但应划归副银鱼属；Herre（1923）报道的新种 *Parasalanx cantonensis* 实为 *Parasalanx acuticeps* 的同物异名；Pellegrin（1923）报道的 *Protosalanx brevirostralis*、Wu（1931）报道的 *Protosalanx tangkahheii*、Lin（1932）发现的 *Salanx argentea* 均为 *Protosalanx chinensis* 的同物异名（郭立，2010）。

1984 年，Roberts 根据骨骼解剖学特征比较，对银鱼科物种进行整理。作者认为，Abbott（1901）报道的新种 *Salanx hyalocranium* 与先前 Basilewsky 报道的 *Eperlanus chinensis* 为同物异名，加之大银鱼属没有物种使用“*chinensis*”作为种本名，依据物种命名法规应将 *Protosalanx hyalocranium* 更正为 *Protosalanx chinensis*。同时作者认为 Pellegrin（1923）报道的 *Protosalanx brevirostralis* 为有效物种，但应划归至 *Neosalanx* 属（郭立，2010）。

Zhang 和 Qiao（1994）在前人工作基础上，利用银鱼外部形态特征、骨骼特征和卵膜丝的差异，对已有银鱼物种进行整理，将银鱼科划分为 2 亚科 6 属，共记录有效种 17 种。

Zhang 和 Qiao(1994)对银鱼科的分类方法已成为目前我国鱼类研究者广泛采纳的银鱼分类方法,其中大银鱼的学名为 *Protosalanx chinensis*(Basilewsky,1855),同物异名有 *Protosalanx hyalocranius*、*Protosalanx hyalocranium*、*Salangichthys hyalocranius*、*Eperlanus chinensis*(郭立,2010)。

关于银鱼类的分类地位一直存在争议。1990 年以前,较多学者赞同银鱼分类地位为鲑形目(Salmoniformes)、胡瓜鱼亚目(Osmeroidei)、银鱼科(Salangidae)。而 1990 年以后,欧美学派的鱼类分类系统则倾向于胡瓜鱼目(Osmeriformes)、胡瓜鱼超科(Osmeroidea)、银鱼科(Salangidae)(王忠锁等,2002)。此外,银鱼类骨骼为软骨或骨化不全,通体透明,仅眼睛和部分鳍条有色素,终生保持幼态持续现象,伍献文建议将其分类地位提升为银鱼亚目或目(伍献文等,1965)。笔者在北美五大湖区调查时发现美洲胡瓜鱼(*Osmerus mordax*)幼鱼阶段(不是早期阶段)亦为通体透明,色素缺少、无鳞片。基于 *CO* I 基因的分析表明,有明银鱼与胡瓜鱼的遗传距离在 19.4% ~ 21.8% 之间,有明银鱼与美洲胡瓜鱼(*Salanx ariakensis*)的遗传距离为 20.6%,而美洲胡瓜鱼与其他公鱼的遗传距离在 12.3% ~ 16.5% 之间(龚小玲等,2012)。因此,笔者认为以银鱼科(Salangidae)与胡瓜鱼科(Osmeridae)等科并列,隶属于胡瓜鱼亚目(Osmeroidei)、鲑形目(Salmoniformes)比较合适。银鱼科以下的分类阶元也不尽一致,但是大银鱼作为属(*Protosalanx*)的观点基本是一致的。相关研究表明*Protosalanx hyalocranius* 和 *Protosalanx chinensis* 为同物异名,均为大银鱼。目前,两种种名均被使用,其中 *Protosalanx hyalocranius* 的使用更为广泛。

二、形态特征

大银鱼形态具有独特的骨化不全和持续幼态特征,体表无鳞且通体透明,仅眼睛和部分鳍条上有黑色素沉着(见图 1-1)。

大银鱼为小型条形鱼类,呈长圆筒形。体长为体高的 6.4 ~ 10.9 倍,为头长的 4.1 ~ 5.5 倍。头长为吻长的 2.6 ~ 3.8 倍,为眼径的 5.3 ~ 8.0 倍,为眼间距的 2.9 ~ 3.8 倍。尾柄长为尾柄高的 1.7 ~ 2.8 倍。

鳍式:背鳍 2 ~ 3,15 ~ 18;臀鳍 3,29 ~ 30;胸鳍 22 ~ 27;腹鳍 7;尾鳍 19 ~ 20。脊椎骨 64 ~ 69。

大银鱼的背鳍偏后,位于臀鳍前上方,其起点到吻端距离为至尾鳍基部距离的 1.5 ~ 1.8 倍。脂鳍小,与臀鳍末端相对,距背鳍末端较距尾鳍基部为远。臀鳍起点紧邻背鳍后(♀)或在背鳍后 1 ~ 2 根背鳍条下方(♂)。胸鳍具有发达的肌肉基,成熟雄鱼第一鳍条延长。腹鳍起点距胸鳍起点较距臀鳍起点为近,尾鳍叉形。成熟雄性个体的臀

图1－1　大银鱼*Protosalanx chinensis*

鳍上方两侧各具一列鳞片，数量为25～34枚。

头部扁平，吻尖，呈三角形，吻长短于眼后头长。口宽大，下颌稍长于上颌。上颌骨末端超过眼前缘，至眼中部下方前，上颌骨正常。颌与口腔内具齿，此性状作为与非食鱼性银鱼区分的重要特征。成鱼颌与口腔齿的数量排列如下：前颌骨具齿1行，13～14个；上颌骨具齿1行，21～40个；腭骨具齿2行，每行14～28个；下颌骨具齿2行，每行13～44个；舌齿一般2行，每行4～17个；犁骨具齿1簇，约10个。鳃孔大，鳃盖膜与峡部相连，鳃盖条4枚。鳃耙短而细密。

血液无色，肝脏较大，肠道平直且短粗透明，鳔单室。

活体时呈半透明，死后乳白，每个肌节上有1行黑色素点，各鳍膜呈灰白色，边缘较深。

三、分布

大银鱼是广盐性鱼类，可生活于近海、半咸水和淡水中，具有江海洄游型和淡水定居型两种生态类型，其广泛分布于我国渤海、黄海、东海沿岸河口及与之相通的河流中下游和湖泊中，最东北分布至鸭绿江，最东南分布至瓯江，在国外仅见越南有分布的报道。大银鱼土著分布记录信息详见附录一。

1985年，苏州桑蚕高等专科学校向内蒙古岱海移植大银鱼受精卵开启了我国大银鱼移植的先河。1995年农业部和水利部联合发文号召大力推广银鱼移植增殖技术，掀起了我国银鱼移植高潮，形成了北纬37°以北以大银鱼为主、北纬28°以南以太湖新银鱼（*Neosalanx taihuensis*）为主、在北纬28°和北纬37°之间为二者共存区域的移植格局。可查阅的资料表明，我国移植大银鱼的省、自治区和直辖市共有21个，其中只有江西、广西和云南为长江以南的省级行政区，而长江以北的所有省级行政区均有大银鱼移植并存活的报道。大银鱼移植地理分布信息详见附录一。在湖泊和水库中移植增殖大银鱼已创造了很大的经济效益，以至于一些大银鱼移植地区被称为“大银鱼第一县”和“中国大银鱼之乡”等，大银鱼已经成为我国大水面增殖渔业的一个重要经济种。大银鱼喜生活于饵料生物丰富的水体的中、上层敞水环境。

第二节　大银鱼遗传多样性

大银鱼在我国北方广泛移植并取得成功，缘于大银鱼很强的生态可塑性和环境适应性（唐富江等，2020）。由于南北方环境、气候的巨大差异，移植到寒冷地区的大银鱼种群在形态和遗传上均适应性地进化出不同于原产地（太湖）种群的特征（周彦锋等，

2016;Tang et al.,2018)。因此,对大银鱼种群的遗传变异和遗传结构进行评估十分必要,有助于制定科学的移植和增殖管理措施。

遗传多样性(genetic diversity)是指种内个体间或群体内个体间的遗传变异的总和。随着遗传学和分子生物学的发展,评估种群遗传多样性的方法从形态学水平、细胞学水平、生理生化水平,逐渐发展到分子水平。分子标记(molecular marker)是以个体间遗传物质内核苷酸序列变异为基础的遗传标记,是 DNA 水平遗传变异的直接反映。随着分子生物学技术的发展,DNA 分子标记已有数十种,常用的分子标记如限制性片段长度多态性(restrictionn fragment length polymorphis,RFLP)、随机扩增多态性 DNA(randomly amplified polymorphic DNA,RAPD)、扩增片段长度多态性(amplified sequence length polymorphism,ASLP)、简单序列重复(simple sequence repeat,SSR)、单核苷酸多态性(single nucleotide polymorphism,SNP)等均具有各自的优缺点(孙效文,2010),在群体遗传学发展的各个阶段都发挥了重要作用。此外,鱼类线粒体 DNA(mitochondrial DNA,mtDNA)是以闭合环状的分子形态存在于核外的 DNA,具有分子结构简单、严格的母系遗传、进化速度快的特点,也是分子群体遗传学和分子系统学研究的重要标记。

目前,大银鱼群体遗传学研究以线粒体 DNA 的部分序列为主要遗传工具,例如 *CO* Ⅰ(赵琳等,2016)、rRNA(张际峰等,2010)、*ND*(郭立等,2011)等,尤其是细胞色素 b(cytochrome b,Cyt b)基因序列在新银鱼的群体评估中其进化速率高于 D - loop 区(赵亮等,2010),在大银鱼的遗传多样性和遗传进化研究中应用也最为广泛(薛丹,2015;李大命等,2015,2017,2020)。SSR 标记又称微卫星标记,广泛分布于基因组中,具有共显性遗传、适用于高通量检测的优势,是理想的群体遗传多样性研究工具,在鱼类群体遗传多样性研究中应用广泛(顾颖等,2016;鲁翠云等,2016;黄天晴等,2018;郑先虎等,2020),而目前大银鱼种特异 SSR 多态标记积累较少(赵亮等,2010),在近源种太湖新银鱼中积累也不多(Liu et al.,2015;李存耀等,2015),限制了其在大银鱼遗传和进化中的应用。本节详细介绍了大银鱼线粒体基因组和基于二代测序技术开发的 SSR 序列的特征,并用 Cyt b 和部分多态 SSR 标记评估了大银鱼种群的遗传多样性水平,为大银鱼种群的系统发育、遗传进化研究提供基础数据,同时也为大银鱼的移植、增殖管理和持续利用提供参考。

一、线粒体基因组结构特征及应用

1. 大银鱼线粒体基因组结构特征

通过测序获得大银鱼环状线粒体基因组全长为 16 693 bp(KJ499917),该环状分子包含 13 个蛋白质编码基因、22 个转运 RNA(tRNA)基因、2 个核糖体 RNA(rRNA)基因和 1 个控制区。线粒体基因组包含 11 条 1 ~ 27 个核苷酸的基因间隔序列,6 条相邻 基因间 1 ~ 10 个核苷酸的重叠序列(Lu et al. ,2016)。13 个蛋白质编码基因的大小范围从 168 bp(*ATP8*)到 1 824 bp(*ND5*)不等。除了 *ND6* 基因和 8 个 tRNA 基因(*tRNA - Gln*, *tRNA - Ala*, *tRNA - Asn*, *tRNA - Cys*, *tRNA - Tyr*, *tRNA - Ser*, *tRNA - Glu* 和 *tRNA - Pro*)外,所有基因都被编码在 H 链上。控制区 D - loop 位于 *tRNA - Pro* 和 *tRNA - Phe* 之间,长度为 1 029 bp,比太湖新银鱼长(NC_019629)。rRNA、tRNA 和蛋白质编码基因的具体位置见表 1 - 1 和图 1 - 2。线粒体基因组序列见附录二。

表 1 - 1　大银鱼线粒体基因注释

基因	定位	大小/bp	起始位点	终止位点	编码链	间隔/重叠
tRNA - Phe	1—68	68			H	0
12*SrRNA*	69—1 012	944			H	0
tRNA - Val	1 013—1 083	71			H	0
16*SrRNA*	1 084—2 796	1 713			H	0
tRNA - Leu	2 797—2 870	74			H	0
*ND*1	2 871—3 845	975	ATG	TAG	H	+2
tRNA - Ile	3 848—3 919	72			H	-1
tRNA - Gln	3 919—3 989	71			L	-1
tRNA - Met	3 989—4 057	69			H	+4
*ND*2	4 062—5 112	1 051	ATG	T - -	H	0
tRNA - Trp	5 113—5 184	72			H	+1
tRNA - Ala	5 186—5 254	69			L	+1
tRNA - Asn	5 256—5 328	73			L	+27
tRNA - Cys	5 356—5 420	65			L	0
tRNA - Tyr	5 421—5 488	68			L	+1
COX 1	5 490—7 040	1 551	GTG	TAA	H	0

续表

基因	定位	大小/bp	起始位点	终止位点	编码链	间隔/重叠
tRNA - Ser	7 041—7 111	71			L	+4
tRNA - Asp	7 116—7 188	73			H	+14
COX 2	7 203—7 893	691	ATG	T - -	H	0
tRNA - Lys	7 894—7 969	76			H	+1
ATP8	7 971—8 138	168	ATG	TAA	H	-10
ATP6	8 129—8 812	684	ATG	TAA	H	-1
COX 3	8 812—9 596	785	ATG	TA -	H	0
tRNA - Gly	9 597—9 667	71			H	0
ND3	9 668—10 016	349	ATG	T - -	H	0
tRNA - Arg	10 017—10 086	70			H	0
ND4L	10 087—10 383	297	ATG	TAA	H	-7
ND4	10 376—11 757	1 382	ATG	T - -	H	0
tRNA - His	11 758—11 826	69			H	0
tRNA - Ser	11 827—11 894	68			H	+1
tRNA - Leu	11 896—11 968	73			H	0
ND5	11 969—13 792	1 824	ATG	TAA	H	-4
ND6	13 789—14 310	522	ATG	TAG	L	0
tRNA - Glu	14 311—14 380	70			L	+2
Cyt b	14 383—15 523	1 141	ATG	T - -	H	0
tRNA - Thr	15 524—15 595	72			H	0
tRNA - Pro	15 596—15 664	69			L	0
D - loop	15 665—16 693	1 029			H	

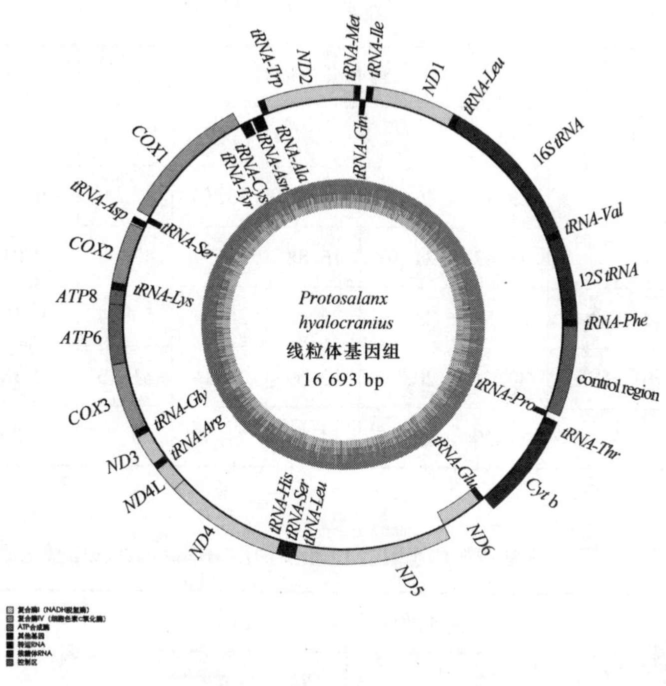

图 1－2　大银鱼线粒体基因组结构图

大银鱼线粒体基因组核苷酸含量由高到低依次为 C(31.05%)＞A(25.60%)＞T(25.12%)＞G(18.23%)，A＋T 的含量为 50.72%，G＋C 的含量为 49.28%，其他基因或区域的 A＋T 含量也高于 G＋C 含量，具有明显的 AT 偏倚性。其中，D－loop 区 A＋T 的含量(60.84%)最高，蛋白质编码基因 A＋T 的含量(49.51%)比全序列 A＋T 的含量略低。大银鱼线粒体全基因组序列、tRNA、rRNA 及 D－loop 区的 AT 偏度均为正值，GC 偏度均为负值(表 1－2)。蛋白质编码的 13 个基因中，*ND*2、*COX* 1、*COX* 2、*COX* 3、*ND*3、*ND*4、*ND*4L、*ND*5、*ND*6 表现为负 AT 偏度、负 GC 偏度；其他基因则表现为正 AT 偏度、负 GC 偏度(表 1－3)。

表 1－2　大银鱼线粒体基因组核苷酸组成

基因及区域	核苷酸组成/%					AT 偏度	GC 偏度
	A	T	G	C	A＋T		
基因组	25.60	25.12	18.23	31.05	50.72	0.009 46	－0.260 15
蛋白质编码基因(PCGs)	23.54	25.97	17.11	33.38	49.51	－0.049 08	－0.322 24
第一位点(1st)	23.36	27.45	17.71	31.48	50.81	－0.080 50	－0.281 24

续表 1－2

基因及区域	核苷酸组成/%					AT 偏度	GC 偏度
	A	T	G	C	A＋T		
第二位点(2nd)	23.84	26.25	16.78	33.13	50.09	－0.048 11	－0.327 59
第三位点(3rd)	23.42	24.16	16.88	35.54	47.58	－0.015 55	－0.355 97
转运 RNA 基因组(tRNAs)	29.58	23.76	20.65	26.01	53.34	0.109 11	－0.114 87
核糖体 RNA 基因组(rRNAs)	30.41	20.74	22.69	26.16	51.15	0.189 05	－0.071 03
D－loop	31.29	29.55	14.67	24.49	60.84	0.009 46	－0.260 15

表 1－3　大银鱼线粒体基因组 13 个蛋白质编码基因的核苷酸组成

蛋白质编码基因	核苷酸组成/%					AT 偏度	GC 偏度
	A	T	G	C	A＋T		
*ND*1	21.95	27.28	17.23	33.54	49.23	0.028 77	－0.250 77
*ND*2	23.88	24.26	15.70	36.16	48.14	－0.108 27	－0.321 25
COX 1	22.50	27.34	19.08	31.08	49.84	－0.007 89	－0.394 52
COX 2	26.92	24.89	17.94	30.25	51.81	－0.097 11	－0.239 23
*ATP*8	33.33	24.41	10.71	31.55	57.74	0.039 18	－0.255 19
*ATP*6	24.85	28.07	13.60	33.48	52.92	0.154 69	－0.493 14
COX 3	22.42	27.13	18.60	31.85	49.55	－0.060 85	－0.422 26
*ND*3	19.20	29.22	17.77	33.81	48.42	－0.095 06	－0.262 64
*ND*4L	19.53	25.59	17.84	37.04	45.12	－0.207 10	－0.310 97
*ND*4	22.23	24.84	17.45	35.48	47.07	－0.134 31	－0.349 61
*ND*5	23.24	26.43	16.56	33.77	49.67	－0.055 45	－0.340 64
*ND*6	34.67	12.64	16.67	36.02	47.31	－0.064 01	－0.341 94
Cyt b	21.74	29.18	16.65	32.43	50.92	0.465 65	－0.367 24
Mean	24.35	25.48	16.60	33.57	49.83	－0.146 11	－0.321 52

(1)蛋白质编码基因

大银鱼 13 个蛋白质编码基因序列的总长度为 11 464 bp,平均长度为 882 bp,除 *ND*6 在 L 链上编码外,其余 12 个基因均在 H 链上编码。相邻基因间存在多处重叠,*ATP*8 和 *ATP*6 之间核苷酸重叠 9 bp,*ND*4 和 *ND*4L 之间核苷酸重叠 8 bp,*ND*5 和 *ND*6 之间核苷酸重叠 4 bp。

13 个蛋白质编码基因中有 12 个使用 ATG 作为起始密码子,而 *COX* 1 的起始密码子为 GTG。13 个蛋白质编码基因中有 11 个使用 TAA 作为终止密码子,其中 6 个基因(*ND*2、*COX* 2、*COX* 3、*ND*3、*ND*4 和 *Cyt* b)为 T 或 TA 的不完全终止密码子,推断其为完全终止密码子 TAA 通过转录后多聚腺苷酸化后的产物;另外两个蛋白质编码基因(*ND*1 和 *ND*6)使用 TAG 作为终止密码子。相对密码子使用频率显示,偏好密码子共计 35 个。密码子 CCC 的同义密码子相对使用度(relative synonymous codon usage,RSCU)值最高为 1.46,AGU 的 RSCU 值最低为 0.37,第 3 位点以 A 或 T(U)结尾的密码子使用频率普遍偏高(表 1-4)。

表 1-4　大银鱼 13 个蛋白质编码基因的密码子使用频率

密码子	数量	RSCU	密码子	数量	RSCU	密码子	数量	RSCU
UUU(F)	102	0.92	**UCU(S)**	**137**	**1.34**	UAU(Y)	76	0.89
UUC(F)	**120**	**1.08**	**UCC(S)**	**146**	**1.42**	**UAC(Y)**	**95**	**1.11**
UUA(L)	**108**	**1.06**	**UCA(S)**	**122**	**1.19**	**UAA(*)**	**126**	**1.27**
UUG(L)	80	0.78	UCG(S)	84	0.82	UAG(*)	86	0.87
CUU(L)	**112**	**1.10**	**CCU(P)**	**212**	**1.28**	CAU(H)	98	0.88
CUC(L)	**133**	**1.30**	**CCC(P)**	**243**	**1.46**	**CAC(H)**	**126**	**1.13**
CUA(L)	86	0.84	CCA(P)	132	0.79	**CAA(Q)**	**113**	**1.05**
CUG(L)	93	0.91	CCG(P)	78	0.47	CAG(Q)	102	0.95
AUU(I)	60	0.92	**ACU(T)**	**108**	**1.13**	AAU(N)	99	0.98
AUC(I)	**73**	**1.12**	**ACC(T)**	**132**	**1.39**	**AAC(N)**	**104**	**1.02**
AUA(I)	63	0.96	**ACA(T)**	**99**	**1.04**	**AAA(K)**	**133**	**1.16**
AUG(M)	**59**	**1.00**	ACG(T)	42	0.44	AAG(K)	97	0.84
GUU(V)	**48**	**1.10**	**GCU(A)**	**76**	**1.13**	GAU(D)	59	0.94

续表

密码子	数量	RSCU	密码子	数量	RSCU	密码子	数量	RSCU
GUC(V)	33	0.76	**GCC(A)**	**98**	**1.45**	**GAC(D)**	**67**	**1.06**
GUA(V)	**49**	**1.13**	**GCA(A)**	**69**	**1.02**	**GAA(E)**	**87**	**1.18**
GUG(V)	**44**	**1.01**	GCG(A)	27	0.40	GAG(E)	61	0.82
UGU(C)	**63**	**1.05**	**UGG(W)**	**65**	**1.00**	CGA(R)	38	0.72
UGC(C)	57	0.95	CGU(R)	40	0.75	CGG(R)	42	0.79
UGA(*)	86	0.87	**CGC(R)**	**74**	**1.40**	AGU(S)	38	0.37
AGC(S)	88	0.86	GGU(G)	48	0.76	**GGG(G)**	**82**	**1.30**
AGA(R)	**60**	**1.13**	**GGC(G)**	**67**	**1.06**			
AGG(R)	**64**	**1.21**	GGA(G)	55	0.87			

注：* 表示终止密码子，黑体为偏好密码子。

编码氨基酸的数量共计 3 821 个（除终止密码子外）（附录三）。编码的 20 种氨基酸中，含量最高的是脯氨酸（13%），含量最低的是半胱氨酸（1.12%），含量达到 5% 以上的有亮氨酸、苏氨酸、脯氨酸、丝氨酸、精氨酸及丙氨酸 6 种（图 1－3）。

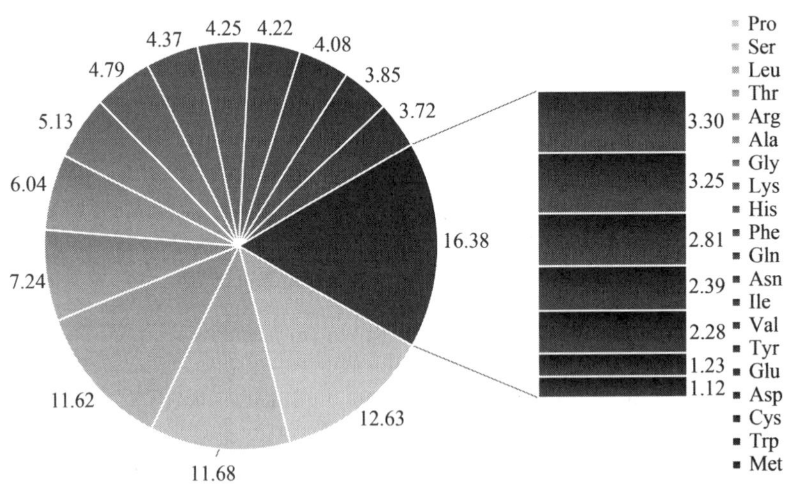

图 1－3　大银鱼 13 个蛋白质编码基因氨基酸的含量

(2)tRNA

大银鱼22条tRNA的序列长度为65~76 bp,序列最长的为*tRNA - Lys*基因,最短的为*tRNA - Cys*基因,总长度为1 554 bp。其中,由L链编码的基因有*tRNA - Gln*、*tRNA - Ala*、*tRNA - Asn*、*tRNA - Cys*、*tRNA - Tyr*、*tRNA - Ser*、*tRNA - Glu*和*tRNA - Pro*共8个,其余基因则由H链编码。

二级结构预测图显示,15个tRNA折叠后表现为典型的三叶草结构(图1-4)。氨基酸接受茎长为3~9 bp,最长为*tRNA - Gln*(TTG),最短为*tRNA - Ser*(GCT)。反密码茎长为4~8 bp,反密码环长为3~10 nt,除*tRNA - Asn*(GTT)和*tRNA - Thr*(TGT)长度为10 nt和8 nt外,其余长度均为奇数。TΨC茎长为3~7 bp,TΨC环长为4~8 nt,除*tRNA - Ile*(GAT)、*tRNA - Gln*(TTG)、*tRNA - Met*(GAT)、*tRNA - Arg*(TCG)和*tRNA - His*(GTG)长度为偶数外,其余均为奇数。D茎长为3~6 bp,D环长为3~10 nt,最长为*tRNA - Ile*(GAT)。7种tRNA缺少三叶草结构的某一个组成部分,*tRNA - Glu*(TTC)缺少氨基酸接受茎;*tRNA - Pro*(TGG)缺少D环,*tRNA - Lys*(TTT)和*tRNA - Cys*(GCA)缺少密码子环;*tRNA - Leu*(TAA)的密码子环和TΨC环串连;*tRNA - Tyr*(GTA)的D环和TΨC环串连;而*tRNA - Phe*(GAA)的茎、环串联在一起。

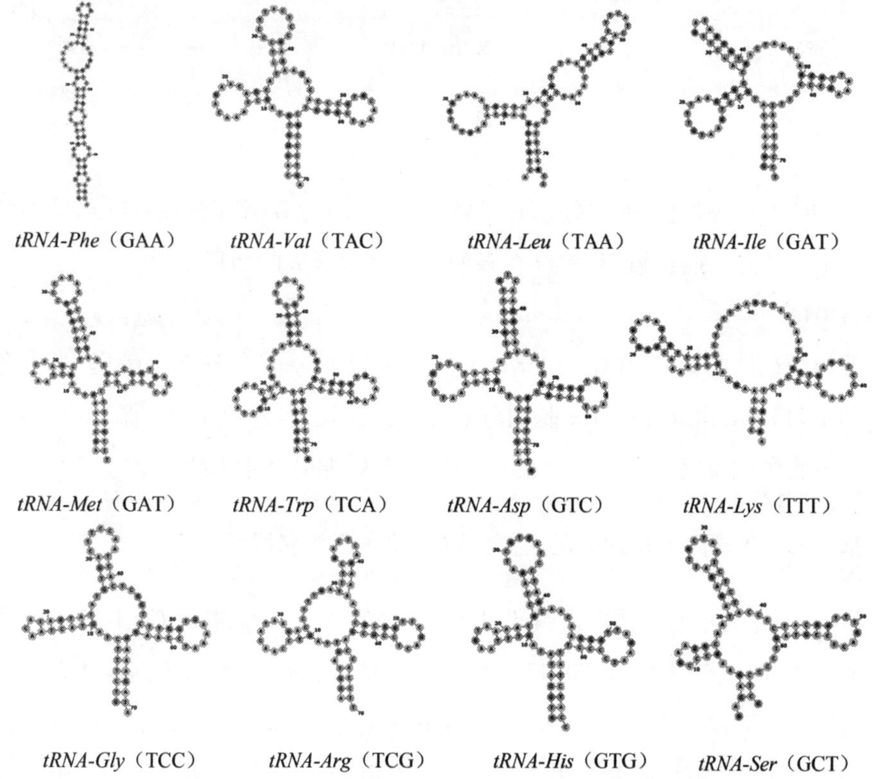

图1-4 大银鱼线粒体tRNA二级结构预测

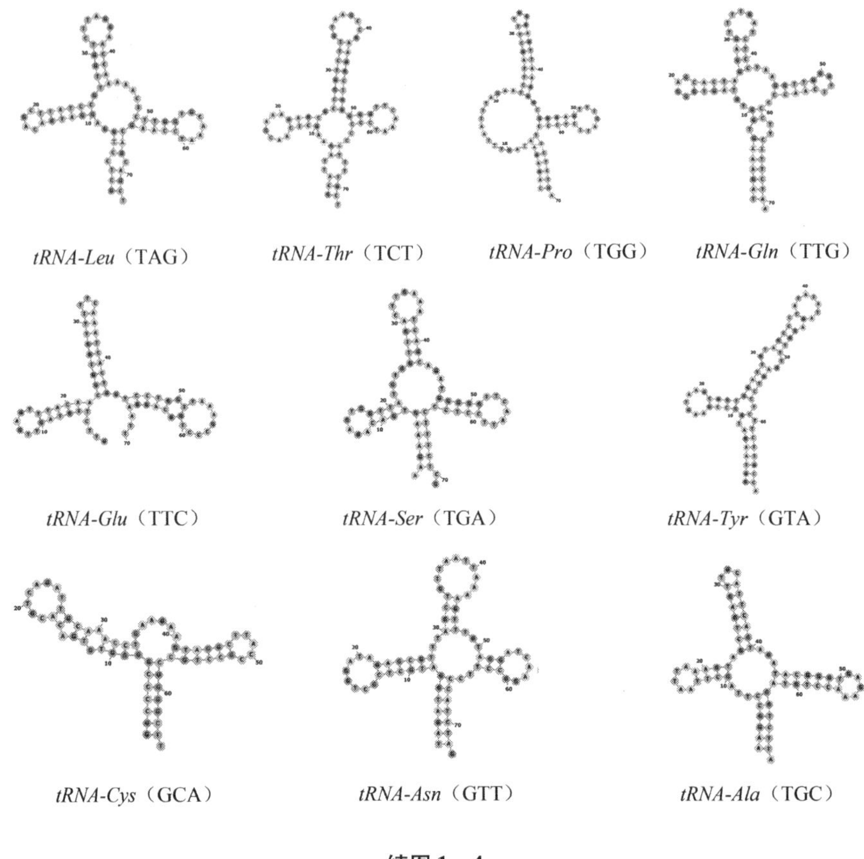

续图 1－4

22 个 tRNA 折叠过程中共形成 39 对碱基错配，均为 GT 错配，在三叶草结构的四臂上均有发生。此外，在折叠过程中存在多处碱基插入形成的凸环。

(3) rRNA

大银鱼线粒体的 2 个 rRNA(12*SrRNA* 和 16*SrRNA*)基因在 H 链上编码，长度分别为 944 bp 和 1 713 bp，由 *tRNA－Val* 基因分隔开。经比较发现，12*SrRNA* 保守性相对较高，且两者的螺旋区域及突出部分均存在多处碱基缺失、插入或替换等情况。

2. 基于 *Cyt* b 基因的东北地区主要大银鱼群体遗传多样性

Cyt b 基因作为重要的蛋白质编码基因，进化速率适中，大银鱼 *Cyt* b 的进化速率约为 16*SrRNA* 的 4 倍（高天翔等，2004），能有效反映属、亚种、种群等不同群体水平的遗传信息，广泛应用于银鱼系统进化及遗传资源评估中（Armani et al.，2011；李大命等，2021）。罗宏伟等（2009）研究表明三峡库区大银鱼 *Cyt* b 基因序列多态性较低。李大命等（2015，2017）对大银鱼 *Cyt* b 基因分析表明太湖和洪泽湖群体均为单倍型多样性高而

核苷酸多样性低的种群，即经过强捕捞遗传瓶颈效应后伴随着迅速的种群增长与突变的积累而形成。对于移植到北方的大银鱼种群，笔者(2018)分析了移植到黑龙江、松花江、兴凯湖等大银鱼的遗传分化，结果显示移植群体的遗传多样性较原种地太湖有大幅增加；笔者(2020)分析了松嫩平原区湖泊、水库大银鱼群体的遗传结构。本书汇总了采集自东北地区主要江河、湖泊、水库的大银鱼群体样本共363尾(表1－5)，用*Cyt* b基因分析大银鱼群体的遗传结构，并与原产地太湖群体进行了比较分析。

表1－5　东北地区主要大银鱼群体样本采集信息

群体	编号	采样位置	经纬度	样本数量
黑龙江	HLJ	黑龙江抚远段	134.34E;48.38N	32
松花江	SHJ	松花江哈尔滨段	126.62E;45.79N	28
兴凯湖	XKH	黑龙江省鸡西市	132.31E;45.35N	41
连环湖	LHH	黑龙江省大庆市	124.22E;46.70N	70
大龙虎泡	LHP	黑龙江省大庆市	124.45E;46.72N	49
查干湖	CGH	吉林省松原市	124.31E;45.30N	54
新立城水库	XLC	吉林省长春市	125.38E;43.70N	22
二龙山水库	ELS	吉林省四平市	124.84E;43.24N	29
太湖	THP	江苏省无锡市	120.37E;31.46N	38

采用传统的酚氯仿抽提法从大银鱼鳍条组织中提取基因组DNA，使用引物L14321和H15634扩增大银鱼*Cyt* b基因全序列，L14321引物序列为5'－CCAGTGACTTGAAAAACCACCG－3'；H15634引物序列为5'－CTTAGCTTTGGGA GTTAAGGGT－3'。用电泳检测合格的样品由上海生工生物工程公司进行双向测序。

(1)核苷酸和氨基酸序列的特征

将所得序列在GenBank中进行Blast比对，结果确定为大银鱼线粒体*Cyt* b基因的全序列。所有序列经ClustalX比对并加以人工校对后，截取1 141 bp序列用于群体遗传分析。用MEGA7.0软件分析序列的变异位点、简约信息位点数、转换/颠换值。在363个个体*Cyt* b基因序列中，保守位点995个，变异位点146个，其中单变异位点72个，简约信息位点74个。测得的序列中A、T、C、G的碱基组成分别为21.73%、29.26%、32.34%和16.67%，其中A＋T含量(50.99%)略高于C＋G含量(49.01%)，转换/颠换值为3.146。

(2)单倍型分布特征

9个群体363个样本的*Cyt* b基因可分为52个单倍型(附录四),其中单倍型Hap4、Hap1和Hap3所占比例较大,分别为29.48%、19.56%和9.37%(表1-6)。所有群体共享Hap4,而东北地区的8个群体共享Hap1。东北地区群体共有46个单倍型,其中8个单倍型(Hap3、Hap4、Hap5、Hap8、Hap12、Hap33、Hap36、Hap39)与太湖群体共享,而38个为特异单倍型,反映出大银鱼移植到高寒地区后,对寒冷气候、水体环境的适应进化出新的遗传变异。

表1-6　基于线粒体 *Cyt* b基因的各群体的单倍型数

单倍型	总数	HLJ	SHJ	XKH	LHH	CGH	XLC	ELS	LHP	THP
Hap1	71	2	4	15	22	7	4	3	14	
Hap2	19	7	3		2		3	2	2	
Hap3	34	8	4		12	3			5	2
Hap4	107	9	8	18	14	29	2	1	25	1
Hap5	27	1	3		9	1	2	8		3
Hap6	8	1	1			3			3	
Hap7	1	1								
Hap8	2	1								1
Hap9	1	1								
Hap10	1	1								
Hap11	3		1				2			
Hap12	7		2				2			3
Hap13	1		1							
Hap14	1		1							
Hap15	6			6						
Hap16	1			1						
Hap17	1			1						

续表

单倍型	总数	HLJ	SHJ	XKH	LHH	CGH	XLC	ELS	LHP	THP
Hap18	2				2					
Hap19	2				2					
Hap20	1				1					
Hap21	1				1					
Hap22	1				1					
Hap23	1				1					
Hap24	1				1					
Hap25	1				1					
Hap26	1				1					
Hap27	10					8	2			
Hap28	1					1				
Hap29	1					1				
Hap30	1					1				
Hap31	1						1			
Hap32	1						1			
Hap33	4						1	2		1
Hap34	1						1			
Hap35	1						1			
Hap36	5							3		2
Hap37	1							1		
Hap38	1							1		
Hap39	6							1		5
Hap40	1							1		
Hap41	1							1		

续表

单倍型	总数	HLJ	SHJ	XKH	LHH	CGH	XLC	ELS	LHP	THP
Hap42	1							1		
Hap43	1							1		
Hap44	1							1		
Hap45	1							1		
Hap46	1							1		
Hap47	1									1
Hap48	1									1
Hap49	1									1
Hap50	12									12
Hap51	1									1
Hap52	4									4
合计	363	32	28	41	70	54	22	29	49	38

以太湖新银鱼(NC019629)的 *Cyt* b 同源序列作为外群,用 MEGA7.0 软件绘制基于邻接(Neighbor - Join, NJ)法的单倍型序列进化树,结果大银鱼的 52 个单倍型聚为一支,表现出与新银鱼较大的遗传间隔(图 1 -5)。用 ArtPop 绘制的单倍型网络进化图显示东北地区的大银鱼群体的单倍型与太湖群体分为不同的簇,与太湖群体共享单倍型最多的是二龙山水库群体(图 1 -6)。

(3)群体遗传多样性比较

东北 8 个大银鱼群体检测到的单倍型数为 5 ~ 16 个,二龙山水库的单倍型最多(16 个),其次是连环湖群体(14 个)和新立城水库群体(12 个),黑龙江和松花江群体均检测出 10 个单倍型,而兴凯湖和龙虎泡均检测到 5 个单倍型,平均单倍型数为 10.125 个。薛丹(2015)在东北地区兴凯湖检测到 4 个单倍型,少于本研究;松花江的单倍型数(4 个)少于本研究。太湖群体中检测到 14 个单倍型,与李大命等(2021)在江苏大银鱼群体的数据相当(图 1 -7)。

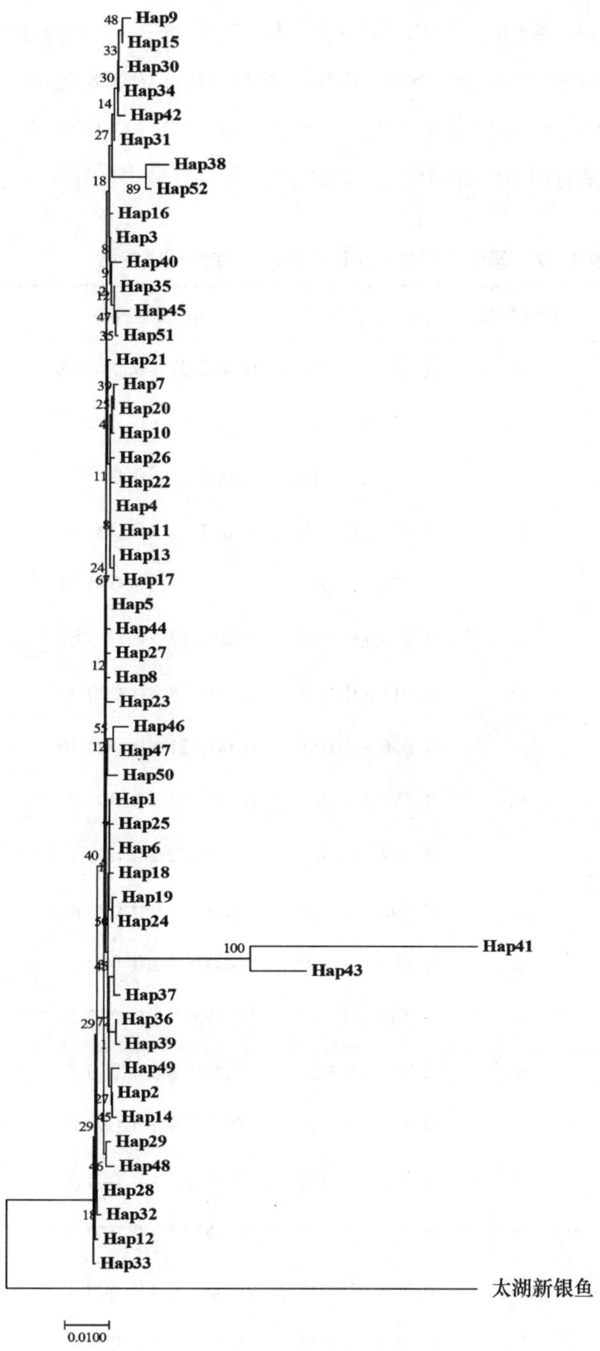

图 1－5　大银鱼群体基于 *Cyt* b 的单倍型序列聚类图

用 DnaSPv5 软件统计变异位点类型和数目、计算单倍型数和核苷酸多态性。9 个大银鱼群体总体单倍型多样性(H_d)为 0.856 ±0.012,核苷酸多样性(π)为 0.002 84 ±0.000 50。群体单倍型多样性介于 0.656 ±0.051 和 0.939 ±0.028 之间,龙虎泡(LHP)最少,新立城水库(XLC)最多,核苷酸多样性介于 0.001 21 ±0.000 10 和 0.013 47 ±0.006 63之间,也是龙虎泡(LHP)最少而新立城水库(XLC)最多(表 1-7、图 1-7)。

表 1-7　基于线粒体 *Cyt* b 基因的遗传多样性参数

群体	样本量	单倍型数	单倍型多样性	核苷酸多样性	参考文献
黑龙江 HLJ	32	10	0.827 ±0.038	0.002 02 ±0.000 28	本研究
松花江 SHJ	28	10	0.876 ±0.038	0.001 87 ±0.000 23	本研究
兴凯湖 XKH	41	5	0.667 ±0.041	0.001 88 ±0.000 27	本研究
连环湖 LHH	70	14	0.823 ±0.026	0.001 41 ±0.000 10	本研究
查干湖 CGH	54	9	0.678 ±0.061	0.002 19 ±0.000 51	本研究
新立城水库 XLC	22	12	0.939 ±0.028	0.013 47 ±0.006 63	本研究
二龙山水库 ELS	29	16	0.911 ±0.040	0.003 38 ±0.000 66	本研究
龙虎泡 LHP	49	5	0.656 ±0.051	0.001 21 ±0.000 10	本研究
太湖 THP	38	14	0.872 ±0.040	0.002 63 ±0.000 20	本研究
兴凯湖 XKH2	20	4	0.647 ±0.007	0.001 2 ±0.000 4	薛丹,2015
松花江 SH	20	4	0.363 ±0.131	0.000 9 ±0.000 4	薛丹,2015
水丰水库 YL	20	8	0.884 ±0.040	0.001 4 ±0.000 2	薛丹,2015
鸭绿江口 YLK	20	4	0.568 ±0.119	0.000 7 ±0.000 2	薛丹,2015
辽河口 LHK	20	9	0.911 ±0.034	0.001 8 ±0.000 2	薛丹,2015
微山湖 WSH	20	6	0.684 ±0.120	0.000 9 ±0.000 2	薛丹,2015
巢湖 CH	20	7	0.853 ±0.001	0.001 5 ±0.000 5	薛丹,2015
太湖 TH	20	5	0.442 ±0.133	0.001 1 ±0.000 4	薛丹,2015
长江口 CJK	20	3	0.574 ±0.055	0.000 6 ±0.000 2	薛丹,2015
太湖 TL	40	12	0.869 ±0.034	0.002 9 ±0.000 1	李大命等, 2021
洪泽湖 HZL	40	7	0.775 ±0.045	0.001 3 ±0.000 1	李大命等, 2021
高邮湖 GYL	40	12	0.871 ±0.031	0.001 7 ±0.000 12	李大命等, 2021
骆马湖 LML	40	8	0.813 ±0.038	0.001 5 ±0.000 2	李大命等, 2021

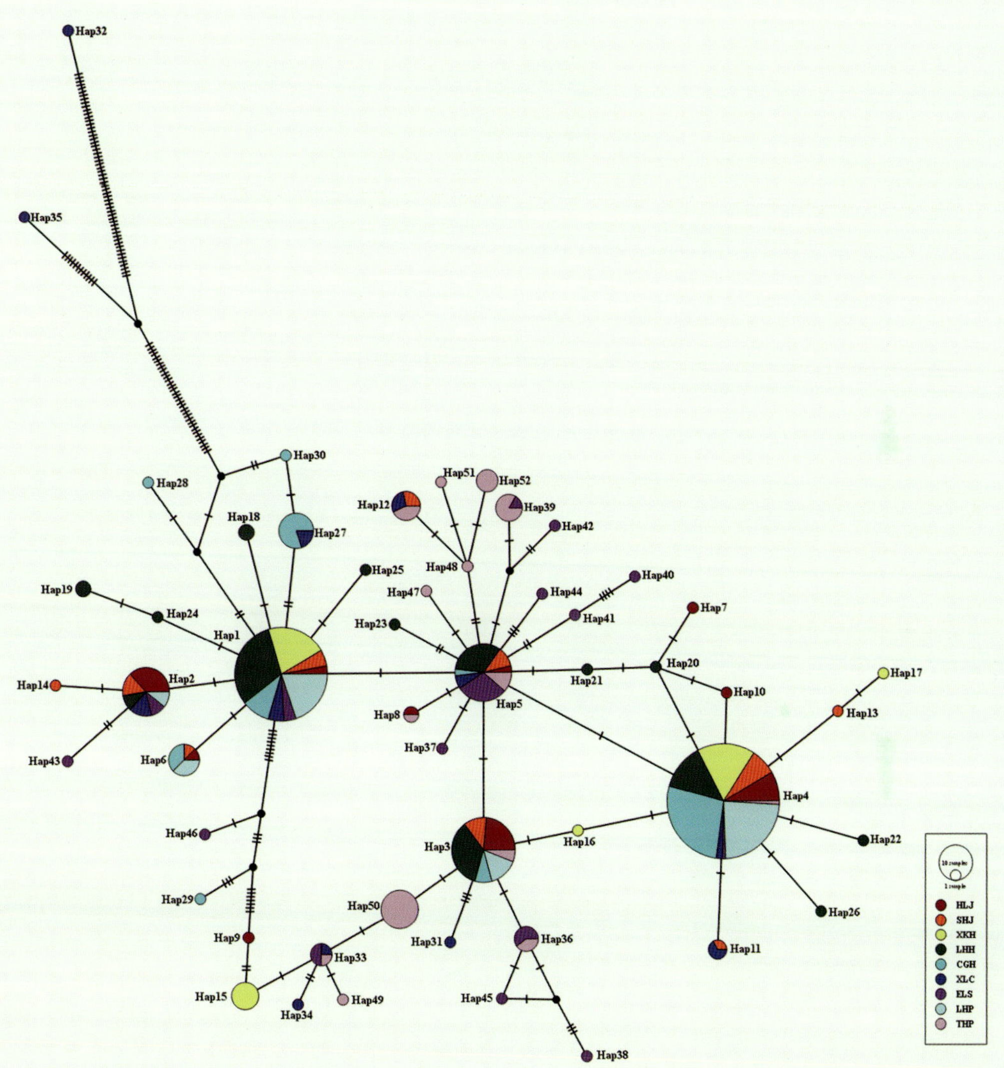

图1－6　大银鱼群体基于*Cyt* b的单倍型序列遗传关系图

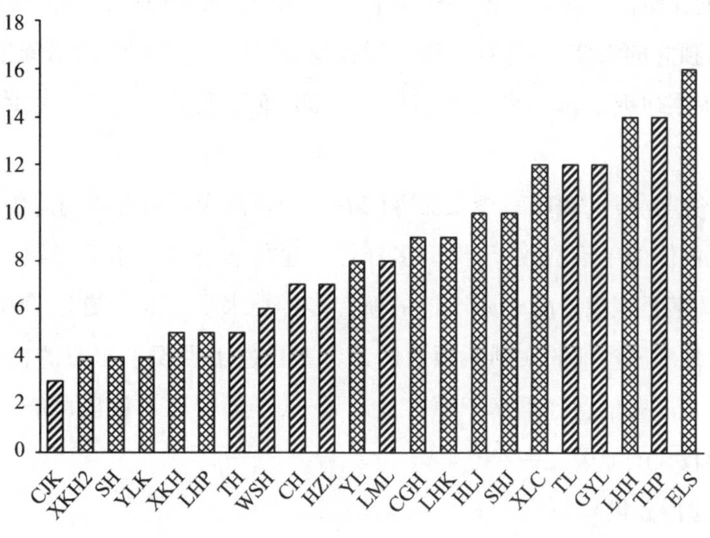

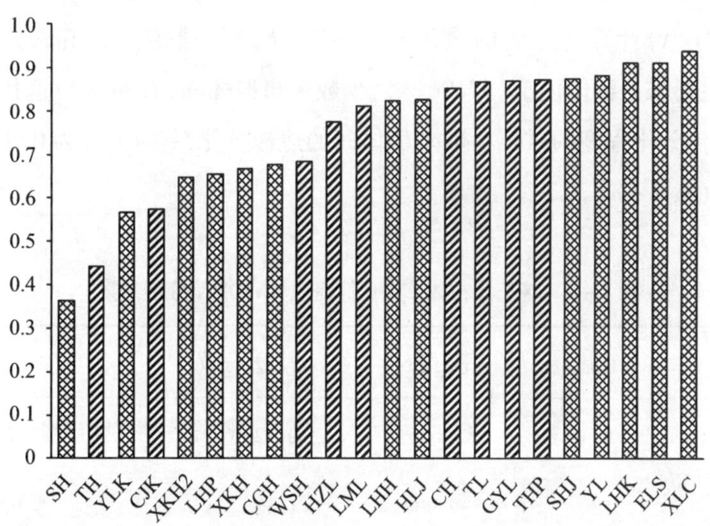

图 1－7　大银鱼群体单倍型数(上图)和单倍型多样性(下图)比较

注:叉形柱:东北地区大银鱼群体;斜条柱:长江水系大银鱼群体。

连环湖群体和二龙山水库群体的单倍型数高于太湖群体,新立城水库群体和二龙山水库群体的遗传多样性指标也高于太湖群体,龙虎泡和查干湖群体遗传多样性较低。连环湖是嫩江下游平原型湖泊,本研究的样本分别采自连环湖最下游的水体阿木塔泡和牙门喜泡,而所有连环湖水均经阿木塔泡后流入嫩江,因此,上游水源带来的大银鱼增加了该水体大银鱼的遗传多样性。新立城水库和二龙山水库均为第二松花江支流的水库,均采用人工投放受精卵的方式维持遗传多样性;两水库不仅与松嫩平原湖泊进行大银鱼种质交换,也与南方湖泊进行了较多的种质交换,增加了本地区其他湖泊不具备的单倍型,因此保持了较高的遗传多样性水平(孔令杰等,2013;王野等,2013)。龙虎泡和查干湖均为独立的水体,与外界水体沟通较少,增加遗传多样性的措施也为投放不同来源受精卵,但本研究显示二者遗传多样性较低,应注重引进更广泛水体的大银鱼受精卵。

比较本研究与薛丹(2015)、李大命等(2021)分析的大银鱼群体的遗传多样性参数,结果显示东北群体的单倍型数、单倍型多样性等遗传多态参数不低于原产地的大银鱼群体,部分群体甚至表现出高于原产地的遗传多样性水平。刘红艳等(2016)用微卫星标记评估入侵地和原产地的太湖新银鱼的遗传多样性也发现了相似的趋势,移植到南方湖泊的新银鱼多态信息含量高于原产地。另外,不同的样本量也可能是同群体间遗传多样性差异较大的原因之一。

(4)群体遗传分化

利用 *Cyt* b 基因序列比较 9 个群体的遗传分化。利用 Arlequin3. 11 软件中的分子方差分析(AMOVA)计算群体间的遗传分化系数(F_{st})及遗传变异组成。分析结果表明,遗传差异主要来自群体内部(92. 96%),少数来自群体间(7. 74%);遗传分化系数是反映群体间遗传分化程度的重要参数。群体间的遗传分化系数(F_{st})为 0. 077 4,表现为中度遗传分化(表 1 -8)。

表 1 -8　基于线粒体 *Cyt* b 基因的 AMOVA 分析结果

变异来源	自由度	平方和	方差分数	总变异百分比/%
群体间	8	52. 655	0. 126 6 Va	7. 74
群体内	358	539. 907	1. 508 1 Vb	92. 96
总数	366	592. 561	1. 633 5	

F_{st}值呈现群体间遗传分化的情况,常用来衡量两个群体间的遗传分化程度,如 F_{st}值小于 0. 05,则表示两群体间几乎没有遗传分化;若 F_{st}值介于 0. 05 ~0. 15,则表示群体间的分化程度较低;若 F_{st}值介于 0. 15 ~0. 25,则表示群体间出现中度分化;若 F_{st}值大于 0. 25,表明群体间分化程度非常高。群体间的遗传分化分析结果表明,8 个地区不同群体与太湖土著群体之间存在明显的遗传差异。黑龙江流域兴凯湖种群与连环湖种群的遗传差异显著(表 1 -9)。

表 1－9　群体间遗传分化系数

	HLJ	SHJ	XKH	LHH	CGH	XLC	ELS	LHP	THP
HLJ		0.603 6	0.090 1	0.072 1	0.009 0 **	0.036 0 *	0.036 0 *	0.063 1	0.000 00 **
SHJ	-0.008 0		0.108 11	0.135 1	0.063 1	0.027 0 *	0.009 0 **	0.108 1	0.000 00 **
XKH	0.031 0	0.028 0		0.000 0 **	0.036 0 *	0.000 0 **	0.000 0 **	0.054 1	0.000 00 **
LHH	0.023 6	0.019 6	0.053 9 **		0.000 0 **	0.000 0 **	0.000 0 **	0.000 0 **	0.000 00 **
CGH	0.049 5 **	0.029 2	0.028 2 *	0.055 2 **		0.009 0 **	0.000 0 **	0.234 2	0.000 00 **
XLC	0.035 8 *	0.026 5 *	0.060 0 **	0.080 8 **	0.071 1 **		0.009 0 **	0.009 0 **	0.000 00 **
ELS	0.040 5 *	0.048 4 **	0.091 9 **	0.063 1 **	0.109 1 **	0.033 9 **		0.000 0 **	0.000 00 **
LHP	0.034 8	0.013 3	0.021 5	0.040 0 **	0.009 6	0.075 4 **	0.123 2 **		0.000 00 **
THP	0.158 2 **	0.162 2 **	0.198 1 **	0.223 7 **	0.236 8 **	0.097 0 **	0.091 4 **	0.276 0 **	

注："＊"为群体间遗传分化显著，$P < 0.05$；"＊＊"为群体间遗传分化极显著，$P < 0.01$。

虽然群体间遗传分化系数较低（$F_{st}=0.077\,4$），但是两两群体间遗传分化均达到显著水平或极显著水平，显示出各水体不同批次移植、投放大银鱼受精卵的特征；而查干湖与龙虎泡群体分化不显著，可能是两水体投放受精卵来源相似所致。聚类分析结果表明松嫩平原区湖泊连环湖、查干湖、龙虎泡首先聚类，然后再与第二松花江支流的二龙山水库和新立城水库聚类，体现出嫩江下游平原碱性湖泊遗传相似度高而松花江两水库与其他各水体遗传相似度均低的特征。大银鱼在土著水域正面临着资源衰退的问题，其广泛移植不仅创造了很好的经济效益和社会效益，也增加了我国这一独特物种的遗传多样性，这对增强该物种的可持续利用具有重要意义。

（5）遗传距离和系统进化树的构建

结果表明，不同群体间的遗传距离为 0.001 4～0.009 4（表 1－10）。二龙山水库群体与龙虎泡群体的遗传距离最大，为 0.009 4；连环湖种群与新立城水库种群之间的遗传距离最小，为 0.001 4。

表 1－10 大银鱼不同群体间的遗传距离

	HLJ	SHJ	XKH	LHH	CGH	XLC	ELS	LHP
HLJ								
SHJ	0.001 9							
XKH	0.002 0	0.001 9						
LHH	0.001 7	0.001 7	0.001 7					
CGH	0.002 2	0.002 1	0.002 1	0.001 9				
XLC	0.001 7	0.001 5	0.001 6	0.001 4	0.001 7			
ELS	0.008 6	0.008 5	0.008 6	0.008 3	0.008 8	0.008 3		
LHP	0.002 8	0.002 8	0.002 9	0.002 5	0.003 1	0.002 6	0.009 4	
THP	0.002 8	0.002 7	0.002 8	0.002 5	0.003 2	0.002 6	0.009 4	0.003 3

而 9 个地理群体彼此之间的遗传距离中，二龙山水库与其他 8 个群体的遗传距离较大，为 0.008 3～0.009 4；其他地理群体间的遗传距离较小，为 0.001 4～0.003 3。总体而言 9 个地理群体之间的亲缘关系较近，其中二龙山水库与其余 8 个群体之间的亲缘关系可能稍远。

基于邻接法（NJ）和非加权配对平均法（UPGMA）系统发育树分析表明，连环湖与龙虎泡种群关系最近，松花江与兴凯湖种群亲缘关系次之，新立城水库与其他地区种群亲缘关系最为疏远（图 1－8）。

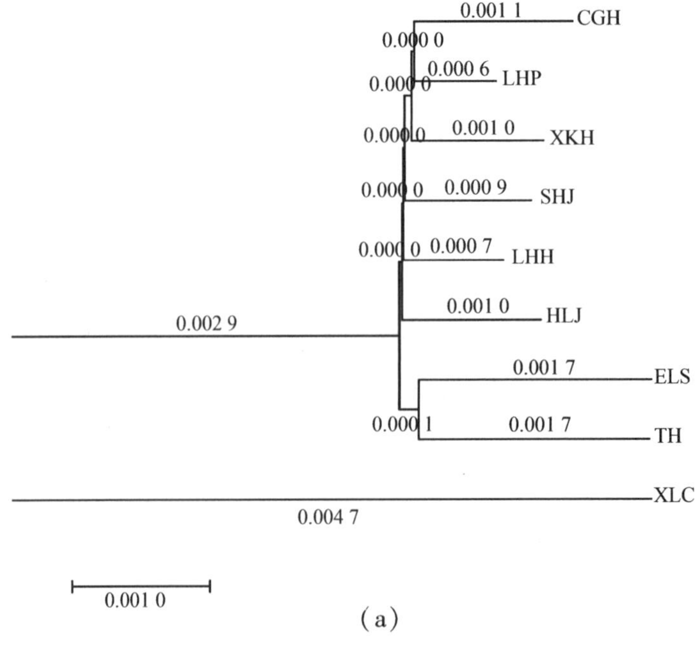

（a）

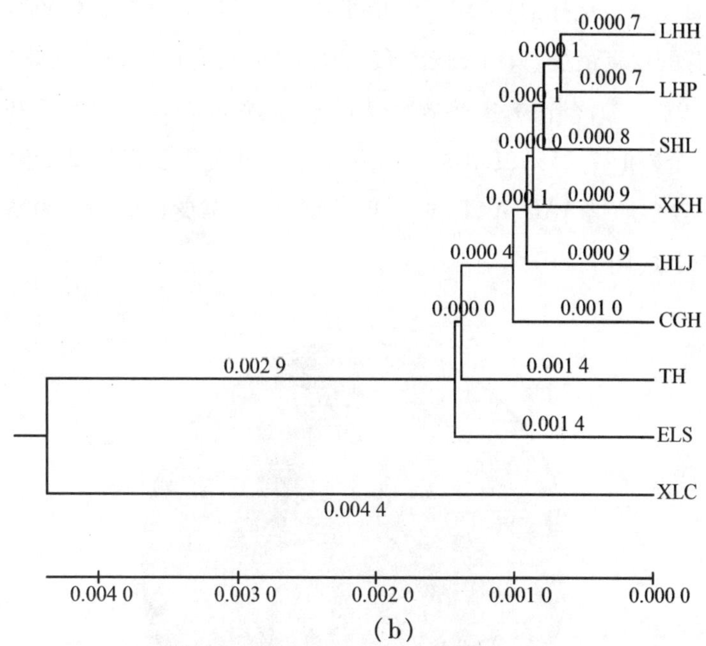

(b)

图 1-8 基于 *Cyt* b 基因的遗传距离的 NJ(a) 和 UPGMA 树(b)

二、大银鱼基因组中微卫星序列特征及应用

1. 大银鱼基因组中微卫星序列特征

基于 Illumina 测序平台进行大银鱼个体全基因组 denovo 测序(北京博艾生物)。通过提取样品的基因组 DNA 并随机打断,电泳回收所需长度的 DNA 片段,并加上接头引物,制备得到所需文库并对质检合格的文库进行上机测序。最终获得原始序列(Raw Bases Number)12.898 Gb,过滤掉接头污染、低质量及含 N 比例大于 5% 的序列,获得高质量的 Clean Bases Number 12.184 Gb,占原始序列的 94.46%。利用 Soapdenovo 软件对过滤后的数据进行组装,K-mer 值 23,最后得到了 138 330 71 条 contig(重叠群),这些 contig 的长度为 24~7 525 bp,将小于 200 bp 的序列去掉,在大于 200 bp 的序列内寻找 SSR 结构,寻找 SSR 结构的原则为:单核苷酸重复 10 次及 10 次以上、二核苷酸重复 6 次及 6 次以上、三核苷酸重复 5 次及 5 次以上、四核苷酸重复 5 次及 5 次以上、五核苷酸重复 5 次及 5 次以上、六核苷酸重复 5 次及 5 次以上认为是微卫星序列。同时,两个微卫星之间的距离小于 100 bp 的时候,视为一个复合微卫星。过滤掉无法设计 SSR 引物的序列,最终获得 12 417 条 contig 用于开发 SSR 标记,其中二核苷酸以上重复的 SSR 标记 7 945 个。

二核苷酸重复微卫星标记6 250个，占78.67%；其次是三核苷酸重复1 667个，占20.98%；四核苷酸重复最少，只有28个，仅占0.35%，没有检索到五核苷酸重复的微卫星标记(图1－9)。二核苷酸重复微卫星的核心序列最多的是AC和TG，分别占34.02%(2 126个)和27.25%(1 703个)。三核苷酸重复微卫星一共检测到20种核心序列类型，数量较多的是AAC、AAT和ATT，分别占11.52%(192个)、9.54%(159个)和9.18%(153个)(图1－10)。

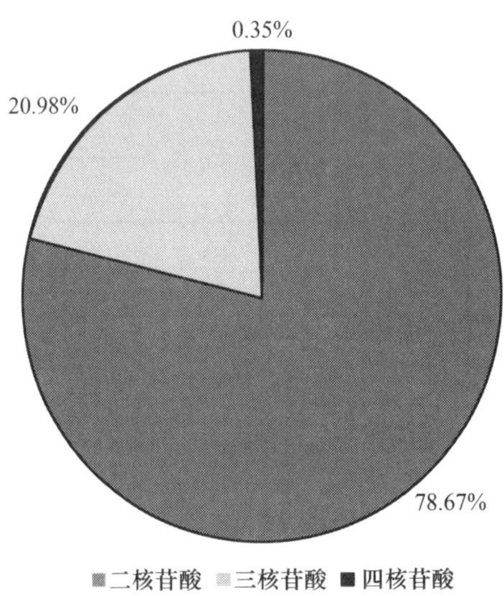

图1－9　微卫星类型及其所占比例

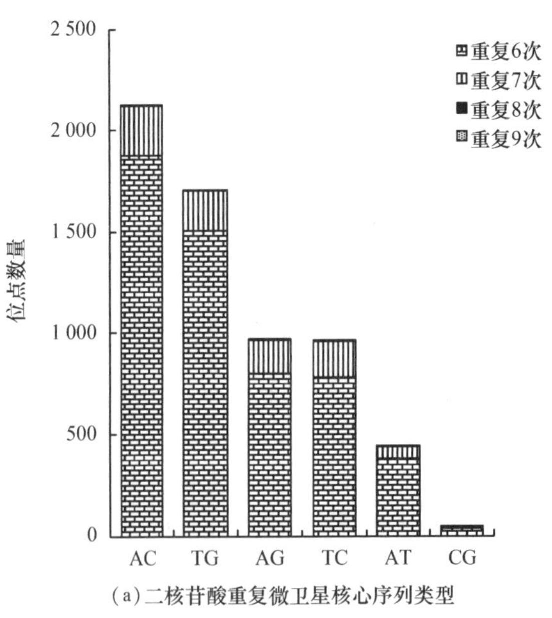

(a)二核苷酸重复微卫星核心序列类型

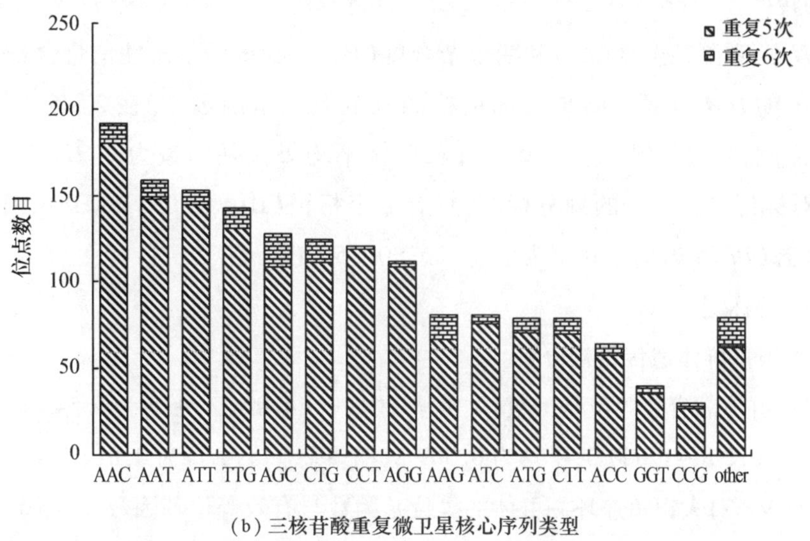

(b)三核苷酸重复微卫星核心序列类型

图1-10　大银鱼二核苷酸(a)、三核苷酸(b)重复微卫星类型及分布

合成引物195对(附录五),用6个大银鱼样本对引物进行初步筛选,结果184对能够扩增出清晰的DNA条带,比例为94.36%;但多态标记较少,仅32个标记在少量个体间具有多态性,比例为17.39%。

2. 基于SSR标记分析连环湖大银鱼群体的遗传结构

从中国黑龙江省大庆市杜尔伯特蒙古族自治县连环湖的阿木塔泡(A)和牙门喜泡(M)采集大银鱼样本各40尾,剪取部分鳍条组织,保存于质量分数为75%的酒精中。用组织基因组DNA提取试剂盒(天根生物)从鳍条组织中提取大银鱼基因组DNA,紫外分光光度计定量后稀释成50 ng/μL。用22个多态的微卫星标记分析群体遗传结构(表1-11,附录六),建立15 μL PCR反应体系,含有10 mmol/L Tris-Cl(pH 8.0)、50 mmol/L KCl、1.5 mmol/L $MgCl_2$、200 μmol/L dNTP、0.2 mmol/L上下游引物、1 U TaqDNA聚合酶及100 ng DNA模板。反应程序为:94 ℃预变性3 min;94 ℃变性30 s,56 ℃复性30 s,72 ℃延伸30 s,25个循环;最后72 ℃延伸5 min。反应结束后,采用8%非变性聚丙烯酰胺凝胶电泳进行条带分离,0.1% $AgNO_3$染色后,拍照,以DL1000为DNA分子量标准物,用GelPro4.5软件进行条带分析。

(1)扩增结果

22个SSR标记在大银鱼群体扩增获得清晰、稳定的条带,并在个体间表现出多态性。扩增的片段大小为100~382 bp,其中HLJCHI069扩增到两段微卫星序列,作为两个位点进行统计分析。使用软件"鱼类种质资源遗传分析装置(ZL200710144749.3)"

进行数据转换,用 PopGene32(Version3.2)软件计算群体的等位基因数(N_o)、有效等位基因数(N_e)、观测杂合度(H_o)和期望杂合度(H_e)。标记的多态性信息含量(*PIC*)按照 Botstein 的方法计算。结果各标记检测到的等位基因数 N_o 在 2~5 个(HLJCHI 069-1)之间,共检测到 56 个等位基因,群体平均等位基因数为 2.222 2 个。根据 Botstein 对标记多态水平的划分标准,只有 2 个标记(HLJCHI053 和 HLJCHI069-1)为高度多态($PIC \geqslant 0.5$),10 个为中度多态($0.25 \leqslant PIC < 0.5$),11 个低度多态($PIC < 0.25$)水平的标记。

(2)大银鱼群体遗传结构分析

大银鱼群体的有效等位基因数(N_e)为 1.012 6~4.094 7,平均为 1.545 4;观测杂合度(H_o)为 0.012 5~1.000 0,平均为 0.309 2;期望杂合度(H_e)为 0.012 5~0.760 5,平均为 0.271 9。对大银鱼连环湖群体的等位基因数与有效等位基因数、观测杂合度与期望杂合度进行成对样本的 T 检验,结果表明群体有效等位基因数极显著低于等位基因数($P < 0.01$),表明大银鱼群体中参与建群的个体数较少,并且在多代自繁自育后群体的稀有等位基因缺失严重。群体观测杂合度与期望杂合度差异不显著($P = 0.115 > 0.01$),表明群体保持了较高的杂合子水平。群体多态信息含量能够直观地反映出群体遗传多样性水平,大银鱼连环湖群体的多态信息含量(*PIC*)为 0.012 2~0.712 5,平均为 0.228 7,结果显示大银鱼连环湖群体处于低度多态水平($PIC < 0.25$),遗传多样性低,抗逆性差,应当加强种质交流,使群体维持在较高的遗传多样性水平。鉴于目前微卫星标记数量较少,从大银鱼基因组测序结果中进行多态标记的筛选是可行的措施(Liu et al.,2017)。

用 PopGene(Version4.7)软件进行 χ^2 检验估计群体 Hardy-Weinberg 平衡偏离。对大银鱼亲本群体进行 Hardy-Weinberg 遗传平衡评估,结果经 Bonferroni 校正显著性阈值后,群体有 6 个位点(HLJCHI019、HLJCHI053、HLJCHI057、HLJCHI069-1、HLJCHI128 和 HLJCHI141)显著或极显著偏离 Hardy-Weinberg 遗传平衡。群体近交系数能够直观地表现出杂合子的缺失或过剩,用 PopGene32 软件计算每个位点群体的近交系数 F_{is},近交系数为正值表明群体在该位点杂合子缺失,负值表明该位点杂合子过剩,结果群体在 8 个位点出现杂合子不同程度的缺失,占 34.78%;15 个位点表现为杂合子过剩。具体统计数据见表 1-11。

表 1－11　大银鱼连环湖群体在 22 个 SSR 的遗传参数

标记	片段长度/bp	等位基因数 N_o	有效等位基因数 N_e	观测杂合度 H_o	期望杂合度 H_e	多态信息含量 PIC	平衡检验阈值 P_{HWE}	近交系数 F_{is}
HLJCHI003	230～236	2	1.834 9	0.375 0	0.457 9	0.351 5	0.102 9	0.175 8
HLJCHI019	271～279	3	1.078 5	0.050 0	0.073 3	0.071 4	0.000 0**	0.313 3
HLJCHI026	150～156	2	1.781 7	0.425 0	0.441 5	0.342 5	0.736 0	0.031 3
HLJCHI027	146～148	2	1.389 9	0.287 5	0.282 3	0.241 1	0.867 3	－0.024 8
HLJCHI038	107～117	3	1.441 3	0.300 0	0.308 1	0.274 7	0.974 3	0.020 2
HLJCHI043	232～238	2	1.374 0	0.300 0	0.273 9	0.235 1	0.385 9	－0.102 2
HLJCHI046	218～223	2	1.175 5	0.137 5	0.150 2	0.138 2	0.431 3	0.079 0
HLJCHI048	162～166	2	1.600 0	0.375 0	0.377 4	0.304 7	0.954 9	0.000 0
HLJCHI053	212～218	3	2.793 0	0.772 2	0.646 1	0.568 1	0.000 1**	－0.202 8
HLJCHI057	240～246	3	1.025 4	0.012 5	0.024 9	0.024 6	0.000 0**	0.495 3
HLJCHI069－1	340～382	5	4.094 7	1.000 0	0.760 5	0.712 5	0.000 0**	－0.323 1
HLJCHI069－2	244～250	2	1.012 6	0.012 5	0.012 5	0.012 2	1.000 0	－0.006 3
HLJCHI076	138～148	2	1.264 7	0.212 5	0.210 6	0.187 5	0.934 6	－0.015 3
HLJCHI114	286～300	2	1.913 6	0.562 5	0.480 4	0.363 6	0.123 9	－0.178 2
HLJCHI128	287～303	2	2.000 0	1.000 0	0.503 1	0.375 0	0.000 0**	－1.000 0
HLJCHI139	100～105	2	1.295 4	0.237 5	0.229 5	0.201 9	0.749 4	－0.041 5
HLJCHI141	240～244	2	1.753 4	0.275 0	0.432 4	0.337 4	0.001 0*	0.360 0
HLJCHI158	242～248	2	2.000 0	0.625 0	0.503 1	0.375 0	0.029 3	－0.250 0
HLJCHI170	112～116	2	1.204 7	0.187 5	0.171 0	0.155 6	0.372 7	－0.103 4
HLJCHI179	197～200	2	1.051 2	0.050 0	0.049 1	0.047 6	0.843 0	－0.025 6
HLJCHI185	226～245	4	1.931 2	0.650 0	0.485 2	0.424 9	0.005 9	－0.348 0
HLJCHI189	252～255	2	1.091 3	0.087 5	0.084 2	0.080 1	0.705 6	－0.045 8
HLJCHI190	270～285	3	1.617 6	0.412 5	0.384 2	0.349 2	0.220 1	－0.080 4
平均值	—	2.222 2	1.545 4	0.309 2	0.271 9	0.228 7	—	—

注：* 表示 $P<0.002\ 2$；** 表示 $P<0.000\ 4$。

（3）大银鱼个体间遗传分化

用 PHYLIP3.63 软件对来源于连环湖两个泡的大银鱼个体进行遗传进化分析，结果显示阿木塔泡和牙门喜泡的大银鱼个体混杂在一起，从基于 NJ 算法的聚类图中可以明显看出连环湖的大银鱼来源于两个种源（图 1－11），有可能是分次引种的原因。

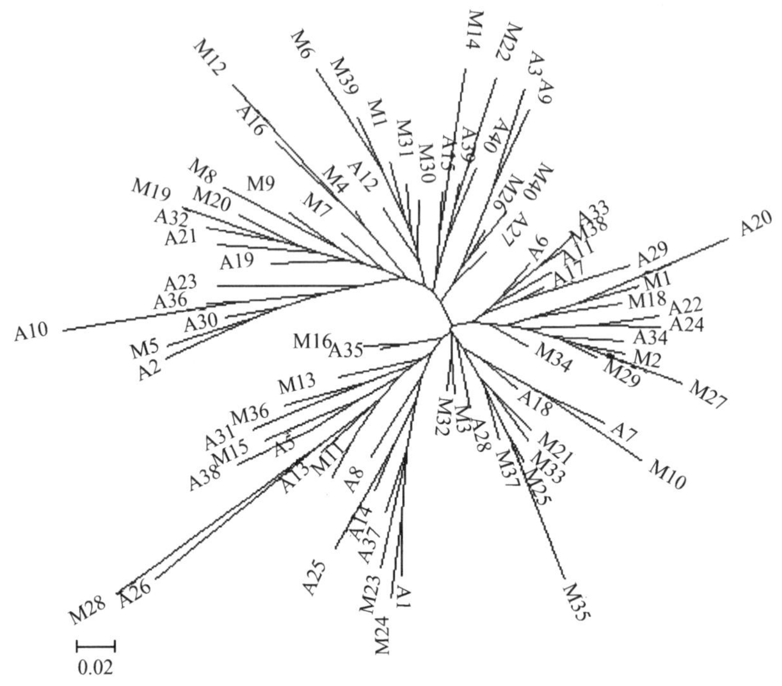

图 1－11　大银鱼连环湖群体基于 NJ 法的个体聚类图

三、小结

本节阐述了大银鱼线粒体和微卫星标记的开发及利用，得出如下结论：

①大银鱼线粒体基因组序列全长 16 693 bp，包含 13 个蛋白质编码基因、22 个 tRNA 基因、2 个 rRNA 基因和 1 个控制区，为大银鱼基于线粒体 DNA 序列的遗传评估提供了遗传工具。

②用线粒体 *Cyt* b 序列评估了东北地区主要大银鱼群体的遗传多样性水平，结果部分群体显示出高于原产地太湖群体的遗传多样性水平，表明大银鱼对高寒气候环境的适应，在构建种群的过程中进化出更多的遗传变异，丰富了大银鱼的遗传资源。

③用二代测序技术，开发了 SSR 标记 7 945 个，二核苷酸、三核苷酸、四核苷酸重复微卫星标记分别占 78.67%、20.98% 和 0.35%。但是微卫星标记核心序列普遍重复数较少，集中在 10 次以内，预示着高度多态性标记较少。进一步的研究应该利用大银鱼基因组全序列发掘更多的多态微卫星标记。

④筛选了 22 个多态微卫星标记，并用于评估连环湖群体的遗传结构，结果显示微卫星标记的多态性较低，其中 12 个标记表现出中、高度多样性水平（$PIC \geq 0.25$），10 个标记表现出较低的多样性水平。连环湖群体的平均多态信息含量为 0.228 7，表明连环

湖大银鱼群体在微卫星多态性方面处于较低的水平，关于微卫星多样性应用方面的研究有待进一步开展。

第三节　大银鱼形态多样性

大银鱼在我国广泛移植并获得成功，丰富了大银鱼的遗传资源，但在形态变异上的研究开展得相对较少。

周彦锋等(2016)将传统形态学测定和框架测定相结合，采用聚类分析、主成分分析等多元分析方法，以体质量和32个形态性状为指标，对分别采自中国太湖(TH)、江苏洪泽湖(HZ)、黑龙江连环湖(LH)和吉林石头口门水库(ST)的4个大银鱼地理群体进行比较分析。33个性状分为两类，一类是传统形态学可量性状12项，即全长(L)、体长($L1$)、体高($H1$)、体宽($W1$)、头长($L2$)、吻长($L3$)、吻宽($W2$)、眼径($D1$)、眼间距($D2$)、尾柄长($L4$)、尾柄高($H2$)、体质量(T)；另一类为框架数据21项，框架系统所取定位点如图1－12所示。对4个不同地理群体大银鱼的33个性状参数进行单因子方差分析(表1－12)，结果表明它们之间的差异系数值变化范围在0.509～2.666之间，平均值为1.784。

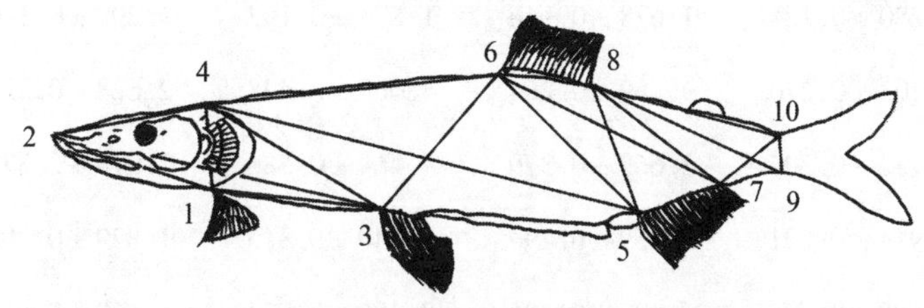

图1－12　大银鱼框架结构数据测量示意图

10个解剖学同源坐标点：1. 胸鳍起点；2. 吻端；3. 腹鳍起点；4. 头背部末端；5. 臀鳍起点；6. 背鳍起点；7. 臀鳍末端；8. 背鳍末端；9. 尾鳍腹部起点；10. 尾鳍背部起点。1至2，1至3，1至4，2至3，2至4，3至4，……，9至10之间的距离分别用$D3$，$D4$，$D5$，$D6$，$D7$，$D8$，……，$D23$表示。

表1－12　不同地理种群的大银鱼形态性状单因子方差分析

性状	黑龙江	洪泽湖	太湖	长春	差异系数
L/cm	10.390±0.846	12.625±0.826a	15.958±1.302a	10.353±1.265b	2.634
$L1$/cm	9.084±0.771	11.020±0.727	13.878±1.178	8.964±0.962	2.578
$H1$/cm	1.100±0.124	1.178±0.130	1.767±0.248	1.018±0.157	2.011

续表

性状	黑龙江	洪泽湖	太湖	长春	差异系数
L2/cm	1.280 ±0.124	1.649 ±0.149	1.864 ±0.186	1.299 ±0.166	1.891
L3/cm	0.521 ±0.074	0.725 ±0.096	0.749 ±0.118	0.513 ±0.083	1.228
W1/cm	0.505 ±0.063	0.614 ±0.073	0.673 ±0.100	0.473 ±0.191	0.787
D1/cm	0.325 ±0.027	0.358 ±0.038	0.384 ±0.044	0.331 ±0.027	0.821
D2/cm	0.711 ±0.085	0.804 ±0.080	1.094 ±0.156	0.706 ±0.098	1.644
L4/cm	0.783 ±0.103	0.783 ±0.187	1.258 ±0.158	0.810 ±0.130	1.639
H2/cm	0.526 ±0.061	0.558 ±0.058	0.662 ±0.061	0.492 ±0.062	1.421
W2/cm	0.885 ±0.116	0.959 ±0.109	1.257 ±0.342	0.787 ±0.128	1.042
T/cm	4.257 ±1.227	6.070 ±1.359	17.321 ±4.543	3.632 ±1.360	2.373
D3/cm	1.724 ±0.193	2.273 ±0.196	2.621 ±0.289	1.732 ±0.243	1.862
D4/cm	2.155 ±0.233	2.477 ±0.203	3.013 ±0.374	2.107 ±0.269	1.572
D5/cm	0.690 ±0.088	0.852 ±0.092	1.056 ±0.129	0.633 ±0.102	1.942
D6/cm	3.797 ±0.392	4.712 ±0.378	5.714 ±0.564	3.805 ±0.444	2.036
D7/cm	1.280 ±0.124	1.678 ±0.146	1.871 ±0.192	1.299 ±0.166	1.876
D8/cm	2.703 ±0.270	3.159 ±0.264	4.067 ±0.428	2.628 ±0.321	2.079
D9/cm	3.132 ±0.307	3.667 ±0.379	4.464 ±0.586	2.918 ±0.375	1.731
D10/cm	1.914 ±0.221	2.239 ±0.194	3.040 ±0.315	1.829 ±0.206	2.377
D11/cm	5.688 ±0.570	6.695 ±0.486	8.485 ±0.924	5.469 ±0.614	2.140
D12/cm	4.213 ±0.408	4.960 ±0.344	6.416 ±0.626	4.240 ±1.866	0.997
D13/cm	1.858 ±0.168	2.124 ±0.183	2.822 ±0.345	1.742 ±0.221	2.106
D14/cm	1.492 ±0.135	1.807 ±0.146	2.618 ±0.323	1.478 ±0.164	2.492
D15/cm	1.011 ±0.104	1.125 ±0.121	1.785 ±0.214	0.935 ±0.144	2.666
D16/cm	3.012 ±0.292	3.561 ±0.271	4.533 ±0.461	2.881 ±0.322	2.258
D17/cm	1.212 ±0.131	1.426 ±0.149	1.631 ±0.157	1.224 ±0.692	0.509
D18/cm	1.872 ±0.160	2.213 ±0.179	2.975 ±0.329	1.777 9 ±0.214	2.449
D19/cm	0.536 ±0.091	0.647 ±0.094	0.779 ±0.148	0.624 4 ±0.111	1.013
D20/cm	0.692 ±0.091	0.781 ±0.100	0.945 ±0.150	0.735 5 ±0.120	1.048

续表

性状	黑龙江	洪泽湖	太湖	长春	差异系数
*D*21/cm	2.353 ±0.220	2.755 ±0.223	3.578 ±0.360	2.370 9 ±0.290	2.112
*D*22/cm	2.236 ±0.193	2.748 ±1.446	3.187 ±0.354	2.237 5 ±0.280	1.974
*D*23/cm	0.523 ±0.056	0.568 ±0.058	0.681 ±0.064	0.493 1 ±0.065	1.565

采用欧式距离的最短系统聚类法,对33项(12个可量比例参数和21个框架参数)形态比例性状特征平均值做聚类分析。聚类图(图1－13)表明,吉林石头口门水库群体和黑龙江连环湖群体首先聚成一类,随后两群体与洪泽湖群体聚为一支,而太湖群体单独聚集为一支,遗传距离与吉林群体最远。聚类分析说明吉林大银鱼群体与黑龙江群体遗传距离最短,形态最为接近,与洪泽湖、太湖大银鱼群体的形态差异依次增大。这一结果与4个群体采样点的地理距离基本吻合。

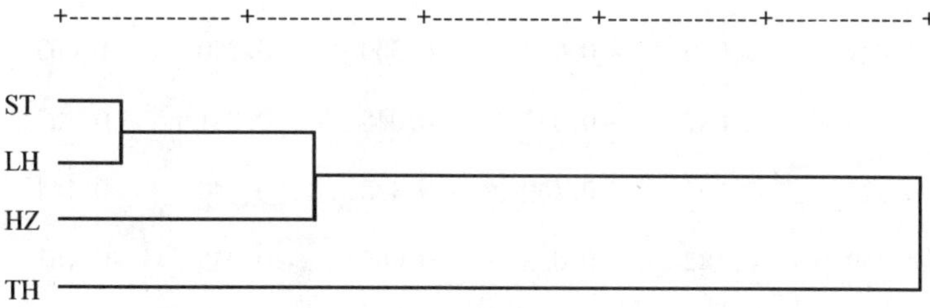

图1－13 4个群体大银鱼形态聚类分析

利用主成分分析的降维、去相关和集中能量的特点,分别对不同地理群体大银鱼的33个形态比例性状进行主成分分析,共提取出7个主成分,各主成分对群体间总变异的贡献率分别为PC1 23.50%,PC2 13.12%,PC3 7.90%,PC4 6.57%,PC5 4.37%,PC6 3.38%,PC7 3.16%,总变异的累积贡献率为62%。其中前3个主成分的累积贡献率为44.52%,说明主成分3是个拐点。第一主成分受性状*R*/*L*(头背部末端到臀鳍起点距离/全长)影响最大,其次为*I*/*L*(臀鳍起点到背鳍起点距离/全长)和*G*/*L*(腹鳍起点到头背部末端距离/全长),这些因子可以看作躯干部的特征。第二主成分受体质量影响最大,眼径次之。由此可以认为,4个地理群体大银鱼在形态上的差别一定程度上是由躯干部和体质量的差别引起的(表1－13)。4个不同地理群体大银鱼的PC1与PC2、PC2与PC3主成分散点图如图1－14所示,散点图可直观地显示不同种群的差异情况。4个群体分布接近原点,ST、LH群体与HZ群体重叠区域较多,说明这3个大银鱼群体在形态上差异较小,其中ST群体与LH群体的重叠比例最大,说明两群体遗传距离较近;而

TH 群体与其他 3 个群体的重叠比例较小，说明 TH 群体的形态与其他 3 个群体差异较大。主成分分析的结果与聚类分析的结果相一致。

表 1－13　4 个群体大银鱼主成分分析中的因子负荷矩阵及主成分对总变异的贡献率

形态参数	成分						
	1	2	3	4	5	6	7
L/L1	0.286	0.113	0.339	0.362	0.139	0.332	－0.039
H1/L1	0.167	－0.418	0.629	0.273	－0.005	0.024	0.001
L2/L1	0.123	0.653	－0.030	0.494	0.225	0.079	－0.005
L3/L1	0.775	－0.042	－0.009	－0.063	－0.121	0.15	－0.125
D3/L1	0.288	－0.031	－0.024	－0.096	0.368	0.125	0.033
D4/L1	0.540	0.364	0.330	－0.108	－0.094	－0.353	0.025
D5/L1	0.726	－0.368	－0.057	0.033	0.013	－0.101	0.029
D6/L1	0.729	－0.040	0.058	－0.300	0.250	0.063	0.021
D7/L1	0.010	0.087	－0.032	0.048	0.081	0.107	0.911
D8/L1	0.225	0.297	0.169	－0.428	0.540	0.144	0.006
D9/L1	0.159	0.182	0.053	－0.089	－0.045	－0.163	－0.216
D10/L1	0.752	－0.087	－0.015	－0.041	－0.039	－0.203	0.055
D11/L1	0.609	0.094	－0.099	－0.060	－0.388	0.091	0.137
D12/L1	0.528	－0.666	0.113	0.064	0.150	－0.105	0.040
D13/L1	0.439	－0.571	－0.075	0.004	0.306	－0.217	0.013
D14/L1	0.793	－0.215	0.101	0.056	－0.096	－0.072	0.063
D15/L1	0.207	－0.018	0.007	－0.201	－0.181	0.505	－0.020
D16/L1	0.815	－0.032	－0.101	－0.058	－0.284	0.137	－0.002
D17/L1	0.608	0.363	0.008	－0.041	－0.174	0.127	0.103
D18/L1	0.767	0.197	－0.196	0.034	0.048	0.117	－0.091
D19/L1	0.608	0.509	－0.313	0.280	0.129	0.035	－0.020
D20/L1	0.001	0.502	－0.080	0.573	0.179	0.000	－0.025
D21/L1	0.648	0.252	－0.382	0.323	0.178	－0.033	－0.076
D22/L1	0.579	－0.086	－0.142	0.366	0.039	－0.268	0.000

续表

形态参数	成分						
	1	2	3	4	5	6	7
D23/L1	0.573	0.264	0.068	-0.203	-0.230	0.183	-0.131
T	-0.138	-0.836	0.017	0.388	0.083	0.121	-0.016
D2/L1	0.084	-0.014	0.604	0.284	-0.035	0.076	-0.082
W1/L1	-0.092	-0.009	0.589	0.453	-0.275	0.015	0.013
H2/L1	0.241	0.470	0.571	-0.107	-0.035	-0.267	0.152
L4/L1	0.132	-0.211	0.560	-0.267	0.403	0.001	-0.103
D1/L1	0.154	0.700	0.364	-0.254	-0.050	-0.139	0.026
W2/L1	0.003	0.275	0.133	0.119	-0.002	0.277	0.036
	23.501	13.121	7.895	6.569	4.373	3.379	3.155

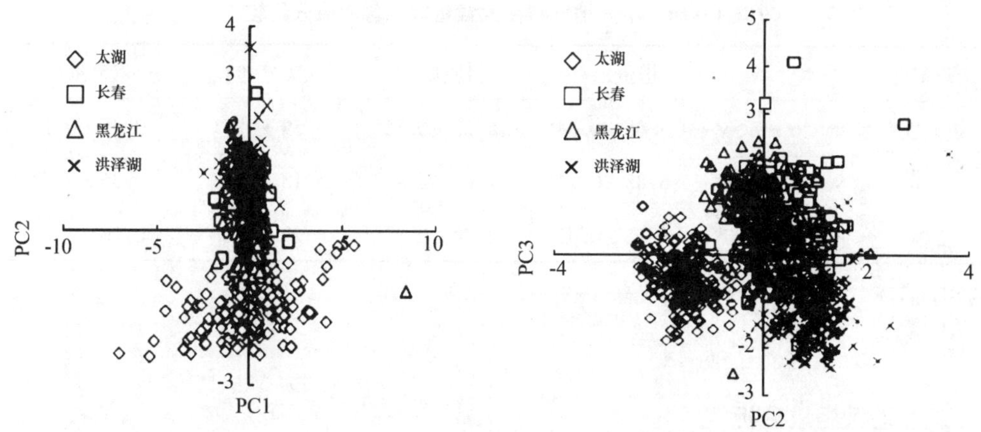

图 1-14　不同群体大银鱼(PC1 与 PC2、PC2 与 PC3)主成分因子散点图

第四节　不同种群的营养及元素差异

不同产地的水产品质量可能存在一定差别,分析不同产地的水产品营养成分有利于指导渔业生产,而鱼体内积累的微量元素形成的“环境指纹”可作为鱼类产地鉴别的一个手段。大银鱼是太湖重要的经济鱼类之一,作为“太湖三白”之首,对其产地鉴别也具有实际意义。

一、大银鱼不同种群的营养成分差异

周彦锋等(2011)对采集于江苏太湖、黑龙江连环湖和吉林石头口门水库的3个野生大银鱼群体样本主要营养成分进行了分析,结果如下。

1. 常规营养成分

3个地理群体大银鱼样品常规营养成分测定(湿重)结果和分析见表1-14。从表1-14可见,不同地理群体之间水分和粗蛋白含量差异不显著($P>0.05$),而黑龙江连环湖群体大银鱼粗脂肪含量明显高于其他群体($P<0.05$),含量为5.13%,是太湖大银鱼的2.66倍,是吉林石头口门大银鱼的1.85倍;3个地理群体大银鱼常规营养成分磷含量比较为黑龙江群体>江苏群体>吉林群体,黑龙江地理群体大银鱼磷含量为吉林的1.77倍。常规营养成分分析说明大银鱼属于高蛋白、低脂肪的鱼类,营养价值高。

表1-14　不同地理群体大银鱼常规营养成分比较

地理群体	水分/%	粗蛋白/%	粗脂肪/%	灰分/%	磷含量/%
黑龙江	85.26 ± 0.53^{a}	5.65 ± 0.84^{a}	5.13 ± 0.55^{a}	5.59 ± 0.61^{a}	0.46 ± 0.13^{a}
江苏	86.92 ± 0.48^{a}	6.83 ± 0.71^{a}	1.93 ± 0.41^{b}	5.13 ± 0.73^{a}	0.36 ± 0.08^{a}
吉林	86.16 ± 0.37^{a}	6.15 ± 0.42^{a}	2.78 ± 0.83^{b}	6.29 ± 0.66^{a}	0.26 ± 0.13^{a}

注:字母相同表示无差异,字母不同表示差异明显。

2. 氨基酸组成分析

对3个地理群体大银鱼样品(干样)进行氨基酸含量测定和比较分析,结果见表1-15。从表1-15可知,不同地理群体大银鱼氨基酸种类齐全,氨基酸的总量(TAA)无显著性差异($P>0.05$),太湖群体最高为76.14%,黑龙江群体最低为71.54%,不同地理群体大银鱼氨基酸含量最高的均为谷氨酸(12.15%~13.24%),最低是色氨酸(0.39%~0.50%)。必需氨基酸(EAA)含量丰富,占干重的28.89%~30.78%,最高的为吉林群体,最低的为黑龙江群体。4种鲜味氨基酸(DAA)含量,江苏群体DAA总含量最高,占干重的29.53%,黑龙江群体次之为26.68%,吉林群体最低为21.82%,吉林群体与其他群体相比DAA含量差异显著($P<0.05$),以DAA作为评价标准,江苏群体大银鱼口感最佳。必需氨基酸与非必需氨基酸的比值(EAA/NEAA)由大到小排列次序为吉林地理群体、黑龙江地理群体、江苏地理群体,吉林群体较高为69.74%,而江苏和

黑龙江群体 EAA/NEAA 接近，两个地理群体差异不显著（$P>0.05$）。据联合国粮农组织/世界卫生组织（FAO/WHO）的理想模式，质量较好的蛋白质其 E/T 为 40% 左右，E/N在 60% 以上，这 3 个地理群体大银鱼的氨基酸组成均高于 FAO/WHO 的评价标准，属于比较优质的蛋白源。

表 1－15 不同地理群体大银鱼氨基酸含量测定比较

氨基酸名称	英文缩写	含量/%		
		黑龙江	江苏	吉林
精氨酸	Arg	4.00 ±0.37	5.43 ±0.75	4.57 ±0.83
谷氨酸	Glu	12.15 ±0.58	13.15 ±0.92	13.24 ±0.57
天门冬氨酸	Asp	7.08 ±0.62	7.32 ±0.79	7.02 ±0.41
赖氨酸	Lys	6.17 ±0.53	7.15 ±0.41	7.57 ±0.43
丙氨酸	Ala	4.77 ±0.28	4.78 ±0.32	4.92 ±0.51
组氨酸	His	1.33 ±0.66	1.64 ±0.88	1.56 ±0.43
亮氨酸	Leu	5.82 ±0.89	6.35 ±0.23	5.89 ±0.36
丝氨酸	Ser	3.02 ±0.93	3.27 ±0.54	2.98 ±0.35
缬氨酸	Val	3.62 ±0.64	3.86 ±0.68	3.80 ±0.33
蛋氨酸	Met	2.67 ±0.42	2.66 ±0.49	2.92 ±0.63
异亮氨酸	Ile	3.27 ±0.73	3.31 ±0.64	3.19 ±0.70
酪氨酸	Tyr	2.27 ±0.74	2.62 ±0.23	2.51 ±0.90
苏氨酸	Thr	3.48 ±0.94	3.48 ±0.76	3.38 ±0.53
甘氨酸	Gly	4.65 ±0.79	4.27 ±0.48	4.63 ±0.54
苯丙氨酸	Phe	3.38 ±0.71	3.34 ±0.47	3.51 ±0.92
脯氨酸	Pro	2.82 ±0.51	2.65 ±0.40	2.22 ±0.75
胱氨酸	Cys	0.50 ±0.39	0.41 ±0.66	0.45 ±0.34
色氨酸	Trp	0.46 ±0.45	0.38 ±0.59	0.49 ±0.19
必需氨基酸	EAA	28.89[a]	30.57[a]	30.78[a]
非必需氨基酸	NEAA	42.64[a]	45.57[a]	44.14[a]
鲜味氨基酸	DAA	26.68[a]	29.53[a]	21.82[b]
氨基酸总量	TAA	71.54[a]	76.14[a]	74.92[a]
必需氨基酸/氨基酸总量	EAA/TAA	40.39[a]	40.15[a]	41.09[a]
必需氨基酸/非必需氨基酸	EAA/NEAA	67.77[a]	67.08[a]	69.74[a]

注：字母相同表示无差异，字母不同表示差异明显。

根据1973年FAO/WHO提出的必需氨基酸评分标准和鸡蛋蛋白质氨基酸评分标准,计算出氨基酸评分(AAS)、化学评分(CS)和必需氨基酸指数(EAAI),见表1-16。由表1-16可知,当以AAS为标准时,3个地理群体大银鱼的第一限制性氨基酸均为色氨酸,第二限制性氨基酸为缬氨酸;以CS为标准时,结果略有不同,3个地理群体大银鱼的第一限制性氨基酸皆为色氨酸,第二限制性氨基酸皆为蛋氨酸和胱氨酸。3个地理群体大银鱼中赖氨酸的AAS和CS均为最高,提示对于以谷物食品为主的膳食者来说,食用大银鱼可以弥补谷物食品中赖氨酸的不足,提高人体对蛋白质的利用率。EAAI是评价蛋白质营养价值的常用指标之一,以鸡蛋蛋白质必需氨基酸为参评标准,3个地理群体大银鱼的EAAI为0.48~0.51,群体之间EAAI差异不显著($P>0.05$)。

表1-16 不同地理群体大银鱼必需氨基酸组成评价

必需氨基酸	黑龙江		江苏		吉林	
(EAA)	氨基酸评分	化学评分	氨基酸评分	化学评分	氨基酸评分	化学评分
异亮氨酸	0.67	0.50	0.71	0.53	0.68	0.51
亮氨酸	0.67	0.55	0.77	0.64	0.71	0.58
苏氨酸	0.71	0.61	0.75	0.63	0.72	0.61
缬氨酸	0.60	0.45	0.67	0.50	0.65	0.49
赖氨酸	0.92	0.71	1.12	0.87	1.18	0.91
色氨酸	0.39	0.24	0.35	0.21	0.44	0.27
蛋氨酸+胱氨酸	0.73	0.42	0.75	0.43	0.81	0.46
苯丙氨酸+酪氨酸	0.76	0.51	0.84	0.57	0.84	0.57
必需氨基酸指数	0.48[a]		0.51[a]		0.51[a]	

注:字母相同表示无差异,字母不同表示差异明显。

3. 脂肪酸含量比较

通过对各地理群体大银鱼(干重)脂肪酸的测定分析(表1-17)发现,3个群体中主要测出17种脂肪酸(FA),包括8种饱和脂肪酸(SFA)、4种单不饱和脂肪酸(MUFA)、5种多不饱和脂肪酸(PUFA)。在脂肪酸总量上,3个地理群体差异不显著($P>0.05$)。不饱和脂肪酸在总脂肪酸中的比例由大到小排列次序为黑龙江地理群体、江苏地理群体、吉林地理群体。饱和脂肪酸在总脂肪酸中的比例由大到小排列次序为吉林地理群体、江苏地理群体、黑龙江地理群体。结果表明移植在北方水库中的大银鱼脂肪酸在组成和含量上有不同程度差异，其中黑龙江群体 C_{18} 系列和 DHA（$C_{22:6}$）同其他地理群体存在显著差异（$P<0.05$），江苏大银鱼群体肉豆蔻酸、棕榈油酸和 C_{22} 系列同其他 2 个地理群体存在显著差异（$P<0.05$），吉林群体棕榈油酸和油酸同其他群体存在显著差异（$P<0.05$）。3 个地理群体间的 DHA 和 EPA 的总含量差异均显著（$P<0.05$）。

表 1－17　不同地理群体大银鱼脂肪酸含量比较

脂肪酸名称	碳系	脂肪酸含量/%		
		黑龙江	江苏	吉林
肉豆蔻酸	$C_{14:0}$	4.99 ± 0.39^{b}	2.30 ± 0.56^{a}	4.01 ± 0.48^{b}
十五碳酸	$C_{15:0}$	2.23 ± 0.51	1.52 ± 0.47	1.66 ± 0.62
棕榈酸	$C_{16:0}$	22.17 ± 0.46	26.86 ± 0.81	27.74 ± 0.72
棕榈油酸	$C_{16:1}$	8.57 ± 0.59^{b}	4.85 ± 0.85^{a}	11.63 ± 0.65^{c}
十七碳酸	$C_{17:0}$	2.93 ± 0.44	3.99 ± 0.53	3.51 ± 0.36
十七碳烯酸	$C_{17:1}$	3.09 ± 0.64	3.18 ± 0.24	1.08 ± 0.78
硬脂酸	$C_{18:0}$	8.68 ± 0.91^{b}	12.27 ± 0.47^{a}	10.02 ± 0.77^{a}
油酸	$C_{18:1}$	21.59 ± 0.96^{a}	19.30 ± 0.58^{a}	12.85 ± 0.61^{b}
亚油酸	$C_{18:2}$	4.40 ± 0.89^{b}	2.64 ± 0.73^{a}	2.60 ± 0.64^{a}
亚麻酸	$C_{18:3}$	6.70 ± 0.43^{a}	1.95 ± 0.28^{b}	3.60 ± 0.51^{c}
十九烷酸	$C_{19:0}$	0.53 ± 0.39	1.56 ± 0.46	1.53 ± 0.54
花生酸	$C_{20:0}$	0.44 ± 0.31	0.66 ± 0.75	5.48 ± 0.32
花生一烯酸	$C_{20:1}$	0.94 ± 0.33	0.85 ± 0.27	—
花生四烯酸	$C_{20:4}$	4.00 ± 0.55	4.20 ± 0.71	1.25 ± 0.86
二十碳五烯酸	$C_{20:5}$	6.33 ± 0.58	5.69 ± 0.69	9.78 ± 0.77
山芋酸	$C_{22:0}$	0.76 ± 0.41	3.08 ± 0.73	0.58 ± 0.47
二十二碳六烯酸	$C_{22:6}$	1.65 ± 0.37^{a}	5.09 ± 0.81^{b}	2.68 ± 0.64^{c}
二十二碳六烯酸＋二十碳五烯酸	EPA＋DHA	7.98^{a}	10.78^{b}	12.46^{c}
单不饱和脂肪酸总量	ΣMUFA	34.19^{b}	28.18^{a}	25.56^{a}
多不饱和脂肪酸总量	ΣPFA	23.08^{b}	19.57^{a}	19.91^{a}
饱和脂肪酸总量	ΣSFA	42.73^{b}	52.24^{a}	54.53^{a}

注：字母相同表示无差异，字母不同表示差异明显。

4. 矿物元素含量比较

不同地理群体大银鱼(干重)每 100 g 中矿物元素含量的分析结果见表 1 – 18。矿物元素总量由大到小排列次序为江苏、吉林、黑龙江。而微量元素含量由大到小排列次序为黑龙江、江苏、吉林。从结果中得知,不同地理群体常量矿物元素中钙的含量均最高,镁含量最低;微量元素中黑龙江群体铁含量最高,而江苏群体和吉林群体锌含量最高,3 个群体矿物元素含量均以铜为最低。研究结果表明大银鱼移植后形成的 3 个地理群体矿物元素 Zn、Fe、Na、K 和 Ca 的含量差异显著($P<0.05$),而 Mn、Cu 和 Mg 含量差异不显著($P>0.05$),这表明地域的差异对大银鱼矿物元素积累有明显的作用,可以表征水域环境和食物中元素的差异。

表 1 – 18　不同地理群体大银鱼矿物元素含量的比较

矿物元素	含量/mg		
	黑龙江	太湖	吉林
Zn	5.90 ± 0.79^a	8.20 ± 0.61^b	5.56 ± 0.59^a
Fe	6.43 ± 0.42^b	2.17 ± 0.78^a	2.47 ± 0.66^a
Mn	1.63 ± 0.16^a	0.99 ± 0.91^a	1.41 ± 0.47^a
Cu	0.052 ± 0.03	0.067 ± 0.06	0.067 ± 0.04
Na	313.16 ± 6.23^a	389.54 ± 5.41^a	179.5 ± 4.86^b
K	625.00 ± 8.35^a	387.29 ± 6.37^b	660.70 ± 5.44^a
Mg	131.58 ± 2.13	136.96 ± 3.33	122.22 ± 2.81
Ca	$1\,500 \pm 8.21^a$	$2\,093 \pm 6.76^b$	$1\,765 \pm 8.57^a$

注:字母相同表示无差异,字母不同表示差异明显。

二、太湖与洪泽湖大银鱼体内元素积累差异

为进一步了解不同产地大银鱼多种元素积累的差异及其在产地鉴别中的作用,杨健等(2009)于 2007 年对太湖的贡湖和洪泽湖老子山采集的大银鱼进行了全鱼体钠(Na)、镁(Mg)、钾(K)、钙(Ca)、锰(Mn)、铁(Fe)、钴(Co)、铜(Cu)、锌(Zn)、砷(As)、硒(Se)和镉(Cd)等 12 种元素浓度的测定。

结果显示 Na、Mg、K、Ca 四种元素在大银鱼体内浓度比较高,分别为:太湖大银鱼 Na (2 178.6 ± 153.4) mg/kg、Mg (944.2 ± 69.4) mg/kg、K (8 769 ± 590.4) mg/kg、Ca

(13 524.8 ±3 240.8) mg/kg；洪泽湖大银鱼 Na(1 439.1 ±151.5) mg/kg、Mg(1 138 ±52.8) mg/kg、K(5 573 ±590.9) mg/kg、Ca(19 238 ±1 966.6) mg/kg。Zn、Mn 的浓度也比较高：太湖大银鱼 Zn(92.10 ±16.57) mg/kg、Mn(9.31 ±1.89) mg/kg；洪泽湖大银鱼 Zn(125.64 ±8.36) mg/kg、Mn(13.94 ±3.79) mg/kg。而 Fe、Cu、Se 三者的浓度比较接近，分别为：太湖大银鱼 Fe(9.33 ±8.98) mg/kg、Cu(2.177 ±0.310) mg/kg、Se(5.401 ±0.387) mg/kg；洪泽湖大银鱼 Fe(3.58 ±1.88) mg/kg、Cu(0.647 ±0.138) mg/kg、Se(2.273 ±0.173) mg/kg。As、Co 的浓度也比较低：太湖大银鱼 As(0.499 ±0.085) mg/kg、Co(0.527 ±0.867) mg/kg；洪泽湖大银鱼 As(0.277 ±0.06) mg/kg、Co(1.110 ±1.564) mg/kg。而 19 个样本的 Cd 值都低于检测限。

太湖大银鱼和洪泽湖大银鱼元素浓度呈相同的趋势，都是 Ca > K > Na > Mg > Zn > Mn > Fe > Se > Cu > Co > As > Cd。本研究中大银鱼体内元素浓度的大体范围，Ca：9 443 ~ 22 150 mg/kg，Na：1 107 ~ 2 418 mg/kg，Mg：876.8 ~ 1 231.0 mg/kg，K：4 662 ~ 9 472 mg/kg，Zn：74.0 ~ 135.8 mg/kg，Mn：6.80 ~ 21.08 mg/kg，Fe：0.981 ~ 24.190 mg/kg，Se：2.082 ~ 6.261 mg/kg，Cu：0.489 ~ 2.704 mg/kg，Co：0.342 ~ 4.684 mg/kg，As：0.123 ~ 0.587 mg/kg，Cd 全部样本都低于检测限，并且 Fe 和 Co 也有部分样本低于检测限。

太湖大银鱼和洪泽湖大银鱼的元素浓度差异较为明显，除 Mg、Ca、Mn、Co、Zn 五种元素洪泽湖大银鱼高于太湖大银鱼外，其余元素均显示出太湖大银鱼含量较高的趋势。其中 Na、Mg、K、Ca、Cu、As、Se 达到了差异极显著水平($P < 0.01$)，Zn 达到了差异显著水平($P < 0.05$)。太湖大银鱼和洪泽湖大银鱼 Na、K、Ca、Se 等元素的浓度差异几乎达到 1 倍，甚至更高。这些都表明两地大银鱼体内元素含量存在着显著的地理差异。

大银鱼全鱼可食，Mg、Ca、Zn 的含量比几种海产鱼类高很多。大银鱼体中 Ca 的含量为 13 524.8 ~ 19 238.0 mg/kg，而海产鱼类最高的是星点笛鲷肌肉组织，仅为 173.39 mg/kg。大银鱼体中 Mg 的含量为 944.2 ~ 1 137.9 mg/kg，而海产鱼类最高的是星点笛鲷为 190.5 mg/kg；Zn 在大银鱼体中的含量是 92.09 ~ 125.6 mg/kg，而海产鱼类中最高的军曹鱼为 28.48 mg/kg。这部分原因是大银鱼使用的是整体浓度，而几种海产鱼类是肌肉组织浓度，鱼类肌肉组织各种微量元素的含量是比较低的，而骨骼钙和内脏锌的含量很高，这就使得大银鱼较几种海产鱼类肌肉组织元素浓度高，经比较可以看出，与海产鱼类可食用部分相比，大银鱼可食用部分(大银鱼属于整体食用)的营养元素含量都比较高，尤其是 Ca、Mg、Zn 相当丰富，大银鱼是这几种营养元素理想的食物来源。然而大银鱼 Fe 的含量却比较低，为 3.575 ~ 9.333 mg/kg，仅接近于海产鱼类中含量最低的军曹鱼9.95 mg/kg,也显著低于报道尖头银鱼的Fe含量(38.94 mg/kg)。这些均显示出大银鱼Fe的含量比较少,不宜作为补充Fe的食物来源。

本研究结果表明,浓度差异极显著的元素有Na、Mg、K、Ca、Cu、As、Se ($P<0.01$),差异显著的元素有Zn($P=0.02<0.05$),而只有4种元素浓度差异尚未达到显著水平。这表明地域的差异对大银鱼元素积累有明显的作用,可以推测环境水和(或)大银鱼食物中元素的差异应该是导致鱼体元素积累差异的原因。

大银鱼的元素积累受地域的影响比较大,且多种元素的差异都比较显著,但这都是对单一元素的差异进行比较,无法说明太湖大银鱼和洪泽湖大银鱼元素在整体上的差异情况。因此杨健等(2009)又对两水域大银鱼的元素总体差异进行了主成分分析。在主成分分析图上,两水域大银鱼个体在主成分1和主成分2上的得分分别组成的多边形区域不仅不相交叉,而且相距较远。这显示出产自两水域大银鱼元素整体的积累"指纹"极具水域地理特征,用其可以有效地区分太湖大银鱼和洪泽湖大银鱼。在此基础上,进一步进行了实际判别分析的尝试。结果显示,用得到的判别函数可以准确判断所有19个样本的产地,准确率高达100%。这说明判别函数所得结果是可信的,判别函数如下:$F=0.192C\mathrm{Na}-0.051C\mathrm{Mg}-0.050C\mathrm{K}-0.0084C\mathrm{Ca}-8.28C\mathrm{Mn}+4.39C\mathrm{Fe}+5.17C\mathrm{Co}+28.7C\mathrm{Cu}-4.49C\mathrm{Zn}+291C\mathrm{As}-28.7C\mathrm{Se}+347$[$F$为判别系数,$C$为元素的浓度值(mg/kg)]。判别函数的结果,太湖大银鱼的F得分为332 ± 28.4,洪泽湖大银鱼的F得分为-332 ± 20.1。因此,从大银鱼整体元素含量差异来判断其产地的技术是可行的。该研究中仅涉及太湖和洪泽湖两水域大银鱼的"元素指纹"判别法,其他各地大银鱼可参照本方法进行产地鉴别。

大银鱼生活史与种群生态学

第二章 TWO

第一节　胚胎发育与仔鱼习性

一、卵的形态

大银鱼成熟卵呈扁圆球形,沉而不具黏性,直径0.82~1.11 mm,表面具有卵膜壳[图2-1(1)]。大银鱼卵细胞动物极一端呈圆盘状突起[图2-1(6)],隆起中央向下凹陷,形状似一漏斗,漏斗中央即为卵膜孔[图2-1(3)、图2-1(8)、图2-1(2)],卵膜孔的周围无长卵膜丝,但着生有短的卵膜丝,一直分布到卵膜孔周壁[图2-1(1)、图2-1(8)]。在高倍扫描电镜下,卵膜孔漏斗形凹陷的底部中央为精孔管开口,以精孔管开口为中心,整个凹陷区由直接指向精孔管并呈放射状的凹沟和凸脊所构成,沟或脊在不同的卵球上数量不一,12~30条[图2-1(3)]。与鲢等鲤科鱼类的螺旋形结构截然不同[图2-1(7)]。

二、卵膜丝

大银鱼卵细胞自第Ⅲ时相始,表面即覆盖有按经线排列的密集卵膜丝,略带分支[图2-1(1)、图2-1(2)、图2-1(4)],紧贴于卵膜表面,无明显的着生状(起讫点),两末端相似,分别终止于动物极和植物极。卵膜孔周围无长卵膜丝,形成裸区,其间只有少量短卵膜丝着生[图2-1(1)]。受精后,卵膜吸水,卵膜丝分别从植物极与动物极一端游离开来,在赤道偏动物极一侧与卵膜丝相连,呈圆环状排列,动物极一侧卵膜丝游离端较短,植物极端较长[图2-1(5)、图2-1(7)]。

卵膜丝有种的特异性,可作为分类依据。卵膜丝的存在有助于在孵化中保持良好的呼吸条件和缓冲风浪搅动,对大银鱼孵化极其有利。在受精孔周壁着生有短的卵膜丝,可能游离于生殖隔离。

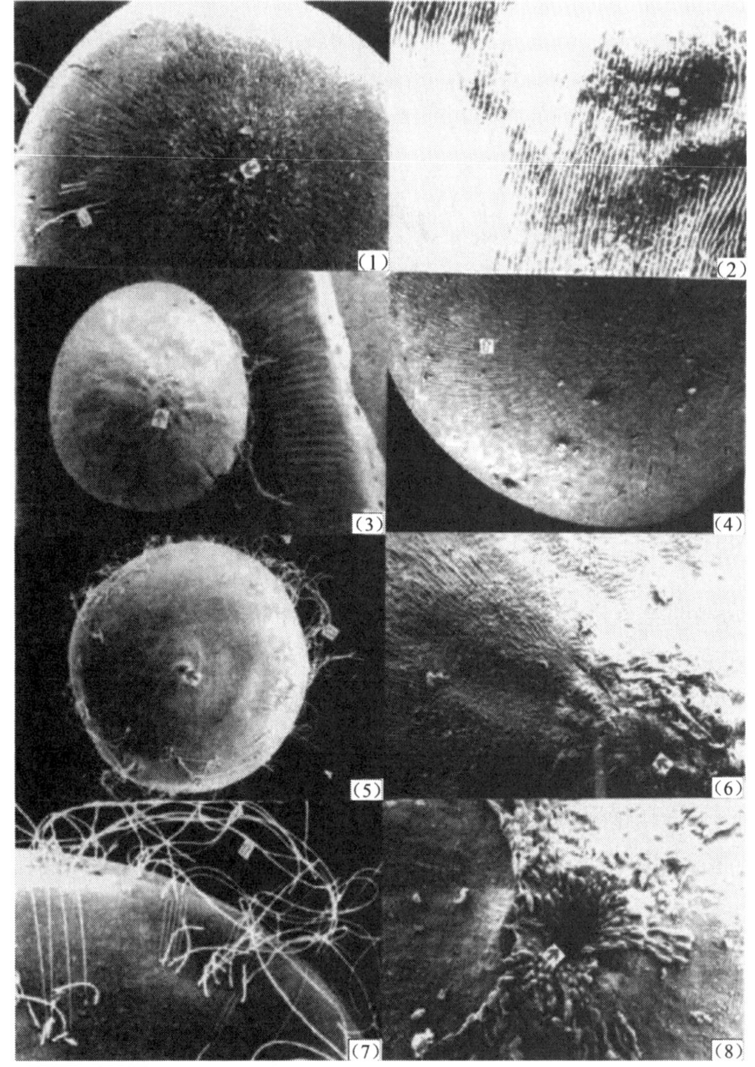

图 2－1　大银鱼卵膜形态结构（引自戈志强 & 王永玲，1998）

（1）卵膜孔极（×180）；（2）卵膜丝紧密排列状（×500）；（3）卵膜孔（×60）；（4）卵膜孔相对极（植物极）（×60）；（5）受精卵的卵膜丝游离状态（×75）；（6）卵膜孔隆起（×200）；（7）受精卵的卵膜丝着生状态（×300）；（8）卵膜孔周壁（×600）

三、受精

大银鱼的精子无顶体，头部直径约 2 μm，需要经卵膜孔入卵。直径为 1 000 μm 的卵，表面积约为 3 141 600 μm^2，卵膜孔直径接近 20 μm，区域面积约为 314 μm^2，精孔管直径约为 3 μm，因此，精孔管一次只能允许一个精子进入。卵膜孔区域的存在大大增加了精子入卵的概率，从 2.25×10^{-6} 增加为 9.995×10^{-5}，增加了 43.4 倍。因此，卵膜孔区域可视为精子的“捕捉”区域。

电镜观察表明，一旦大银鱼精子到达未受精卵的卵膜孔附近，它们总是优先地沿着凹沟进入精孔管。在授精开始的 30 s 内，卵膜附近 82% 以上的精子受引导而沿着凹沟进入精孔管，因此，卵膜孔区域的凹沟是大银鱼精子进入精孔管的“导轨”[图 2－2(4)，表 2－1]。

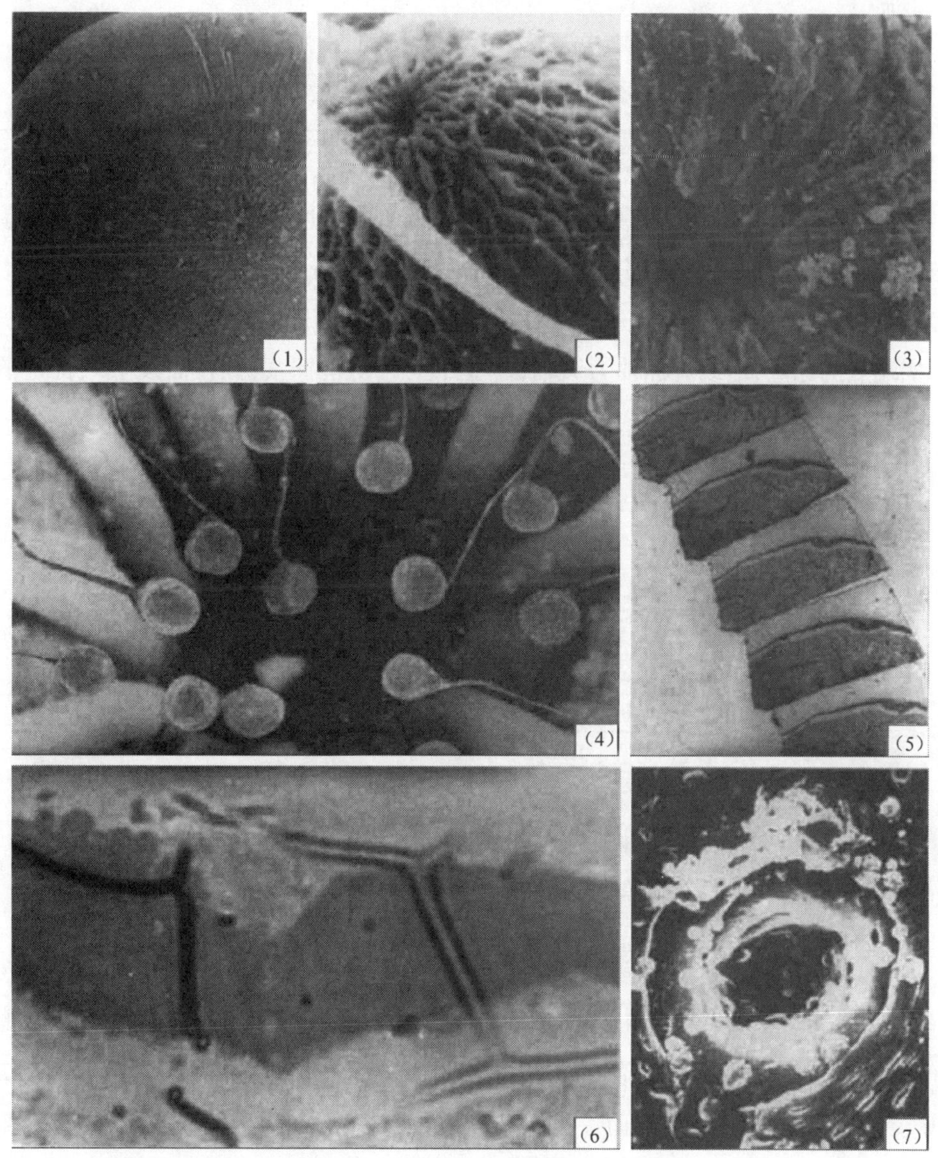

图 2－2　大银鱼受精过程——电镜观察(引自宋慧春等,1999)

(1)大银鱼成熟卵直径约为 1 000 μm 的卵膜壳(×90)；(2)大银鱼成熟卵卵膜孔区域为一漏斗状的凹陷(×1 500)；(3) 大银鱼卵膜孔区域直接指向精孔管并呈放射状的凹沟和凸脊(×1 400)；(4)卵膜孔附近的精子沿凹沟入卵的状态(×4 000)；(5)大银鱼卵膜孔过凹沟部位剖切面的透射电镜照片(×100)；(6)纵切面曲线以精孔管为轴，两侧由凸转凹形成坡度，两端自然趋于平直(×1 500)；(7)鲢鱼成熟卵卵膜孔区域的螺旋状结构(×2 000)

表 2－1　受精过程开始 30 s 内卵膜孔附近精子入卵状态

观察次数	精子总数/个	被引导数/个	引导率/%	引导率平均值/%
Ⅰ	17	14	82	
Ⅱ	15	13	87	
Ⅲ	20	18	90	86
Ⅳ	29	25	86	
Ⅴ	18	15	83	

利用透射电镜技术拍摄到大银鱼卵膜孔的纵切面照片[图 2－2(5)]，照片显示了大银鱼过卵孔中心部位(沿凹沟)的纵切面曲线，曲线以精孔管为轴，两侧由凸转凹形成坡度，两端自然趋于平直[图 2－2(6)]。在过卵孔中心部位(沿凹沟)的剖切面曲线上，以凹底端点为原点，曲线对称轴为纵轴，建立平面直角坐标系，并在曲线上取特定值点(图 2－3)。

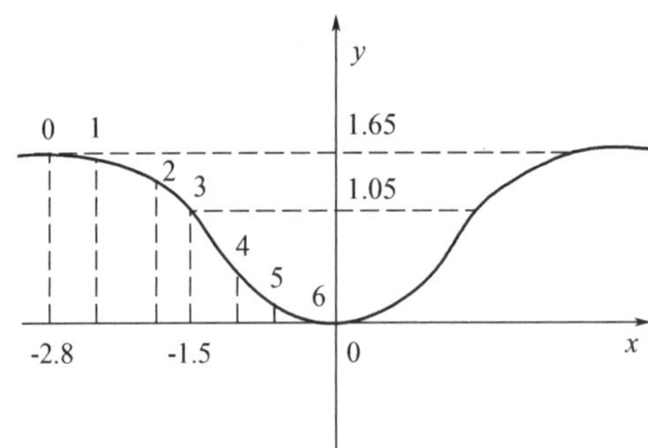

图 2－3　大银鱼卵孔纵切面曲线的拟合(引自宋慧春等,1999)

通过对拟合函数求二阶导数，求得各个插值点上的二阶导数值为 $M_1 = -0.06$，$M_2 = -2.82$，$M_3 = 0.09$，$M_4 = 0.99$，$M_5 = 1.49$，而 $M_0 = M_6 = 0$(曲线在两端趋于平直)。由于 M_3 较接近于 0，与纵切面曲线凹凸分界处具有拐点的事实相符，即验证了纵切面曲线与三段样条曲线相拟合；而三段样条曲线具有极小曲率性质(曲线最光滑)，便使得精子沿着纵切面曲线入卵所消耗的总能量为最少。用于拟合的纵切面是沿凹沟剖切得到，而大银鱼的精子又总是优先地沿着凹沟(导轨)行进，这就保证了精子沿着纵切面曲线这种理想的道路入孔，说明大银鱼精子入卵存在着不容忽视的机械动力因素。

四、胚胎发育

大银鱼的胚胎发育速度与水温密切相关,大银鱼的胚胎发育适温为0.5～16.0 ℃,最高温度上限为18 ℃。在适温范围内,大银鱼孵化时间与孵化温度呈负相关;水温1.7～5.0 ℃条件下孵化时间为63～65 d,3～4 ℃条件下需要45 d;最适孵化温度为2～8 ℃,孵化积温为4 200 ℃·h。

大银鱼受精卵在4～9 ℃下孵化全过程需时约852 h(35.5 d),大银鱼胚胎发育可分为9个阶段,含30期(表2-2,图2-4A～Z、a～d)。9个发育阶段如下(施炜纲等,2011)。

①胚盘形成。受精后3.5 h,在质膜与卵膜之间出现卵周隙,卵黄粒开始沉积于植物极,原生质逐渐向动物极集中,胚盘形成,单细胞隆起(图2-4A、图2-5)。

②分裂期。在胚盘顶部出现经裂沟,受精卵进入2细胞期。此后再进行4次卵裂,每次卵裂均垂直于前一次卵裂沟,受精卵进入32细胞期,之后依次进入64细胞期、128细胞期、256细胞期、多细胞各期。受精后45 h进入桑葚期,此阶段细胞颗粒仍很清晰,此后受精卵分裂速度渐渐变慢。(图2-4B～H)。

③囊胚期。细胞继续分裂,细胞数不断增多,单个细胞体积不断趋小。内层细胞出现腔隙,受精卵进入囊胚早期。随着囊胚继续发育,细胞变得细小,外层细胞颗粒界面变得模糊,囊胚高度逐步降低,受精卵依次进入囊胚中期、囊胚晚期,此时外胚层形成(图2-4I～K)。

④原肠期。随着囊胚层逐渐下包,胚层变薄变长,受精卵进入原肠早期。胚层各部高度无明显差异,进入原肠中期后,原肠胚略显垂直拉长状,胚层两端略有增厚。随着囊胚下包,只剩下少量卵黄没有被包入,原肠胚又重新趋于圆形(图2-4L～N)。

⑤神经胚期。胚体轮廓初现,背侧神经物质增厚,神经沟开始出现,胚体渐变为水平向拉伸,已初具胚体雏形,但头、尾部尚难分辨。受精后约224 h,胚孔封闭,此时头尾分化已十分明显,胚沟延伸一线已无法见到受精孔。受精258 h后进入胚体形成期,胚体形成并又渐变成圆形,头部器官分化征兆出现,神经管前端分化为前脑、中脑和菱脑三部分(图2-4O～Q)。

⑥器官形成与组织分化阶段。器官形成与组织分化在胚胎发育至289.00～501.25 h阶段内完成,在头部器官分化初期,体节逐渐形成,从眼囊、嗅板的出现,至尾芽期胚体延伸恰好一周,卵黄囊被挤压成扇形。随着耳囊及晶体各期的出现,在卵黄囊上方及耳囊下方出现心脏原基,心脏扩大,心包腔清晰,此时体节增至33～40对(图2-4R～W)。

表 2-2 大银鱼胚胎发育过程

发育期	各发育期简要特征	受精后时间/h	图号
单细胞期	原生质集中于动物极一端，动物极中心处，受精孔可见（俯视），胚盘顶部凸起，透过隆起部在动物极基部上方受精孔清晰可见（侧视）	3.50	图 2-4A，图 2-5
2 细胞期	胚盘顶部中轴线出现卵裂沟，纵向经裂出 2 个等大的耳状细胞（俯视），2 个细胞隔裂线处呈股沟状，受精孔仍可见（侧视）	7.00	图 2-4B1、B2
4 细胞期	与第一次卵裂沟相垂直，纬裂为 4 个等大的扇形细胞（俯视），可见 2～3 个细胞相错隆起，并高于 2 细胞期的隆起度（侧视）	7.75	图 2-4C1、C2
8 细胞期	每个细胞发生经裂，形成 2 排 4 列共 8 个排列整齐的细胞，胚盘边缘的分裂细胞略小于中央的细胞（俯视）	9.16	图 2-4D
16 细胞期	每个细胞发生纬裂，形成 4 排 4 列共 16 个分裂细胞，排列整齐，细胞为正矩形或三角形（俯视）	11.33	图 2-4E
32 细胞期	经裂形成 32 个分裂球，排列欠整齐，细胞形状不规则。细胞堆挤在一起（俯视）	13.58	图 2-4F
64 细胞期	胚盘完成第 6 次分裂，纬裂成 64 个分裂球，细胞显著变小，相互重叠	14.74	图 2-44G
桑葚期	经过 128、256 细胞期及更多期的细胞分裂，细胞呈颗粒状，界面不清（俯视），细胞颗粒团形似桑葚球，高高隆起，与卵黄连接的两侧边缘略有凹陷（侧视）	45.00	图 2-4H1、H2
囊胚早期	囊胚高而集中，呈高帽状，与卵黄连接的两侧边缘平滑	60.16	图 2-4I
囊胚中期	囊胚层变低、宽，呈月牙形，并沿卵黄的表面向植物极扩展	82.83	图 2-4J
囊胚后期	囊胚层变得更低、更宽，开始下包卵黄	107.00	图 2-4K
原肠早期	胚环形成，胚层下包卵黄近 1/2，胚胎纵向拉长呈长圆形	132.00	图 2-4L

续表

发育期	各发育期简要特征	受精后时间/h	图号
原肠中期	胚层下包卵黄约3/5,胚盘仍呈长圆形	160.58	图2－4M
原肠后期	胚层下包卵黄近趋完整,胚盘水平向拉长近似圆形	185.58	图2－4N
神经胚期	胚体水平向拉长呈长圆形,胚胎背部表面中线的细胞增厚形成神经板	201.00	图2－4O
胚孔闭合期	胚层包裹卵黄,胚孔封闭,卵黄腔出现,眼囊隐约可见,胚体呈长圆形	224.00	图2－4P
胚体形成期	胚体的轮廓清晰,胚体水平向收缩,再次呈圆形	258.00	图2－4Q
肌节出现期	出现1～3对肌节及眼囊原基,头部发育分化开始	289.00	图2－4R
眼囊期	眼囊清晰,呈长椭圆形,肌节4～9对	330.00	图2－4S
嗅板期	眼囊下方出现嗅板,肌节10～16对	361.00	图2－4T
尾芽期	胚体伸长,头尾相连交错,尾芽形成,针状晶体可见,肌节17～24对	391.50	图2－4U
耳囊出现期	眼囊凹陷呈杯状,后脑两侧出现小泡状耳囊,肌节25～32对	452.75	图2－4V
晶体出现期	眼杯中晶体已清晰可见,肌节33～40对	501.25	图2－4W
肌肉效应期	胚体环绕卵黄囊一周半呈蛇形盘曲,经常出现扭动,肌节41～48对	557.50	图2－4X
心脏出现期	卵黄呈扇形,耳囊后下方出现心脏原基,肌节49～56对	602.50	图2－4Y
耳石出现期	耳囊出现小石粒,胚体中脑膨大,眼球黑色素沉着,肌节56～64对	638.00	图2－4Z
心跳期	心脏跳动有力,心搏率为30次/min,肌节65～66对,肌节由胸背部至尾部逐步趋小	672.00	图2－4a
孵化腺期	眼部黑色素沉着明显,头部及体表出现孵化腺,尾部已与卵黄囊分开	720.00	图2－4b
出膜期	胚体翻转剧烈,卵内脂液体渗出,以头部破膜居多	852.50	图2－4c1、c2、d1、d2

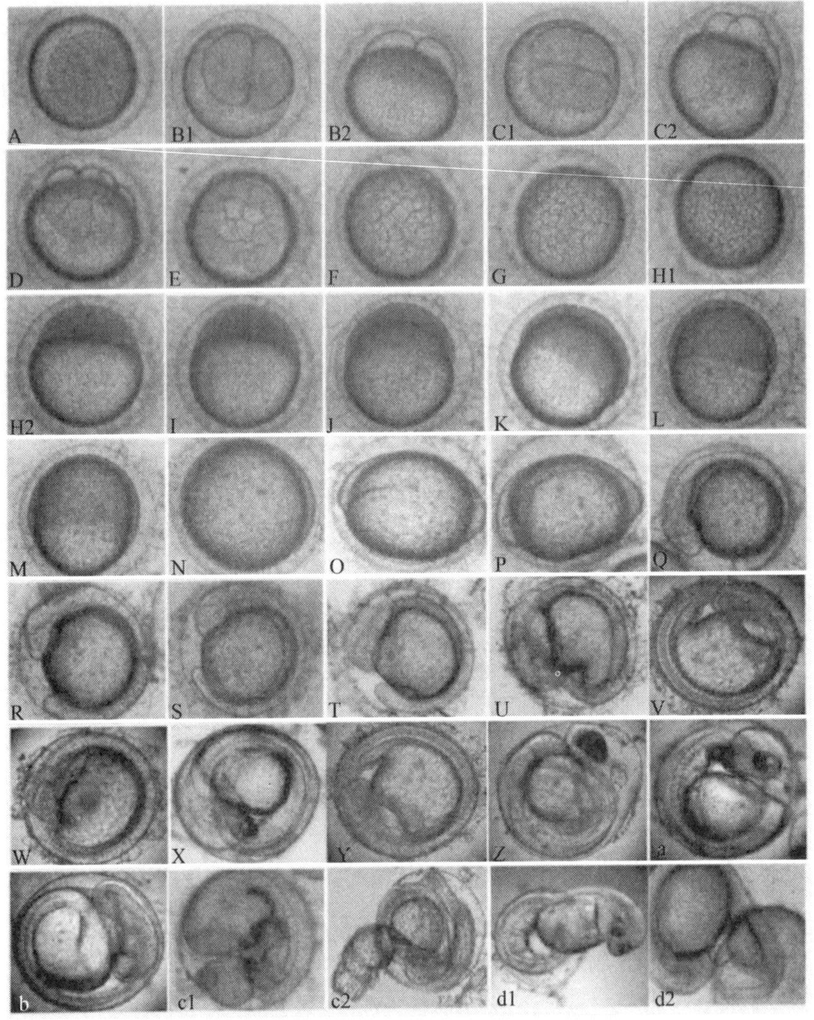

图 2-4　大银鱼的胚胎发育(引自施炜纲等,2011)

A——单细胞期(俯视);B1——2 细胞期(俯视);B2——2 细胞期(侧视);C1——4 细胞期(俯视);C2——4 细胞期(侧视);D——8 细胞期(俯视);E——16 细胞期(俯视);F——32 细胞期;G——64 细胞期(俯视);H1——桑葚期(俯视);H2——桑葚期(侧视);I——囊胚早期;J——囊胚中期;K——囊胚后期;L——原肠早期;M——原肠中期;N——原肠后期;O——神经胚期;P——胚孔闭合期;Q——胚体形成期;R——肌节出现期;S——眼囊期;T——嗅板期;U——尾芽期;V——耳囊出现期;W——晶体出现期;X——肌肉效应期;Y——心脏出现期;Z——耳石出现期;a——心跳期;b——孵化腺期;c1——出膜前期;c2——出膜前期(脂液体外渗);d1——出膜(头部破膜);d2——出膜(尾部尚在卵膜内)

⑦胚体蠕动与心脏搏动阶段。此时胚体延伸已近一周半,胚胎开始出现蠕动,初期蠕动幅度不大,频率较低,约 6 次/h。心脏尚无搏动迹象,胚胎发育到 602.5 h,心脏开始缓慢而轻微地搏动,初期心脏搏动频率为 6 ~ 7 次/min,至 638 h 耳囊中耳石形成,肌节已达 56 ~ 64 对。此时心脏搏动开始加快,胚体蠕动频繁,间隔 3 ~ 4 min,幅度也变

大，有时能见到整个胚体剧烈蠕动，接连2～3次，胚体与卵膜已无粘连，此时心脏搏动达30次/min（图2－4X～Z、a）。

⑧孵化腺出现阶段。卵黄囊缩小为梨形，头部下端稍高于卵黄囊，可见口孔，尾的较大部分已经从卵黄囊分开。胚体可全身翻转，心跳有力，心脏搏动达50～62次/min，此时胚体环卵约$1\frac{3}{4}$周（图2－4b）。

⑨仔鱼出膜阶段。胚体心跳加速（70～86次/min），翻转非常剧烈，即进入出膜前期（图2－4c1）。在孵化腺分泌物溶解卵膜及胚体剧烈翻转作用下，卵膜破裂，含脂滴的卵内溶物渗出卵膜（图2－4c2）。至835 h仔鱼出膜开始，出膜方式以头部破膜最为多见（图2－4d1、d2），也有以尾部破膜或头尾同时破膜的，或以背、胸、腹等部位破膜的，但较少见。刚出膜的仔鱼全长不足5 mm。鳍尚未出现，仅在背部、腹部和尾部有皮肤褶皱。腹部具黑色花纹色素，仔鱼具趋光性。至852 h，进入出膜高峰。至874 h，仔鱼出膜全部完成。出膜后仔鱼平均体长为4.76 mm，平均全长为4.86 mm。初孵仔鱼卵黄囊呈卵圆形。

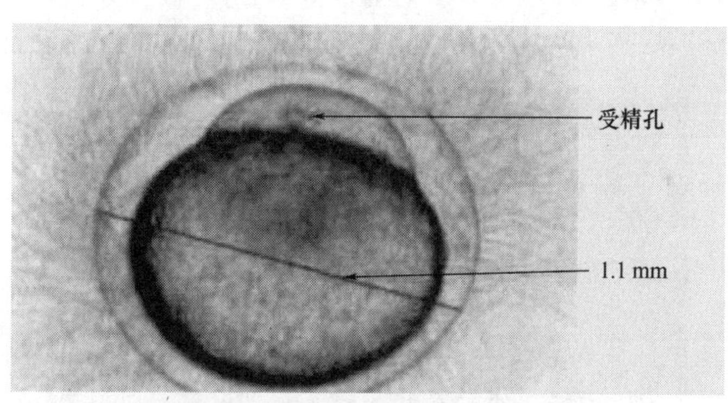

图2－5　大银鱼受精卵单细胞胚盘

孵化水温波动不应超过3 ℃，在1～8 ℃范围内波动幅度达6.5 ℃情况下孵化率仅为7.9%。在一定范围内，温度升高缩短孵化时间可提高孵化率，水温从4 ℃增加至15 ℃，孵化率由37%提高至68%，但在水温25 ℃时孵化率为0。实验研究表明，黑暗和弱光有利于大银鱼孵化（孵化率70%左右），长光照致死率达99%。

刚孵出仔鱼体长4～5 mm，水温7～10 ℃下经10～14 d卵黄囊消失方能平游，但至平游后卵黄囊仍未完全吸收，此阶段卵黄囊逐渐转成前粗后细长条形，附于肠管下方，后期卵黄囊长约占体长的60%，卵黄囊腹面每侧可见一列黑色素细胞。仔鱼游动活泼，趋光，此时虽已能平游，但游泳能力仍很弱，只能做短距离平直游动，而后还会下沉，这一阶段可持续20 d左右。大银鱼具有长的混合营养阶段，这有利于其在自然水体中存活。

在室温 5 ~ 8 ℃下，12‰以下的盐度对受精卵和仔鱼存活影响均较小；盐度在14‰ ~ 16‰时，受精卵发育停滞，仔鱼死亡率增高；当盐度在17‰ ~ 25‰时，18 h 受精卵和仔鱼全部死亡，表明适应纯淡水环境的大银鱼在进化过程中还保留了适应盐碱水环境的能力。

第二节　食性特征

一、仔鱼发育与食性

在水温 7 ~ 10 ℃下，仔鱼出膜后 6 d 后可开口摄食。施炜纲等(2011)研究发现，在该温度下孵出后 10 ~ 20 d 期间，养殖水体中浮游植物生物量为 5.8 ~ 6.2 mg/L 的条件下，显微镜下观察到仔鱼肠道中主要浮游植物出现率由高到低依次为：菱形藻、栅列藻、针杆藻、衣藻、裸藻及微囊藻(图 2 - 6)。这一时期是仔鱼口器逐步发育完善的阶段，仔鱼在此阶段的后期摄食行为与平游后不同，仔鱼先缓慢游动到适口饵料的下方，头部向上，身体收缩成“S”状，逐步靠近目标后，通过身体迅速弹伸向上来捕获目标。

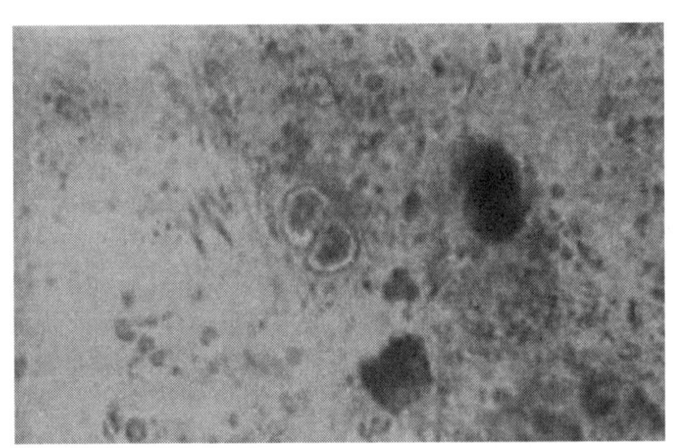

图 2 - 6　大银鱼仔鱼肠道内的浮游植物

仔鱼出膜后 21 ~ 40 d 内，已完全能平游，营水平游动捕食，出膜 21 d 后全长会大于10 mm，平均为 7.22 mm。口已张开，活泼游动，胸鳍基对与体轴几乎呈垂直状态，其下面可见肩带原基。鳔已充气，肝脏形成，约占 5 个肌节范围，镜检可见肠管蠕动，利于消化食物。肠道镜检表明此阶段仔鱼主要以轮虫为食，按出现频率由高到低依次为：角突臂尾轮虫、蒲达臂尾轮虫、萼花臂尾轮虫、多肢轮虫、三肢轮虫、裂足轮虫、疣毛轮虫。鱼苗食量较大，两个摄食节律高峰均出现在白天，且白昼摄食强度明显高于夜间，摄入的轮虫可布满肠道(图 2 - 7)。轮虫壳及其休眠卵无法被鱼苗消化吸收，最终从肛门排出

（图2－8、图2－9）。

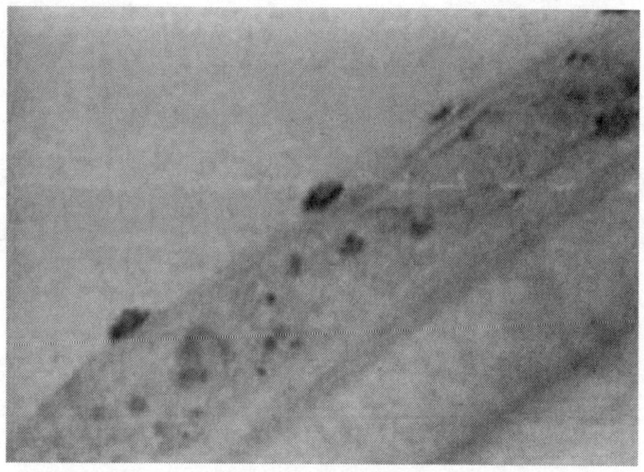

图2－7　肠道内轮虫

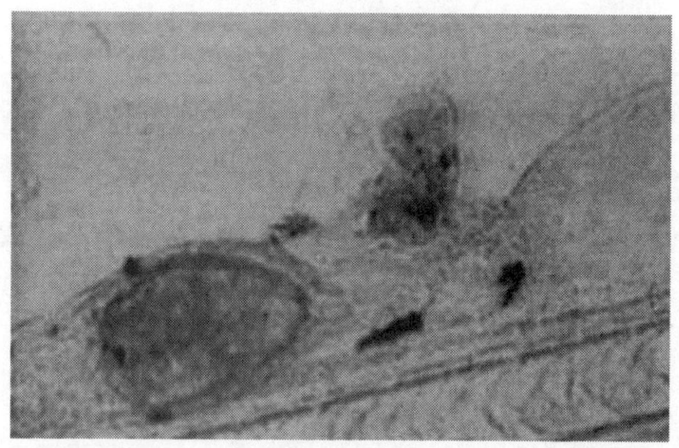

图2－8　无法消化的轮虫壳从肛门排出

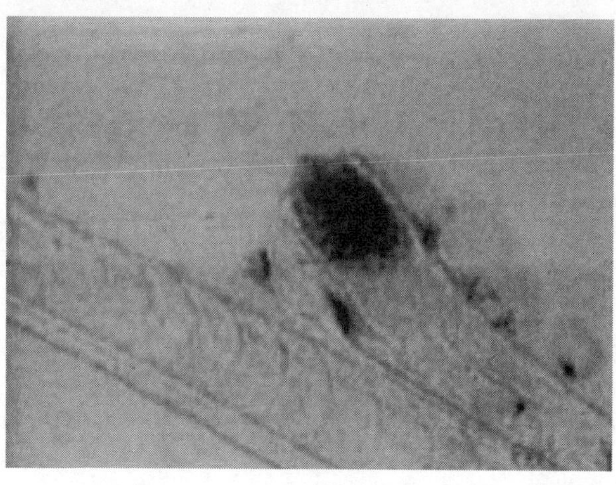

图2－9　无法消化的轮虫休眠卵从肛门排出

二、幼鱼和成鱼食性

大银鱼虽为一年生鱼类,但在整个生活史过程中存在着食性转变现象,因此食谱较广。笔者(2013)对兴凯湖大银鱼幼鱼至成鱼阶段食性逐月分体长组研究表明,在所有食物组成中,浮游动物的相对重要性指数最高,依次是鱼类和虾类(表2-3);种群内的小个体终生以浮游动物为主要食物,而大个体能够逐渐地转变为稳定摄食鱼类和同类(图2-10)。

表2-3　兴凯湖大银鱼的食物组成

食物种类	*FO*/%	*N*/%	*W*/%	*IRI*
甲壳类 Crustacea				
枝角类 Cladoceran	72.23	56.54	0.07	4 088.94
长额象鼻溞 *Bosmina longirostris*	41.45	33.72	0.03	1 398.52
长肢秀体溞 *Diaphanosoma leuchtenbergianμm*	25.87	12.87	0.02	333.46
透明溞 *Daphnia*(*Daphnia*)*hyalina*	31.17	9.04	0.03	282.71
透明薄皮溞 *Leptodora kindti*	0.89	0.03	0.00	0.03
桡足类 Copepoda	80.32	40.47	0.11	3 260.19
广布中剑水蚤 *Mesocyclops leuckarti*				
英勇剑水蚤 *Cyclops strenuus*				
兴凯侧突水蚤 *Episehura chankensis*				
短尾近剑水蚤 *Tropocyclop sprasinus breviramus*				
大尾真剑水蚤 *Eucyclops macruroides*				
锯缘真剑水蚤 *E. serrulatus*				
长尾小剑水蚤 *Microcyclops longiramus*				
新月北镖水蚤 *Arctodiaptomus stewartianus*				
粗壮温剑水蚤 *Thermocyclops dybowskii*				
虫宿温剑蚤 *T. vermifer*				
虾类 Decapoda				
秀丽白虾 *Exopalaemon modestus*	11.06	1.15	4.62	63.82
昆虫类 Insecta				
蜉蝣幼虫 *Ephemera* sp.	0.22	0.03	0.05	0.02

续表

食物种类	*FO*/%	*N*/%	*W*/%	*IRI*
鱼类 fishes	20.45	1.80	95.15	1 982.63
大银鱼 *Protosalanx hyalocranius*	12.98	1.17	63.41	838.25
鳘 *Hemiculter leucisculus* 兴凯鳘 *H. lucidus lucidus*	5.79	0.50	24.63	145.44
翘嘴鲌 *Culter ilishaeformis*	0.12	0.01	0.43	0.05
兴凯银鮈 *Squalidus chankaensis*	1.44	0.12	6.29	9.23
黑龙江泥鳅 *Misgurnus mohoity*	0.12	0.01	0.39	0.05

随着个体生长和发育,大银鱼食性由以轮虫为主转变为以枝角类和桡足类等大型浮游动物为主,至春季其他鱼类和虾类等早期资源出现时,大银鱼种群中的大个体可以开始摄食其他鱼类和虾类的早期资源。在7月初,首次发现兴凯湖中大个体大银鱼开始摄食鱼和虾,但鱼和虾在食物中的相对重要性指数均较低,8月初鱼和虾在大群组个体的食物中所占的相对重要性指数增高(图2-10)。氮稳定同位素分析表明,在7月初摄食鱼虾的大银鱼营养级并未明显提升,说明摄食鱼虾存在偶然性和不确定性;而在8月初大个体大银鱼营养级出现了提升,说明已经能够稳定摄食鱼虾(图2-11)。以后的月份鱼类在大个体大银鱼食物中的重要性指数逐渐增加;自11月起,可按体长120 mm划分为食鱼群组和非食鱼群组,非食鱼群组内个体间的营养级没有差别,而食鱼群组内个体越大营养级越高。

大银鱼种群中小个体为大个体稳定地摄食鱼类提供了重要的饵料基础,大银鱼对同类的捕食能力很强。兴凯湖2010年大银鱼捕食者与被食者体长差异见表2-4。所有月份被食者体长均小于120 mm,在7月、10月、11月和12月被食者与捕食者体长之比相似,均较高,在0.49~0.70之间,均值均不小于0.60;8月次之,在0.47~0.64之间,均值为0.57;9月最低,在0.48~0.54之间,均值为0.51。采用耳石日龄分析表明,多数被食的小个体出生日期晚于捕食者,仅有少数小个体与大个体日龄差不多(图2-12),配对样本T检验结果表明,捕食者日龄明显大于被食者,差异极显著($P < 0.001$)。因此,出生早和生长速度快是大银鱼成为捕食者的两个主要因素,而出生早则更为重要。

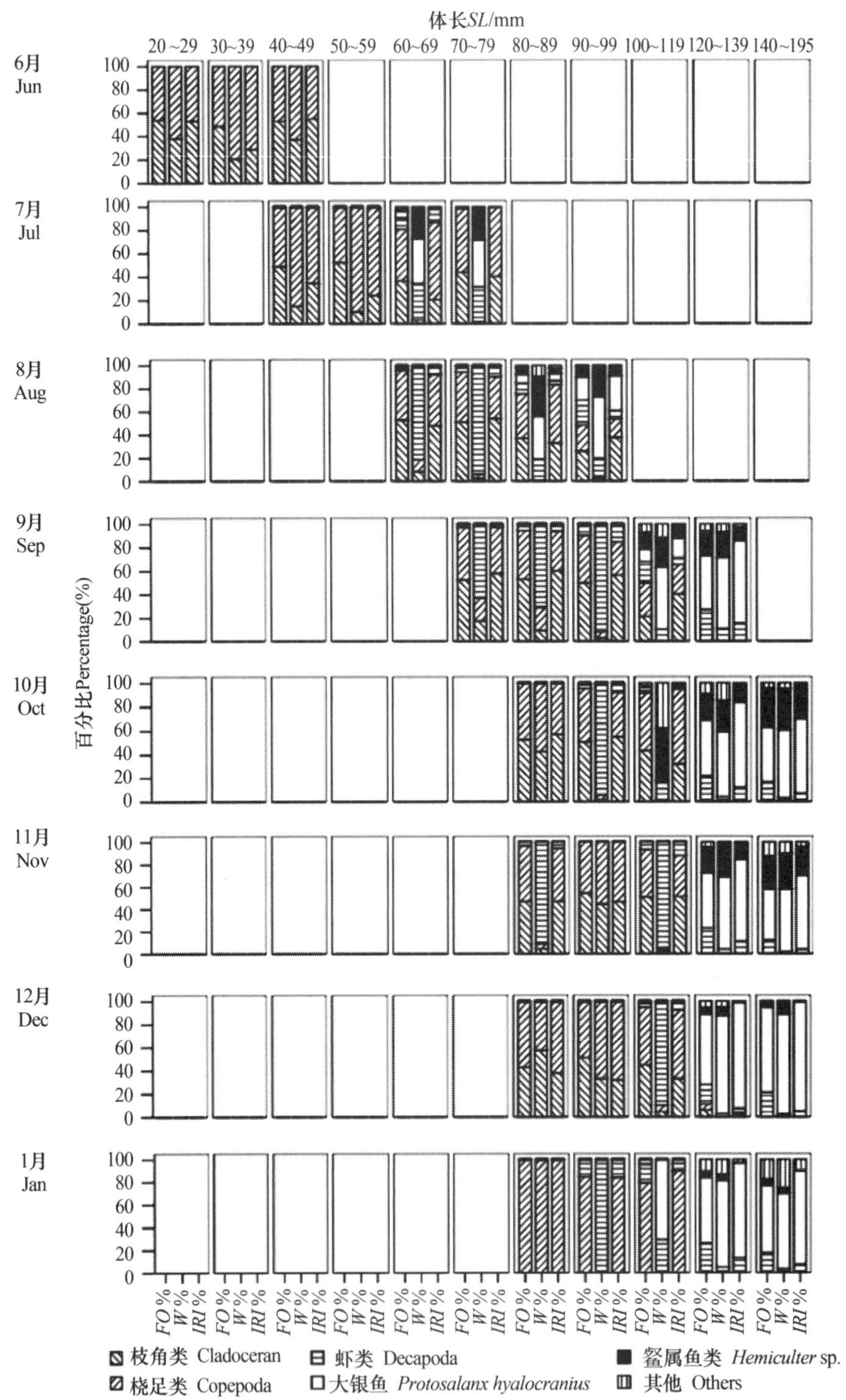

图 2－10　兴凯湖大银鱼食物组成与食性转变

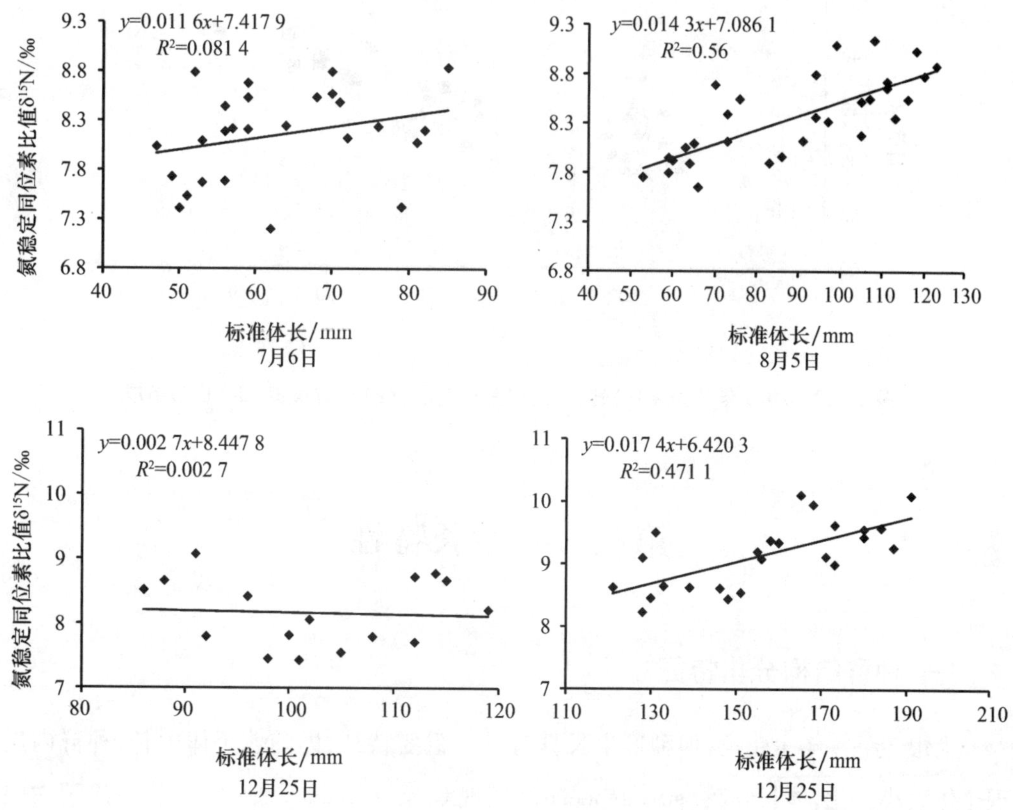

图 2-11　12 月兴凯湖大银鱼氮稳定同位素比值与体长的关系

表 2-4　捕食同类的大银鱼体长与被食大银鱼体长的差异

时间	尾数	捕食者体长/mm		被食者体长/mm		被食者体长/捕食者体长	
		范围	平均值	范围	平均值	范围	平均值
7 月	24	65 ~ 91	76 ± 7.2	38 ~ 52	47 ± 4.4	0.54 ~ 0.65	0.63 ± 0.02[a]
8 月	25	82 ~ 110	89 ± 13.5	46 ~ 59	50 ± 5.1	0.47 ~ 0.64	0.57 ± 0.05[b]
9 月	29	108 ~ 146	127.7 ± 9.46	56 ~ 68	65.6 ± 4.79	0.48 ~ 0.54	0.51 ± 0.02[c]
10 月	31	119 ~ 177	138.9 ± 16.08	72 ~ 93	83.2 ± 5.67	0.49 ~ 0.67	0.60 ± 0.05[a]
11 月	27	122 ~ 189	146.7 ± 16.24	71 ~ 115	88.2 ± 10.2	0.51 ~ 0.65	0.60 ± 0.03[a]
12 月	35	123 ~ 196	152.9 ± 16.75	82 ~ 117	92.5 ± 9.56	0.50 ~ 0.70	0.61 ± 0.04[a]

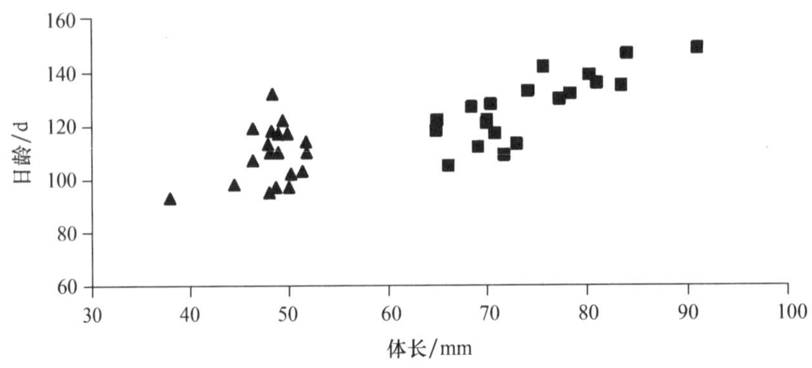

图 2－12　2010 年 7 月 4 日兴凯湖大银鱼捕食者(■)与被食者(▲)日龄组成

第三节　生长特性

一、种群结构分化特征

大银鱼是一年生鱼类，但种群生长具有一个重要特征，即随着个体生长，种群内出现个体大小分化，体长频数(size frequency)呈现双峰型(bimodal)分布。从兴凯湖大银鱼逐月体长频数分布图(图 2－13)可以看出，2010 年 5 月、6 月大银鱼体长频数呈现单峰型分布，自 7 月大银鱼体长开始呈现非单峰型分布，随着生长逐渐呈现为双峰型分布，这种双峰型分布逐渐呈现清晰，至 11 月大银鱼群体可以体长 120 mm 划分为大、小 2 个群组，直至 2011 年 1 月。结合上一节食性分析表明，大群组为稳定食鱼群组，小群组为非稳定食鱼群组。在 2011 年 2 月和 3 月，双峰型分布消失，大群组个体比例锐减，群体主要由小群组个体组成，2010 年 3 月 4 日也表现出同样的特征，表征了大银鱼繁殖后死亡的特征。

二、耳石日轮生长特征

富丽静等(1997)对内蒙古莫力庙水库大银鱼成鱼矢耳石磨片和仔鱼矢耳石观察表明，大银鱼个体生长与耳石生长呈正相关关系，仔鱼孵出后第二天耳石上出现第一个日轮，正常每天形成一个日轮。耳石中央为一个中心核，直径为 19～26 μm；核的中心是耳石原基，直径为 4～10 μm。核外为由中心向边缘同心排列的轮纹，轮纹数量和宽度可分别作为计时器和生长记录器。内蒙古莫力庙水库大银鱼耳石前 10 个日轮的平均宽度为 15.33 μm；之后间距逐渐增大，以 51～60 日轮平均宽度最大，为 29.8 μm；然后逐渐

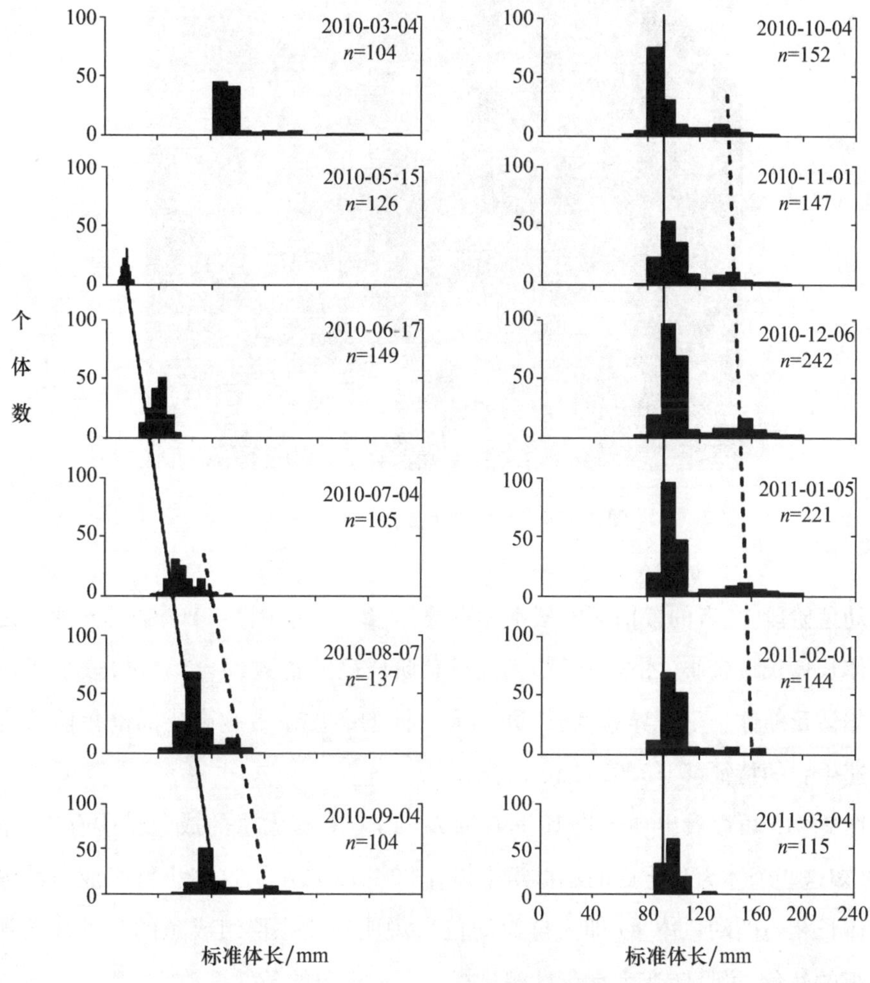

图 2－13 兴凯湖大银鱼不同月份体长频数分布图

缩小，至 171 ~ 180 日轮平均宽度为 13.67 μm；之后到边缘 330 日龄基本稳定在 13.00 μm左右。北方水体大银鱼耳石日轮清晰，笔者发现兴凯湖大银鱼耳石即使在不打磨的情况下也可读出 130 多个日轮（图 2－14）。

三、生长方程

Tang 等（2012）对 2010 年 6 月至 2011 年 3 月逐月采集的大银鱼所有个体（组成见图 2－13）进行了体长－体重对数回归关系分析。从散点图（图 2－15）可以看出，体重随体长的变化在体长约 9 cm（lg*SL* = 0.95）时出现一个类似 Froese（2006）所述的生长阶段性特征。为揭示这种特征的表征意义，对群体中幼鱼和成鱼（10 月初及以前为幼鱼阶段，11 月以后则为成鱼，见第四节）分别进行回归分析，结果表明成鱼阶段的回归斜率显

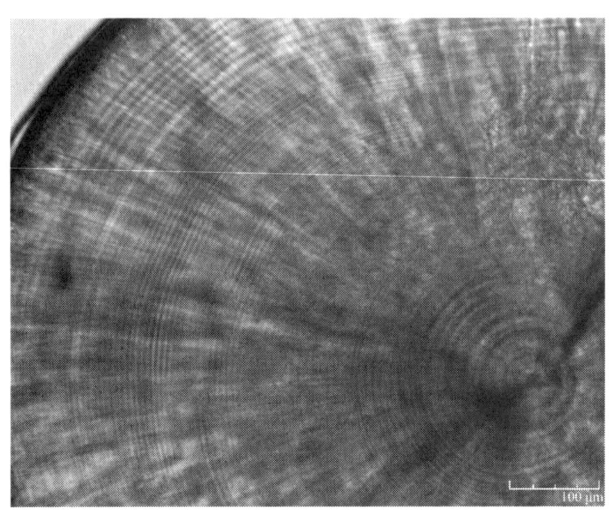

图 2－14　兴凯湖大银鱼矢耳石日轮

著高于幼鱼阶段，二者的置信区间根本无重叠（表 2－5）。因为 11 月以后至繁殖之前大银鱼的体长增长量较小（图 2－15），因此成鱼阶段高的指数（$b=3.444$）表征了成鱼群体中个体体重随体长呈正异速增长，即越大个体的条件系数越高。而幼鱼阶段则表现出了等速生长的特征（$b=3.039$）。

从图 2－15 可以看出在体长 10 cm（$\lg SL=1$）左右有大量的成鱼集中存在，结合图 2－13可知这些个体为分化后的小群组个体，图 2－15 指示了这些小群组成鱼的体重小于与其体长相当的幼鱼体重（即大群组幼鱼），说明这些小群组成鱼的条件系数甚至低于大群组的幼鱼，可见转变为食鱼性明显提高了大银鱼的条件系数。

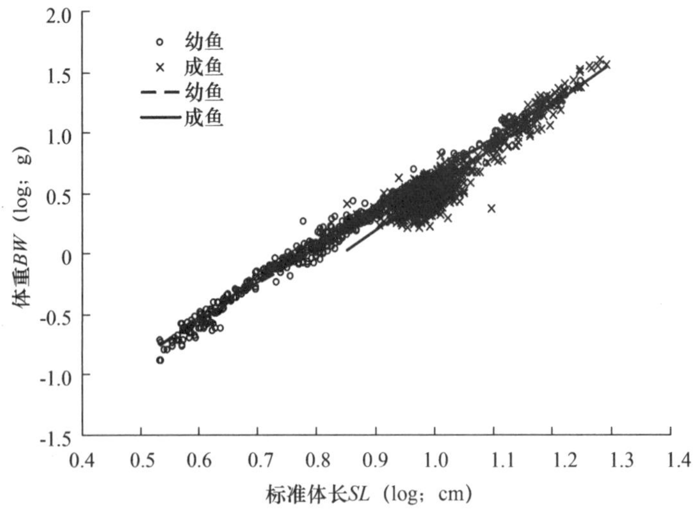

图 2－15　大银鱼体长－体重对数回归关系图

表 2－5　兴凯湖大银鱼不同生长阶段体长－体重关系参数

生命阶段	体长/cm		回归关系参数			
	最小	最大	n	a(±95%)	b(±95%)	r^2
幼鱼阶段（6～10 月）	3.4	17.7	598	0.004 169（0.003 946～0.004 406）	3.039（3.010～3.067）	0.987
成鱼阶段（11 月～3 月）	7.1	19.5	869	0.001 245（0.001 023～0.001 517）	3.444（3.360～3.527）	0.883
所有个体	3.4	19.5	1 457	0.005 260（0.004 875～0.005 675）	2.862（2.827～2.896）	0.947

注：n 为分析个体数；a 为相关常数；b 为相关斜率；a，b ±95% 为置信水平（SE ＊ 1.96）；r^2 为决定系数。

因为大银鱼是一年生鱼类，一般以月龄为基础进行 v. B. 生长方程拟合，按年龄换算后各参数如表 2－6 所示。

表 2－6　不同水体 v. B. 生长方程拟合大银鱼生长参数比较

水域	最大个体/mm	L_∞/mm	K	t_0	b
太湖（1983 股群）	197	219.86	1.76	0.026	2.94
道观河水库	190	193.03	3.66	0.028	3.18
兴凯湖（2010 股群）	195	20.3	2.93	0.21	2.89

以上 3 个拟合中，兴凯湖采用的体长数据为各月样本中最大 20 尾个体的平均值，即倾向于选择种群结构分化后的大群组个体（同类相残中的捕食者），而大群组个体的食性转变过程加速了生长，因此过高估计了食性转变前的早期生长速度，致使其理论生长起点年龄 t_0 最高且大于 0。其他两个水体的 t_0 值也均大于 0，原因也在于取得体长平均值时偏好性地选择了大群组个体，因此大银鱼种群个体大小分化过程给生长方程的拟合带来了难度。

四、不同纬度地区大银鱼生长的差异

大银鱼是在我国北方地区广泛成功移植的鱼类，虽然太湖等南方水体无冰封期或很少结冰，多数月份温度均高于北方水体；而大银鱼在北方水体的性成熟体长却不低于南方水体，因此表现为不同维度地区大银鱼不同月份生长速度不同（表 2－7）。

表 2-7　不同纬度水体大银鱼生长的月份差异

月份	体长/mm			生长指标(以天计算)			生长常数(以天计算)		
	道观河水库	水丰水库	兴凯湖	道观河水库	水丰水库	兴凯湖	道观河水库	水丰水库	兴凯湖
5	74		20	0.881 4			0.025 9		
6	92	47	53.8	0.537 0		0.659 7	0.007 3		0.030 0
7	107	97	84	0.463 2	1.135 1	0.799 0	0.005 0	0.024 2	0.014 9
8	121	108	110	0.438 6	0.347 3	0.755 0	0.004 1	0.003 6	0.018 4
9	138	117	146	0.530 2	0.288 2	1.038 1	0.004 4	0.002 7	0.015 9
10	161	123	177	0.709 1	0.195 0	0.937 0	0.005 1	0.001 7	0.006 4
11	178	137	189	0.538 7	0.442 0	0.387 0	0.003 3	0.003 6	0.002 2
12	186	161	195	0.260 8	0.737 2	0.196 9	0.001 5	0.005 4	0.001 0
1	174		195.5	-0.413 5		0.016 6	-0.002 2		0.000 1
2			163.8			-1.152 9			-0.005 9
3			133			-1.137 3			-0.006 9

表中体长数据系笔者采用相关参考文献中报道的各月群体中最大个体体长,以天为单位计算的生长指标和生长常数。可以看出大银鱼性成熟体长与纬度不相关,生长指标和生长常数的表现较为一致,长江流域道观河水库生长最快的时间是在 4 月和 9 月,在期间月份稍慢一些,这应是南方夏季高水温所致;东北南部(纬度与华北相当)的水丰水库 6 月生长速度最快,11 月还出现个生长高峰期,兴凯湖 5—9 月生长速度均较快。因此,大银鱼在北方水体低温夏季的快速生长解释了大银鱼在北方水体移植成功的原因。

目前报道的最大个体纪录出现在山东省三里庄水库,移植当年性成熟个体全长达 320 mm,体重达 50 g,这与新移植水体适口饵料充足密切相关(薛以平等,2004)。因水体不同年份的饵料和大银鱼资源量的不同,不同世代大银鱼生长也会出现明显差别(解玉浩等,2003)。

五、大、小群组形态性状的差异

为了解大银鱼种群大小分化后的生长特点,笔者将大龙虎泡大银鱼成鱼按照雌雄、大小分为 4 个群组,对体质量、体长、体高等 11 个形态性状之间的关系进行了主成分与通径分析,研究结果如下。

1. 大银鱼形态性状的统计量

大银鱼4个群组形态性状的表型统计量如表2－8所示。变异系数表示种内个体间生长的离散程度，变异系数越大代表种内个体间的选择潜力越大。本研究雌性小群组形态性状中体质量、吻长、尾柄高、体高和体宽的变异系数高于雄性小群组，而其他形态性状的变异系数低于雄性小群组；雌性大群组形态性状的变异系数均高于雄性大群组，且4个群组形态性状中体质量的变异系数均最高，说明体质量具有较高选择潜力。

表2－8　大银鱼形态性状的表型统计量

雄性小群组											
	体质量/g	吻长/mm	眼径/mm	头长/mm	躯干长/mm	体长/mm	全长/mm	尾柄长/mm	尾柄高/mm	体高/mm	体宽/mm
平均值	4.968	6.755	2.909	21.371	53.974	108.919	126.104	12.018	5.277	12.739	6.237
标准差	0.893	0.720	0.264	1.750	3.903	6.502	7.299	1.331	0.363	1.251	0.585
变异系数/%	17.966	10.654	9.072	8.189	7.231	5.970	5.788	11.078	6.870	9.821	9.386
雌性小群组											
	体质量/g	吻长/mm	眼径/mm	头长/mm	躯干长/mm	体长/mm	全长/mm	尾柄长/mm	尾柄高/mm	体高/mm	体宽/mm
平均值	4.743	6.707	2.941	21.160	59.081	106.129	121.973	10.084	4.528	13.497	7.300
标准差	0.942	0.734	0.227	1.654	3.640	5.859	6.505	0.869	0.387	1.394	0.876
变异系数/%	19.870	10.943	7.732	7.815	6.161	5.521	5.333	8.614	8.555	10.330	11.995
雄性大群组											
	体质量/g	吻长/mm	眼径/mm	头长/mm	躯干长/mm	体长/mm	全长/mm	尾柄长/mm	尾柄高/mm	体高/mm	体宽/mm
平均值	12.788	10.575	3.777	29.968	71.217	146.602	167.985	15.625	6.903	17.380	8.863
标准差	5.374	1.899	0.306	4.181	8.061	15.805	16.863	2.273	0.672	2.641	1.761
变异系数/%	42.019	17.958	8.110	13.952	11.319	10.781	10.038	14.546	9.733	15.197	19.868
雌性大群组											
	体质量/g	吻长/mm	眼径/mm	头长/mm	躯干长/mm	体长/mm	全长/mm	尾柄长/mm	尾柄高/mm	体高/mm	体宽/mm
平均值	14.871	10.675	3.806	29.826	78.547	146.442	166.448	13.385	6.081	19.732	11.010
标准差	9.427	2.410	0.375	4.769	11.532	20.892	22.534	2.251	1.009	4.166	3.130
变异系数/%	63.389	22.576	9.843	15.988	14.682	14.266	13.538	16.814	16.595	21.114	28.433

2. 大银鱼形态性状的相关性

从表 2-9 可以看出，雄性小群组、雄性大群组、雌性大群组所有形态性状之间的相关性均达到极显著水平（$P<0.01$），而雌性小群组中除眼径与尾柄高之间的相关性达到显著水平（$P<0.05$）外，其余各形态性状之间的相关性均达到极显著水平（$P<0.01$）。雄性大群组与体质量相关系数较高的形态性状为体长、体宽和体高，雌性大群组与体质量相关系数较高的形态性状为躯干长、体宽和体高，而雄性小群组和雌性小群组与体质量相关系数较高的形态性状均为体长、全长和体宽。

表 2-9　大银鱼小群组（右上）和大群组（左下）形态性状间的相关系数

性别	指标	体质量	吻长	眼径	头长	躯干长	体长	全长	尾柄长	尾柄高	体高	体宽
雄性	体质量		0.547**	0.410**	0.602**	0.696**	0.818**	0.806**	0.658**	0.690**	0.795**	0.832**
	吻长	0.788**		0.634**	0.794**	0.399**	0.605**	0.648**	0.365**	0.394**	0.338**	0.375**
	眼径	0.456**	0.645**		0.660**	0.386**	0.577**	0.624**	0.365**	0.181**	0.276**	0.333**
	头长	0.729**	0.921**	0.731**		0.483**	0.705**	0.750**	0.428**	0.386**	0.420**	0.507**
	躯干长	0.878**	0.775**	0.419**	0.741**		0.840**	0.806**	0.630**	0.503**	0.566**	0.615**
	体长	0.907**	0.889**	0.571**	0.859**	0.917**		0.961**	0.664**	0.568**	0.600**	0.690**
	全长	0.890**	0.907**	0.607**	0.884**	0.912**	0.987**		0.614**	0.561**	0.592**	0.659**
	尾柄长	0.810**	0.739**	0.375**	0.682**	0.739**	0.813**	0.806**		0.509**	0.579**	0.643**
	尾柄高	0.788**	0.721**	0.569**	0.710**	0.730**	0.793**	0.792**	0.736**		0.504**	0.571**
	体高	0.956**	0.767**	0.483**	0.721**	0.816**	0.868**	0.859**	0.762**	0.809**		0.727**
	体宽	0.952**	0.739**	0.402**	0.660**	0.802**	0.860**	0.842**	0.734**	0.688**	0.926**	

续表

性别	指标	体质量	吻长	眼径	头长	躯干长	体长	全长	尾柄长	尾柄高	体高	体宽
雌性	体质量		0.653**	0.426**	0.664**	0.751**	0.861**	0.842**	0.485**	0.548**	0.835**	0.839**
	吻长	0.866**		0.353**	0.703**	0.580**	0.721**	0.748**	0.339**	0.425**	0.520**	0.511**
	眼径	0.600**	0.733**		0.343**	0.388**	0.404**	0.365**	0.363**	0.188*	0.362**	0.339**
	头长	0.814**	0.934**	0.771**		0.560**	0.730**	0.733**	0.317**	0.361**	0.507**	0.488**
	躯干长	0.942**	0.913**	0.653**	0.878**		0.879**	0.801**	0.585**	0.481**	0.708**	0.716**
	体长	0.925**	0.943**	0.691**	0.911**	0.978**		0.947**	0.571**	0.515**	0.758**	0.764**
	全长	0.928**	0.942**	0.708**	0.913**	0.977**	0.996**		0.510**	0.502**	0.690**	0.712**
	尾柄长	0.849**	0.841**	0.582**	0.792**	0.882**	0.890**	0.892**		0.272**	0.481**	0.515**
	尾柄高	0.870**	0.841**	0.613**	0.783**	0.869**	0.882**	0.883**	0.819**		0.545**	0.437**
	体高	0.959**	0.814**	0.585**	0.753**	0.899**	0.874**	0.880**	0.822**	0.835**		0.806**
	体宽	0.965**	0.810**	0.565**	0.774**	0.902**	0.873**	0.879**	0.817**	0.821**	0.957**	

注:“*”表示显著水平($P<0.05$),“**”表示极显著水平($P<0.01$)。

3. 大银鱼形态性状的主成分分析

4个群组大银鱼形态性状入选的主成分特征向量、相关矩阵的特征值和累积贡献率见表2-10和表2-11。一般选择k个较大特征值使主成分的累积贡献率达到85%以上,故雄性小群组和雌性小群组均提取4个主成分,其累积贡献率分别达到86.507%和85.127%;雄性大群组提取2个主成分,累积贡献率达到87.638%,而雌性大群组仅提取1个主成分,其累积贡献率便达到85.708%。为方便比较,表2-11仅列举2个主成分的特征向量。

由表2-11可以看出,4个群组大银鱼第一主成分特征向量绝对值较大的均为体长、躯干长和体宽,其中体长称为增长因子,躯干长和体宽称为躯干因子;雄性小群组第二主成分特征向量绝对值较大的为吻长和体质量,其中体质量称为增重因子,吻长称为头部因子；雌性小群组第二主成分特征向量绝对值较大的为全长和吻长，其中全长称为增长因子；而雄性大群组和雌性大群组第二主成分特征向量绝对值较大的均为吻长。

表 2-10　大银鱼形态性状的特征值和累积贡献率

主成分	特征值				累积贡献率/%			
	雄性小群组	雌性小群组	雄性大群组	雌性大群组	雄性小群组	雌性小群组	雄性大群组	雌性大群组
1	6.907	6.931	8.700	9.428	62.788	63.013	79.087	85.708
2	1.412	0.908	0.941	0.667	75.622	71.269	87.638	91.773
3	0.643	0.861	0.391	0.299	81.464	79.098	91.197	94.491
4	0.555	0.663	0.353	0.197	86.507	85.127	94.407	96.285
5	0.437	0.548	0.241	0.173	90.483	90.105	96.602	97.853
6	0.322	0.320	0.165	0.089	93.410	93.012	98.100	98.664
7	0.275	0.295	0.073	0.063	95.912	95.690	98.765	99.233
8	0.185	0.189	0.062	0.036	97.596	97.404	99.328	99.564
9	0.152	0.158	0.043	0.024	98.975	98.836	99.714	99.782
10	0.080	0.093	0.021	0.021	99.699	99.681	99.909	99.973
11	0.033	0.035	0.010	0.003	100.000	100.000	100.000	100.000

表 2-11　大银鱼入选的主成分特征向量

组别	主成分	特征向量										
		体质量	吻长	眼径	头长	躯干长	体长	全长	尾柄长	尾柄高	体高	体宽
雄性小群组	1	0.692	0.614	0.772	0.811	0.935	0.933	0.746	0.676	0.743	0.809	0.913
	2	0.544	0.611	0.478	-0.158	0.050	0.130	-0.252	-0.321	-0.379	-0.330	-0.226
雌性小群组	1	0.763	0.491	0.748	0.873	0.957	0.924	0.616	0.601	0.844	0.839	0.927
	2	-0.333	0.493	-0.344	0.109	-0.053	-0.148	0.559	-0.243	0.085	0.141	-0.029
雄性大群组	1	0.911	0.623	0.882	0.903	0.975	0.976	0.845	0.853	0.925	0.890	0.946
	2	0.214	0.713	0.358	-0.173	-0.020	0.036	-0.193	0.036	-0.201	-0.296	-0.246

续表

组别	主成分	特征向量										
		体质量	吻长	眼径	头长	躯干长	体长	全长	尾柄长	尾柄高	体高	体宽
雌性大群组	1	0.948	0.728	0.916	0.976	0.982	0.985	0.906	0.908	0.925	0.924	0.959
	2	0.159	0.610	0.274	-0.063	0.019	0.029	-0.096	-0.079	-0.250	-0.261	-0.208

4. 大银鱼形态性状对体质量影响的通径分析

通过分析得出4个群组大银鱼形态性状对体质量的通径系数(直接作用),经显著性检验后保留对体质量影响较大的形态性状,具体见表2-12。雄性小群组保留了全长、体高、体宽和尾柄高4个形态指标,雌性小群组保留了头长、全长、体高和体宽4个形态指标,雄性大群组保留了躯干长、尾柄长、体高和体宽4个形态指标,而雌性大群组仅保留了体长、体高和体宽3个形态指标。相关系数由直接作用和间接作用构成,本研究4个群组中,除雌性小群组头长对体质量的通径系数达到显著水平($P<0.05$)外,4个群组保留的所有形态指标对体质量的通径系数均达到极显著水平($P<0.01$),且间接作用均大于直接作用,说明保留的形态指标主要通过其他形态指标间接地影响体质量。

表2-12　大银鱼形态性状对体质量影响的通径分析

组别	性状	通径系数(直接作用)	间接作用								
			总和	头长	躯干长	尾柄长	体长	全长	体高	体宽	尾柄高
雄性小群组	全长	0.336**	0.470						0.170	0.194	0.106
	体高	0.287**	0.508					0.199		0.213	0.096
	体宽	0.293**	0.539					0.222	0.209		0.108
	尾柄高	0.189**	0.501					0.189	0.145	0.167	
雌性小群组	头长	0.123*	0.541					0.241	0.154	0.146	
	全长	0.329**	0.513	0.090					0.210	0.213	
	体高	0.304**	0.531	0.062				0.227		0.242	
	体宽	0.300**	0.539	0.060				0.234	0.245		

续表

组别	性状	通径系数（直接作用）	间接作用								
			总和	头长	躯干长	尾柄长	体长	全长	体高	体宽	尾柄高
雄性大群组	躯干长	0.201**	0.677			0.084			0.283	0.310	
	尾柄长	0.114**	0.696		0.149				0.264	0.283	
	体高	0.347**	0.609		0.164	0.087				0.358	
	体宽	0.386**	0.566		0.161	0.084			0.321		
雌性大群组	体长	0.304**	0.621						0.245	0.376	
	体高	0.281**	0.678				0.266			0.412	
	体宽	0.431**	0.534				0.265		0.269		

注："*"表示相关性达到显著水平（$P<0.05$），"**"表示相关性达到极显著水平（$P<0.01$）。

形态性状对体质量的总决定系数是单个形态性状对体质量的决定系数与两个性状对体质量的决定系数之和，具体结果见表2-13。雄性小群组形态性状对体质量的总决定系数为0.874，雌性小群组形态性状对体质量的总决定系数为0.864，雄性大群组形态性状对体质量的总决定系数为0.968，而雌性大群组形态性状对体质量的总决定系数为0.966。除雄性小群组是体宽和全长对体质量的共同决定系数最高外，其余3个群组均为体宽和体高对体质量的共同决定系数最高。

表2-13　大银鱼各形态性状对体质量的决定系数

组别	性状	头长	躯干长	尾柄长	体长	全长	体高	体宽	尾柄高	合计
雄性小群组	全长					0.113※				0.874
	体高					0.114★	0.083※			
	体宽					0.130★	0.123★	0.086※		
	尾柄高					0.071★	0.055★	0.063★	0.036※	
雌性小群组	头长	0.015※								0.864
	全长	0.059★				0.108※				
	体高	0.038★				0.138★	0.092※			
	体宽	0.036★				0.141★	0.147★	0.090※		

续表

组别	性状	头长	躯干长	尾柄长	体长	全长	体高	体宽	尾柄高	合计
雄性大群组	躯干长		0.040※							0.968
	尾柄长		0.034★	0.013※						
	体高		0.114★	0.060★			0.121※			
	体宽		0.124★	0.065★			0.248★	0.149※		
雌性大群组	体长				0.092※					0.966
	体高				0.149★		0.078※			
	体宽				0.229★		0.232★	0.186※		

注:“※”表示单一性状对体质量的决定系数,“★”表示两个性状对体质量的共同决定系数。

5. 多元回归方程建立

相关分析结果表明大银鱼 4 个群组各形态性状与体质量的相关性均达到显著或极显著水平,故进行多元逐步回归分析,剔除部分形态性状,最终得到的最优回归方程为:

$$Y_{MSG} = -8.076 + 0.447X_{10} + 0.041X_6 + 0.205X_9 + 0.466X_8 (R^2 = 0.874, P < 0.01)$$

其中 Y_{MSG} 为小群组雄鱼的体质量,X_6 为全长,X_8 为尾柄高,X_9 为体高,X_{10} 为体宽。

$$Y_{MLG} = -7.676 + 0.322X_{10} + 0.205X_9 + 0.048X_6 + 0.07X_3 (R^2 = 0.864, P < 0.01)$$

其中 Y_{MLG} 为小群组雌鱼的体质量,X_3 为头长,X_6 为全长,X_9 为体高,X_{10} 为体宽。

$$Y_{FSG} = -23.689 + 0.707X_9 + 1.177X_{10} + 0.134X_4 + 0.269X_7 (R^2 = 0.968, P < 0.01)$$

其中 Y_{FSG} 为大群组雄鱼的体质量,X_4 为躯干长,X_7 为尾柄长,X_9 为体高,X_{10} 为体宽。

$$Y_{FLG} = -32.04 + 1.297X_{10} + 0.137X_5 + 0.635X_9 (R^2 = 0.966, P < 0.01)$$

其中 Y_{FLG} 为大群组雌鱼的体质量,X_5 为体长,X_9 为体高,X_{10} 为体宽。

多元回归结果显示 4 个群组的回归关系均达到极显著水平($P<0.01$),说明该回归方程可以有效地应用在大银鱼人工增殖选育的实际生产中(表 2-14)。

表 2-14　多元回归方程的方差分析表

组别		方差	自由度	均方	F 值	显著性
雄性小群组	回归	82.153	4	20.538	197.289	0.000
	残差	11.868	114	0.104		
	总计	94.020	118			

续表

组别		方差	自由度	均方	F 值	显著性
雌性小群组	回归	92.807	4	23.202	185.257	0.000
	残差	14.653	117	0.125		
	总计	107.460	121			
雄性大群组	回归	2 069.161	4	517.290	535.647	0.000
	残差	67.601	70	0.966		
	总计	2 136.762	74			
雌性大群组	回归	7 296.374	3	2 432.125	777.019	0.000
	残差	256.666	82	3.130		
	总计	7 553.040	85			

6. 小结

4 个群组大银鱼所有形态性状之间的相关性均达到显著水平($P<0.05$)或极显著水平($P<0.01$);4 个群组大银鱼的第一主成分均指向增长因子、躯干因子,第二主成分指向有所不同,其中雄性小群组指向增重因子和头部因子、雌性小群组指向头部因子和增长因子,而雄性大群组和雌性大群组均指向头部因子;通径分析结果显示雄性小群组保留了全长、体高、体宽和尾柄高 4 个形态指标,雌性小群组保留了头长、全长、体高和体宽 4 个形态指标,雄性大群组保留了躯干长、尾柄长、体高和体宽 4 个形态指标,而雌性大群组仅保留了体长、体高和体宽 3 个形态指标。此外,4 个群组大银鱼形态性状对体质量的总决定系数均高于 0.85,说明影响体质量的关键形态性状已经找到,在人工增殖选育过程中应重点关注体宽、体高这两个性状。

第四节　繁殖特征

一、副性征

大多数硬骨鱼类在达到性成熟前,从外形特征上很难区分性别,必须通过解剖观察性腺组织才能进行鉴别。对少部分鱼类来讲,当其进入繁殖期后,鱼体体色或外部的组织器官发生明显的变化,可直观地从外形上区分性别,如体色变深、体表鲜艳、鳍条延长或体表某部位出现“追星”,称之为副性征或第二性征。繁殖季节的大银鱼出现雌、雄个体之间区别明显的副性征，且副性征随性腺的不断发育成熟而逐渐显现并强化。张开翔等（1981）指出洪泽湖每年10月上旬能够发现具有副性征的雄性大银鱼，但其数量较少；随着时间推移，11月出现具有副性征的雄性个体数量逐渐增多，且与雌性个体之间分化得愈加明显；12月至翌年1月繁殖时，雄鱼臀鳍膨大变厚，臀鳍前部鳍条增粗且延长呈弯曲状，中后部鳍条略呈波曲扇形，臀鳍基部上侧出现26～32个具有黏腻性、吸附性的臀鳞，手指抚摸具有明显的粗糙黏腻感，此外雄鱼胸、腹部及鳃盖心脏部位会出现玫瑰红的颜色等。雌鱼腹部膨大，其体表及其他部位无明显变化，繁殖季节发育成熟的大银鱼鱼体呈现出明显的雌雄异型（图2－16）。

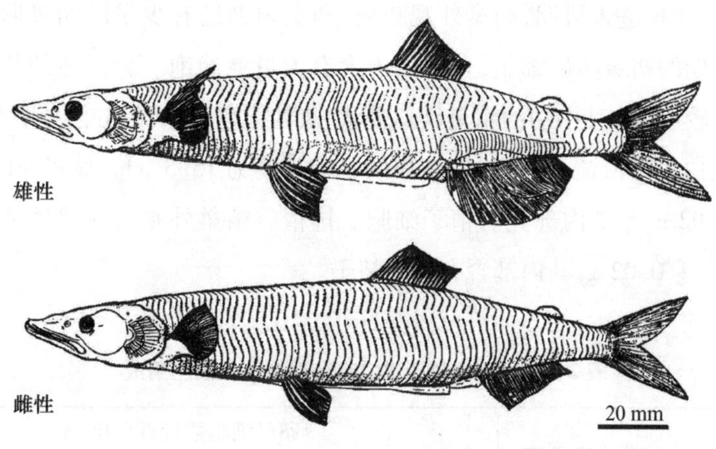

图2－16　大银鱼雌雄异型图

二、性腺发育

大银鱼具有1对卵巢，位于消化道背面两侧，大小不对称，左侧卵巢在鱼体体腔前部，较发达，而右侧卵巢在体腔后部，一般较小。左右两侧的卵巢相互联系呈同步发育状态。雄鱼仅有1个精巢，位于体腔右后侧，最发达时呈扁平状，较小，仅占体腔后侧的一小部分。

1. 柴河水库大银鱼的性腺发育

富丽静等（1999）对柴河水库大银鱼的卵巢发育过程进行了持续跟踪，其中卵巢发育分期由卵巢切面中所占面积超过50%或居最高比例的卵母细胞时相决定，且卵母细胞时相分期原则参考龚启祥等（1996）对香鱼（*Plecoglossus altivelis*）卵母细胞的划分方法。从表2－15可以看出，每年10月上旬，柴河水库大银鱼的卵巢处于Ⅱ期，呈窄条状、透明，左侧卵巢长度约为17 mm，宽1.5 mm，而右侧卵巢长度约19 mm，宽1.5 mm。

卵巢内以第Ⅱ时相卵母细胞(初级卵母细胞)为主,细胞多呈卵圆形、圆形或不规则多边形。11 月中旬,卵巢可发育至Ⅲ期,呈扁平带状,左侧卵巢长度约为 44.0 mm,宽度为 7.5 mm,右侧卵巢长度约为 29.0 mm,宽 7.5 mm。卵巢内的卵母细胞主要为第Ⅲ时相卵母细胞(处于大生长期早期的初级卵母细胞),卵母细胞多呈不规则的圆形。12 月中下旬至 1 月上旬,大银鱼卵巢发育至Ⅳ~Ⅴ期,卵巢中间膨大呈圆柱状,内部充满卵粒,卵巢充满体腔,其中左侧卵巢长约 72.0 mm,宽约 9.5 mm,右侧卵巢长约 32.0 mm,宽约 8.0 mm。卵巢内的卵母细胞主要由第Ⅳ时相卵母细胞(处于大生长期后期的初级卵母细胞)或成熟的卵母细胞构成,卵母细胞呈规则的圆形或卵圆形。成熟卵母细胞排出体外后,大银鱼的卵巢进入Ⅵ期,卵巢外观疏松,卵巢内部还有少量的初级卵母细胞及处于大生长期早期的初级卵母细胞,且卵巢内含有大量空滤泡。大银鱼的精巢在其整个发育过程中均较小,12 月中旬的精巢呈扁带状、灰乳白色,在后腹肛门处明显可见,稍加挤压即可见乳白色精液流出,该时期精巢的平均长度为 15.5 mm,最宽处可达4.0 mm,平均质量为 0.02 g,精巢内部充满精子细胞。排精后精巢外观与成熟的精巢无明显差别,平均质量亦为 0.02 g,其内部含有极少精子。

表 2-15　大银鱼卵巢发育分期与卵母细胞组成

时间	卵巢发育分期	卵母细胞数量百分比/%			
		Ⅱ	Ⅲ	Ⅳ	空滤泡
10 月中旬	Ⅱ	80			
11 月中旬	Ⅲ	16.1	83.9		
12 月下旬	Ⅳ		22.7	53.1	24.2
1 月上旬	Ⅳ(Ⅴ)		12.3	43.5	44.2
	Ⅵ~Ⅲ	0.78	42.2		57.0
3 月中旬	Ⅵ~Ⅱ		3.7	23.4	72.9

2. 水丰水库大银鱼的性腺发育

解涵等(2001)对辽宁水丰水库的大银鱼性腺发育进行了研究,指出 9 月采集的大银鱼,生殖腺呈细线状且分不出雌雄。10 月 20 日采集的大银鱼,生殖腺发育到第Ⅱ成熟期,呈窄带状,肉眼无法区别雌雄,这一时期左右侧卵巢的大小、质量相近,一般长度为 14~37 mm,宽度为 3~7 mm,厚度为 115~215 mm ,质量为 0.100 5~0.106 0 g。解剖镜下可见透明卵巢膜内的储卵板上排列着直径 76~200 μm 的初级卵母细胞,且左右卵巢上均附有脂肪体，可能是卵巢进一步发育的营养源。第Ⅱ期精巢一般长度为 10～14 mm，宽度为 2～4 mm，厚度为 115～210 mm，质量为 0.100 5～0.102 0 g。11 月中旬卵巢发育到第Ⅲ成熟期，呈带状、淡黄色，肉眼可见开始沉积卵黄的初级卵母细胞，卵径介于 203～510 μm 之间，卵巢长 25～50 mm、宽 7～13 mm、厚 2.5～6.0 mm、质量 0.114～1.000 g，左侧卵巢稍大于右侧卵巢。第Ⅲ期精巢大小较前期略有增加。12 月上中旬生殖腺已发育到第Ⅳ成熟期，卵巢充满腹腔，左侧卵巢长 55～120 mm、宽 13～24 mm，右侧卵巢长 30～50 mm、宽 7～18 mm。卵巢质量左侧约占 85%，右侧占 15%，卵巢中主要为已完成卵黄沉积的鱼卵，卵径为 0.180～1.106 mm，也有少部分初级卵母细胞。精巢大小和质量变化不明显。12 月中旬至 1 月产卵期，多数个体生殖腺处于第Ⅴ成熟期，雌鱼腹部充满游离的卵粒，轻压腹部成熟卵粒可全部排出，剖开挤完成熟鱼卵的卵巢，可见卵巢膜、初级卵母细胞和少数未产出的成熟卵粒。少数雄鱼可挤出一点透明的精液，多数雄鱼不能挤出精液，精巢的大小和质量无明显变化。在第Ⅵ期卵巢中见到两种状况：Ⅵ－Ⅱ卵巢，呈窄带状、灰白色，有未产出的成熟卵粒，基本为初级卵母细胞，产过卵的鱼体疲惫消瘦，空肠的雌鱼具有这样的卵巢；Ⅵ－Ⅲ卵巢，呈宽带状、淡黄色，主要为开始沉积卵黄的卵母细胞，也有尚未产出的成熟卵粒，鱼体较健壮，多数肠内含有食物。生殖腺成熟系数变化见图 2－17。

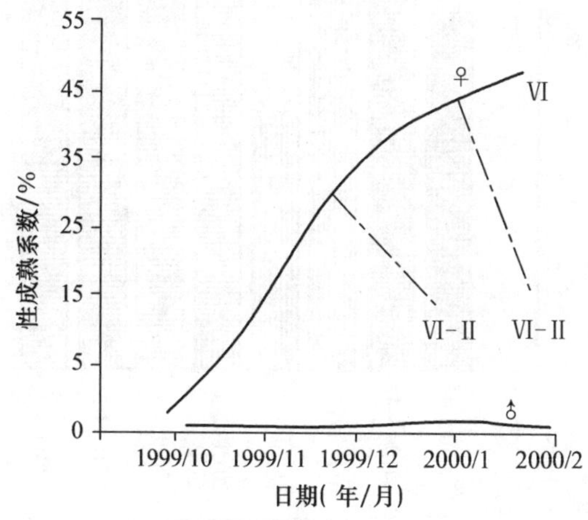

图 2－17　水丰水库大银鱼性成熟系数的变化

注：每月雌、雄鱼各 20 尾的平均值，图中虚线示 12 月—1 月和 1—2 月间部分产过卵的Ⅵ－Ⅱ期卵巢的性成熟系数为 12% 左右。

3. 兴凯湖大银鱼的性腺发育

笔者等（2013）对兴凯湖大银鱼的性腺发育研究指出，在 2010 年逐月持续调查过程中发现直到10月4日大银鱼性腺发育阶段多数仍处于第Ⅱ期(约占98.04%),少数个体的性腺发育至第Ⅲ期(占1.96%)。随着时间的推移,至11月1日时,绝大多数个体的性腺已发育至第Ⅲ期或第Ⅳ期(分别占61.54%和38.46%),为进一步确定大银鱼性腺发育至第Ⅲ期的高峰时期,于是在2010年10月16日增加1次调查,结果同样表明大银鱼性腺在10月16日大多已发育至第Ⅲ期(约占93.01%),此时性腺发育处在第Ⅱ期的个体很少(约占6.89%)。在12月6日大银鱼的少数个体(约占5.66%)性腺中已经有核仁偏移的Ⅴ期卵母细胞出现,但性腺中大多数卵母细胞仍处于第Ⅲ期或第Ⅳ期,多数性腺仅发育至第Ⅳ期(约占84.9%),少数个体还处于第Ⅲ期(约占9.44%)。翌年1月5日,大多数大银鱼个体性腺发育程度均达到第Ⅳ期(约占59.32%)和第Ⅴ期(约占38.99%),多数个体在合适的条件下随时可以产卵,少数个体性腺仍处在第Ⅲ期(约占1.69%)。在2012年1月10日和2013年1月8日的补充调查中发现大银鱼的繁殖高峰期均已过,群体结构与2011年2月和3月基本相似,仅剩繁殖后的残存个体,刺网捕获的个体中偶尔能见到产卵后的Ⅵ期雌性个体(具体详见图2－18)。此外,本次调查过程中采集到性腺发育处于Ⅵ期的大银鱼个体很少,这可能与大银鱼繁殖后活动能力差、大部分很快死亡而不易被刺网捕获有关。

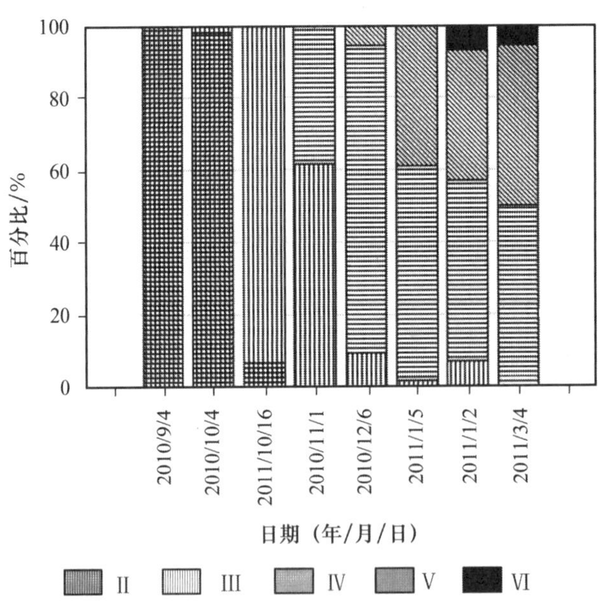

图2－18 大银鱼卵巢性腺不同发育期百分比组成的月际变化

兴凯湖大银鱼在生长过程中出现了种群结构分化现象,每年11月开始,将该水域大银鱼群体划分为大、小2个群组,以体长120 mm为界限,其中体长≥120 mm的为大群组,而体长<120 mm的为小群组。大银鱼的性成熟系数(GSI)从11月至1月分解迅

速增加,11 月的性成熟系数介于 1.79% ~10.17% 之间,其中小群组的范围为 1.79% ~7.77%,而大群组的范围则为 3.93% ~10.17%;12 月的性成熟系数介于 2.78% ~44.13% 之间,其中小群组的范围为 2.78% ~29.19%,而大群组的范围为 6.40% ~44.13%;翌年 1 月的性成熟系数范围为 7.61% ~76.43%,其中小群组的范围为 7.61% ~44.24%,而大群组的范围为 30.14% ~76.43%(图 2-19)。双因子方差分析(Two-way ANOVA)表明 11 月、12 月和翌年 1 月这 3 个月份之间性成熟系数的差异均达到极显著水平($F_{2,160}=172.791$, $P<0.001$),大、小群组间性成熟系数的差异也均达到极显著水平($F_{1,160}=112.596$, $P<0.001$)。

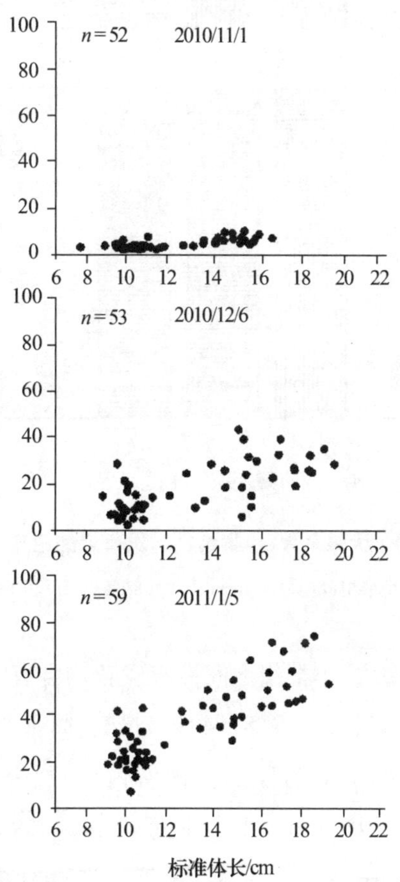

图 2-19　大银鱼性成熟系数(GSI)在大、小群组之间的差异

在 11 月,兴凯湖大银鱼大、小群组中均含有性腺发育至第Ⅲ期和第Ⅳ期的个体。小群组中第Ⅲ期个体数约占 67.75%,明显高于第Ⅳ期个体数(32.25%),大群组中第Ⅲ期个体数约占 52.38%,略高于第Ⅳ期个体数(47.62%)。结果表明大群组个体性腺发育速度略快于小群组个体,但 Mann-whitney U 检验结果表明大、小群组之间的差异不显著($Z=-0.809$, $P=0.418$)(图 2－20)。

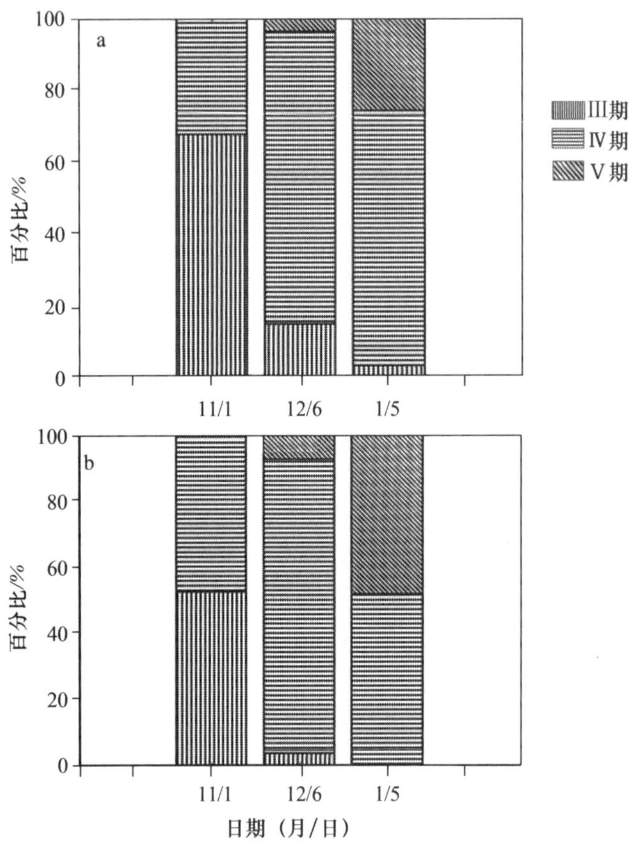

图 2－20　大银鱼大、小群组性腺发育期的组成差异比较

a. 小群组($SL \leqslant 120$ mm);b. 大群组($SL > 120$ mm)

在 12 月,兴凯湖大银鱼大、小群组之间性腺发育均含有第Ⅲ期、第Ⅳ期和第Ⅴ期的个体。小群组中第Ⅳ期个体所占比重(81.48%)最高,第Ⅲ期个体次之(14.81%),第Ⅴ期个体很少(3.71%);大群组中第Ⅳ期个体所占比重(88.46%)最高,第Ⅲ期个体(3.85%)和第Ⅴ期个体(7.69%)均较少。通过 Mann－whitney U 检验表明差异也不甚显著($Z=-1.401$, $P=0.161$)。在 1 月,大群组仅由第Ⅳ期(51.61%)和第Ⅴ期(48.39%)个体组成,小群组由第Ⅲ期(3.22%)、第Ⅳ期(70.79%)和第Ⅴ期(25.81%)个体组成。通过 Mann－whitney U 检验表明差异接近显著($Z=-1.934$, $P=0.053$)(图 2－20)。

对兴凯湖大银鱼大、小群组性腺发育分期组成进行了详细的比较分析,表明大群组个体的性腺发育速度略快于小群组个体,推断该水域大银鱼大群组个体的繁殖时间应该略早于小群组个体,因此大群组个体的后代可能具有出生早和生长速度快的双重优势。

三、繁殖力

鱼类个体繁殖力是其繁殖策略的一个重要体现,分为绝对繁殖力和相对繁殖力。绝对繁殖力指雌鱼产卵期到来之前卵巢内孕育的具有受精及发育能力的卵粒数,可用来评估鱼类个体或种群的繁殖潜力;相对繁殖力指单位体长或体重的怀卵量,可对鱼类个体或种群的繁殖力进行对比分析。

1. 繁殖力分布

笔者对2015—2016年兴凯湖110尾雌性大银鱼的繁殖力进行了研究,发现该水域大银鱼个体绝对繁殖力介于1 517.16～39 787.79粒之间,平均为10 716.36±8 292.88粒,其中以1 000～16 000粒为主体,占比达到78.18%;体长相对繁殖力介于15.98～221.17粒/mm之间,均值为71.53±43.98粒/mm,其中以20～120粒/mm为主体,占比达到83.63%;体重相对繁殖力介于455.54～1 803.15粒/g之间,均值为891.93±224.67粒/g,其中以600～1 200粒/g为主体,占比达到83.63%(表2-16)。随着大银鱼体长的增大,个体绝对繁殖力呈现增长的趋势,而体重相对繁殖力则呈现出先上升后下降的趋势。体长120～160 mm的个体数量最多,其繁殖贡献率亦最高,达到55.80%;体长80～120 mm的个体数量虽然多于体长160～200 mm的个体数量,但其繁殖贡献率仅7.39%,远低于体长160～200 mm个体的繁殖贡献率(36.81%)(图2-21)。

表2-16　兴凯湖大银鱼的个体繁殖力

体长/mm	样本数/尾		绝对繁殖力/粒	体长相对繁殖力/(粒/mm)	体重相对繁殖力/(粒/g)	总繁殖力/粒	贡献率/%
80～120	32	范围	1 517.16～5 287.6	15.98～45.34	455.54～1 098.56	87 091.02	7.388 107
		均值	2 721.6±828.5	27.71±6.6	792.5±158.2		
120～160	59	范围	3 564.69～29 355.27	28.21～184.51	477.84～1 803.15	657 751.2	55.798 36
		均值	10 942.5±5 282.9	75.85±32.77	932.57±273.66		
160～200	19	范围	12 201.36～39 787.79	75.32～221.17	620.5～1 351.49	433 957.9	36.813 53
		均值	22 839.89±7 800.3	127.39±39.6	894.20±185.32		

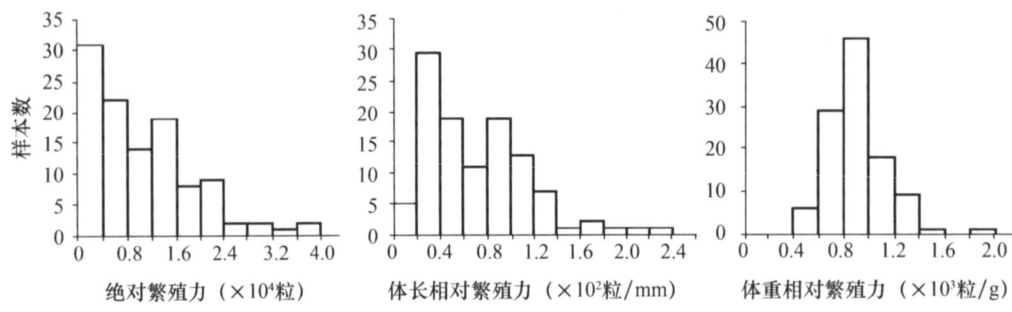

图 2－21　兴凯湖大银鱼个体繁殖力分布

2. 繁殖力与生物学指标的相关系数

从表 2－17 可以看出，大银鱼的个体繁殖力与鱼体多项生物学指标显著相关，兴凯湖大银鱼的个体绝对繁殖力、体长相对繁殖力与体长、体重等所有生物学指标均极显著相关（$P<0.01$）；体重相对繁殖力与卵巢重和性成熟系数极显著相关（$P<0.01$），与体长、体重显著相关（$P<0.05$），与净体重和肥满度无相关性（$P>0.05$）。

表 2－17　兴凯湖大银鱼个体繁殖力与生物学指标的相关系数

繁殖力	体长/mm	体重/g	净体重/g	卵巢重/g	性成熟系数/%	肥满度/%
绝对繁殖力/粒	0.868**	0.927**	0.914**	0.957**	0.743**	0.626**
体长相对繁殖力/(粒/mm)	0.839**	0.881**	0.861**	0.917**	0.785**	0.646**
体重相对繁殖力/(粒/g)	0.233*	0.202*	0.117 1	0.308**	0.643**	0.150

注："＊"表示相关性显著（$P<0.05$），"＊＊"表示相关性极显著（$P<0.01$）。

3. 繁殖力与生物学指标的拟合函数

从表 2－18 可以看出，兴凯湖大银鱼个体绝对繁殖力、体长相对繁殖力与体长、体重、净体重、卵巢重及性成熟系数拟合度最好的方程均为幂函数，与肥满度拟合度最好的方程分别为线性函数和二次函数，且绝对繁殖力、体长相对繁殖力与卵巢重的拟合方程相关系数均高于其他生物学指标，表明大银鱼个体繁殖力与其卵巢重之间的关系较其体长、体重等指标更为紧密。体重相对繁殖力与性成熟系数的相关性最高，最佳拟合方程为线性函数；其次为卵巢重，最佳拟合方程为对数函数；体重相对繁殖力与体长、体重的相关性均较低，且最佳拟合方程均为二次函数。图 2－22 显示大银鱼个体繁殖力与体长、体重的关系，图中趋势线代表拟合度最好的方程。

表 2-18 兴凯湖大银鱼个体繁殖力与各生物学指标的最佳拟合方程

指标	个体繁殖力		
	绝对繁殖力/粒	体长相对繁殖力/(粒/mm)	体重相对繁殖力/(粒/g)
体长/mm	$F=0.0002L^{3.572}$ $R^2=0.894$ $P=1.83\times10^{-54}$	$F_L=0.0002L^{2.5724}$ $R^2=0.814$ $P=3.06\times10^{-41}$	$F_W=-0.0295L^2+9.8638L+114.99$ $R^2=0.0665$ $P=0.014$
体重/g	$F=694.27W^{1.1002}$ $R^2=0.9234$ $P=4.55\times10^{-62}$	$F_L=10.155W^{0.8015}$ $R^2=0.8606$ $P=5.15\times10^{-48}$	$F_W=0.4902W^2+21.487W+732.68$ $R^2=0.0688$ $P=0.035$
净体重/g	$F=1057.8W_n^{3.572}$ $R^2=0.8914$ $P=7.13\times10^{-54}$	$F_L=0.0002W_n^{2.5724}$ $R^2=0.824$ $P=1.57\times10^{-42}$	$P=0.058$
卵巢重/g	$F=3555.1W_o^{0.9369}$ $R^2=0.9625$ $P=7.64\times10^{-79}$	$F_L=33.11W_o^{0.6922}$ $R^2=0.9227$ $P=7.39\times10^{-62}$	$F_W=803.2+97.417\ln W_o$ $R^2=0.1304$ $P=2.97\times10^{-4}$
性成熟系数/%	$F=0.9984GSI^{2.4067}$ $R^2=0.6253$ $P=9.16\times10^{-25}$	$F_L=0.0553GSI^{1.8732}$ $R^2=0.6651$ $P=2.08\times10^{-27}$	$F_W=13.131GSI+320.34$ $R^2=0.4128$ $P=1.83\times10^{-15}$
肥满度/%	$F=91007K-25419$ $R^2=0.3916$ $P=2.67\times10^{-13}$	$F_L=223.81K^2+306.08K-86.008$ $R^2=0.421$ $P=2.01\times10^{-13}$	$P=0.052$

注：R^2 为决定系数，P 为显著性差异水平。

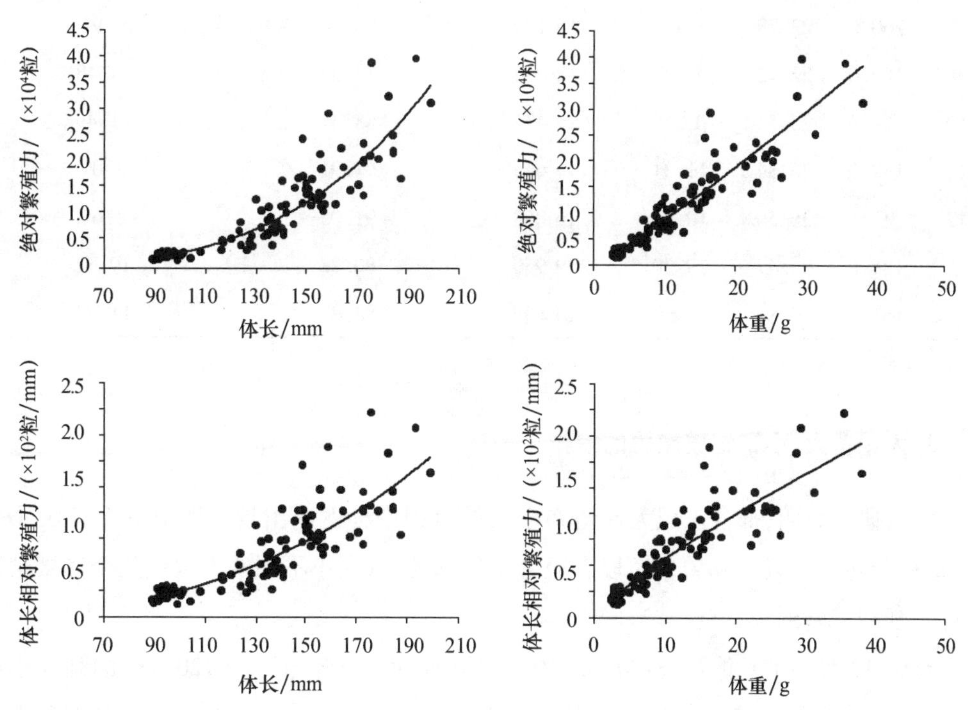

图 2-22 兴凯湖大银鱼个体繁殖力与体长和体重的关系

4. 左右两侧卵巢的繁殖力差异

大银鱼体腔左右两侧的卵巢不对称，左侧卵巢在体腔前部，右侧卵巢在体腔后部，解涵等指出处于繁殖期的同一个体，其左右两侧的卵巢怀卵量相差显著，其中左侧卵巢怀卵量占总怀卵量的 79.11% ~94.83%，平均值为 88.27%，而右侧卵巢怀卵量仅占 5.17% ~20.89%，平均值为 11.73%（表 2－19）。

表 2－19　大银鱼左右两侧卵巢繁殖力占比

编号	体长/mm	体重/g	生殖腺重/g	个体繁殖力		
				产卵总数/粒	左侧卵巢占比/%	右侧卵巢占比/%
1	119.0	7.79	2.92	6 022	87.05	12.95
2	121.0	8.95	2.83	4 854	79.11	20.89
3	123.6	9.17	3.84	5 555	88.80	11.20
4	135.0	12.82	5.63	11 595	85.68	14.32
5	140.7	11.14	3.40	6 444	94.83	5.17
6	156.0	22.93	10.81	18 033	92.26	7.74
7	158.0	25.3.2	10.98	18 960	92.44	7.56
8	160.0	22.78	9.64	15 702	90.06	9.94
9	162.0	22.12	8.55	17 044	85.52	14.48
10	164.9	25.54	12.0	20 422	88.51	11.49
11	167.0	26.84	11.31	19 655	91.91	8.09
12	19.0	26.50	10.67	16 068	91.05	8.65
13	188.0	35.47	19.30	29 950	80.28	19.72
平均	151.1	19.80	8.61	14 639	88.27	11.73

5. 大银鱼大、小群组繁殖力的差异

笔者研究表明，部分水域大银鱼在生长的过程中种群内出现了明显的个体大小分化，这种分化一直延续到繁殖阶段直至繁殖后的死亡，大小不同的大银鱼的个体繁殖适合度出现明显差别。

可将 12 月和 1 月体长≥120 mm 的大银鱼列为大群组，体长 <120 mm 的列为小群组，其研究结果显示 2010 年兴凯湖体长为 86.2 ~196.4 mm 的大银鱼的绝对繁殖力在 1 592 ~36 705 粒之间，其中小群组个体在 1 592 ~6 387 粒之间，大群组个体在 7 576 ~

36 705 粒之间。体长为 86.2 ~ 196.4 mm 的大银鱼的体重相对繁殖力在 317 ~ 2 354 粒/g 之间，其中小群组个体在 317 ~ 1 557 粒/g 之间，大群组个体在 418 ~ 2 354 粒/g 之间。大群组个体的绝对繁殖力明显高于小群组（ANOVA，$F_{1,109}=216.172$，$P<0.001$）（图2－23a），较为特殊的是大群组个体的相对繁殖力也明显高于小群组（ANOVA，$F_{1,109}=29.448$，$P<0.001$）（图 2－23b）。

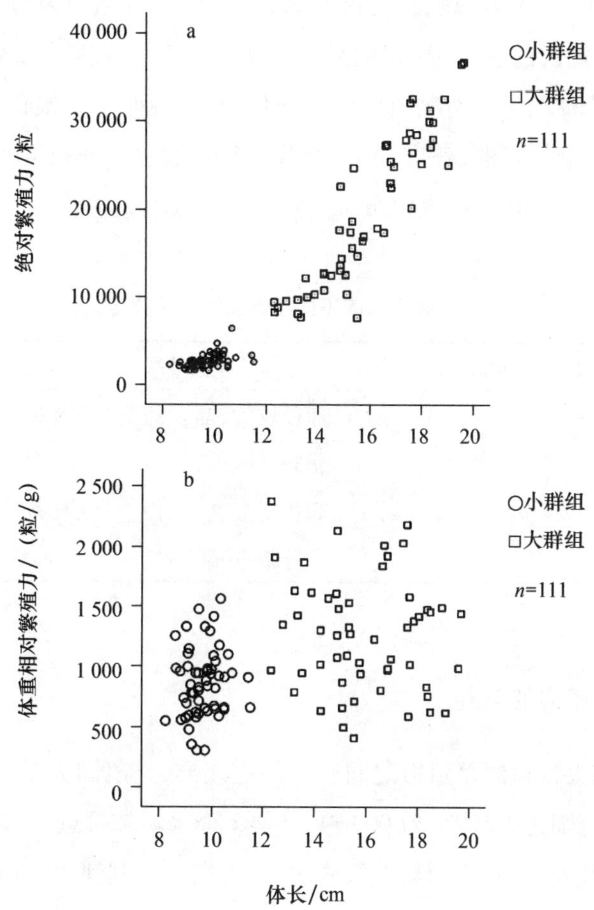

图 2－23　大银鱼绝对繁殖力和体重相对繁殖力在大、小群组之间的差异

6. 不同年份繁殖力的变化

当大银鱼移植到一个新水域后，栖息环境适宜且饵料充足时，大银鱼的生长异常迅速，个体绝对繁殖力会出现超常规（超理论值）现象，成熟鱼卵的卵径较大、卵黄沉积多且脂肪含量高，性成熟时间较为集中，产卵盛期会略微提前，从而导致种群在短时期内大暴发。

薛以平等指出移植当年(1994 年)的大银鱼种群,其雌鱼的繁殖力非常高,山东省三里庄水库和江苏省娄山水库雌性大银鱼的个体绝对繁殖力分别达到 2.1 万粒/尾和 1.8 万粒/尾,且在显微镜下能够观察到大银鱼鱼卵的卵径较大、卵粒晶莹透明。1995 年种群暴发期间,三里庄水库雌性大银鱼的平均绝对繁殖力为 8 812 粒,同移植当年相比明显下降。2000 年,娄山水库大银鱼种群进入衰退期,其雌性大银鱼的个体绝对繁殖力骤然降低,高的为 8 319 粒/尾,低的仅为 992 粒/尾,平均繁殖力为 4 321 粒/尾,在显微镜下观察发现卵粒白色透明、卵径明显降低(表 2 – 20)。实际上,大银鱼种群即将衰退和衰退以后,其个体的生长情况出现大小分化现象,说明了大银鱼的饵料匮乏,种群平均体长减小,性成熟期迟滞,怀卵量少,卵黄、脂肪沉积少,卵径变小,繁殖力下降,这是种群的一种自我调节方式,是大银鱼对其栖居水环境的适应性。

表 2 – 20　娄山水库不同年份大银鱼怀卵量比较

年份	测量尾数	繁殖力均值/(万粒/尾)	卵径及颜色	备注
1994	20	1.8	卵径较大、晶莹透亮、卵黄和脂肪沉积多	移植当年
2000	20	0.43	卵径明显变小、白色透明、卵黄及脂肪沉积少	种群衰退期间

7. 不同水域繁殖力的差异

不同纬度水域大银鱼的繁殖力之间存在一定差异,兴凯湖大银鱼个体绝对繁殖力分布最为宽泛,其范围为 1 500 ~ 40 000 粒,其他 3 个水域较接近,个体绝对繁殖力的范围为 3 000 ~ 35 000 粒,其均值由高至低依次为:山东省吉利河水库(12 135 粒) > 江苏省洪泽湖(11 437 粒) > 黑龙江省兴凯湖(10 744 粒) > 辽宁省水丰水库(10 315 粒),洪泽湖和吉利河水库的均值比较接近且高于东北地区的水丰水库和兴凯湖(表 2 – 21)。兴凯湖大银鱼的体重相对繁殖力均值最高,达到 892 粒/g,其他 3 个水域则呈现出由南向北依次降低的趋势。鱼类的繁殖力受遗传因素和环境因素的共同影响,具有种属的特性。兴凯湖大银鱼个体绝对繁殖力值覆盖范围较宽,而洪泽湖、吉利河水库和水丰水库的大银鱼个体绝对繁殖力值覆盖范围相对较窄。以山东省的吉利河水库为界,向北或向南的大银鱼个体绝对繁殖力平均值都逐渐减小。在不同栖息水域,大银鱼的个体繁殖力存在差异,这与大银鱼个体大小、栖息水域地理位置和水体营养状况等因素有关。

表 2－21　不同水域大银鱼繁殖力的比较

水域	地理位置	体长/mm	体重/g	绝对繁殖力/粒		体重相对繁殖力/(粒/g)	
				范围	均值	范围	均值
洪泽湖	33°06′～33°40′ N 118°10′～118°52′ E	90～210	2.6～35.0	3 090～34 520	11 437	528～1 254	886
吉利河水库	35°48′～35°49′ N 119°37′～119°39′ E	131～201	11.3～29.5	3 243～33 214	12 135	531～1 186	874
水丰水库	40°14′～40°37′ N 124°58′～125°15′ E	101～188	4.91～39.72	3 295～29 950	10 315	340～1 290	733
兴凯湖	44°30′ ～35°30′ N 132°00′～132°50′ E	88.6～200	2.51～38.28	1 518～39 788	10 744	456～1 803	892

8. 不同水域大银鱼卵径

大银鱼成熟鱼卵为圆形、外观晶莹透亮，由于卵黄及脂肪沉积多呈微黄色。卵沉性，表面具卵膜丝，卵膜丝的分布较致密且呈分支状，可以缠绕或附着在物体上。卵本身无黏性，但卵膜丝具很强的吸附力，质量好的受精卵大多能牢牢地吸附在其他物体（介质）上，需较强的水流才能将其冲刷下来。大银鱼成熟鱼卵卵径随栖居水域或繁殖亲本大小不同会存在一定的差别，但其卵径均在 1 mm 左右（表 2－22）。

表 2－22　不同水域大银鱼成熟卵径的差异

省（区、市）	水域	卵径/mm		资料来源
		范围	均值	
江苏省	洪泽湖	0.82～1.11		张开翔等，1992
江苏省	太湖	1.1～1.2	＞1.1	赫广春等，2000
山东省	吉利河水库	0.88～1.06	0.96	徐乐宗等，1996
天津市	东丽湖	—	1.0	赫广春等，2000
辽宁省	水丰水库	0.888～1.038	0.98	唐作鹏等，2002
内蒙古自治区	舍力虎水库、西湖水库	—	0.842 9	程汉良等，2003
黑龙江省	兴凯湖	0.65～1.05	0.87	李培伦等，2020

四、繁殖期

张开翔等(1981)、徐木生等(2000)分别对江苏省的洪泽湖和湖北省的道观河水库大银鱼的性腺发育进行了研究,均指出大银鱼性腺发育成熟期比其他鱼类短,一般自11月的第Ⅱ期发育至12月能够达到Ⅲ～Ⅳ期,12月下旬少数个体开始产卵,历时40～50 d,其繁殖时间较长(12月下旬至翌年3月),但其繁殖高峰时间较短,具体时间与气候变化具有较大的关系,其中张开翔等(1981)指出大银鱼在产卵盛期前水体温度必先出现一个水温升高,然后稍有下降,继而又逐渐上升的过程,这一过程能够促使大银鱼性腺由Ⅳ期向Ⅴ期过渡。此外,寒冬季节中有雾、风速微弱、晴而暖和的天气,也是促使大银鱼成熟产卵的主要外界因素之一。富丽静等(1999)指出辽宁省的柴河水库大银鱼群体性腺于每年10月中下旬开始由第Ⅱ期进入第Ⅲ期,到12月下旬可发育成熟达到第Ⅳ期,开始产卵繁殖,成熟发育期仅60 d左右。笔者指出黑龙江省兴凯湖大银鱼群体性腺在10月中旬进入Ⅲ期,即在10月上旬大银鱼性腺发育速度似乎略快于其他水体的大银鱼群体,可能与兴凯湖所处的高纬度地区秋季气温下降速度快有关。整体来看,不同纬度水体大银鱼的繁殖期基本一致,10月上旬之前,精巢和卵巢均为Ⅰ～Ⅱ期,11月中下旬可发育至Ⅲ期,12月中下旬发育至Ⅳ～Ⅴ期,其中大规模集中产卵时间5～7 d。尽管大银鱼种群的繁殖时间较同步、集中,主要集中在12月至翌年1月,但其产卵盛期在南、北方各水域之间存在一定差异,北方水体较南方水体早,一般东北、华北和华东地区依次相隔10 d,是因为大银鱼为低温产卵的鱼类,其性腺发育,特别是从第Ⅲ期向第Ⅳ期过渡时需要低温刺激,而北方较南方提前降温,故北方各湖泊水库的大银鱼性腺能更早地进入第Ⅳ期,从而产卵盛期稍微提前。此外,饵料生物丰富度也是影响大银鱼成熟早晚的重要因素。近年来,连环湖流域多数湖泊大银鱼性成熟时间在12月上旬。

五、繁殖习性和性比变化

繁殖期间,由于大银鱼体内发生了一系列的生理变化,导致其在繁殖前后的行为也有很大的不同,尤其是雌、雄个体的行为差异很大。性成熟前,雌、雄个体行动一致且均在水体敞水区的中上层活动,用拖网和刺网均可捕到性比为1∶1的大银鱼群体。而在繁殖期间,由于雌性个体怀卵量大、行动笨、游动缓慢、常栖息于水体底层,而雄性个体则游动速度较快,不停地在水中追逐雌性,因此用拖网很难捕到雄体;相反,雄鱼因游动频繁很容易被刺网捕获,同时由于雄鱼性成熟时臀鳍出现的副性征易被刺网挂住又使其难以逃离,导致此时刺网捕到的大银鱼雄鱼数量往往远多于雌鱼。

辽宁水丰水库大银鱼繁殖群体主要集中在水库冰下沿岸沙石底质或石砬子处产卵，产卵水深较大，据捕捞产卵亲鱼的刺网作业记录，水深 10～25 m 的底网捕鱼效果最好。集中产卵时间为傍晚和夜间，每当寒潮来袭、大风降温是促使大银鱼产卵繁殖的主要刺激因素。江苏洪泽湖冬季湖面不结冰，繁殖期间产卵场内湖底主要以沙砾、泥沙居多，湖底浅平、水草稀少，水体温度范围为 1～8 ℃，水深在 1.6～2.0 m，透明度为 0.45～0.60 m 且具有一定水流。

施炜纲（1999）指出太湖地区大银鱼的繁殖盛期通常在 1 月 1—7 日，繁殖初期雄鱼率先集群到达产卵场等候雌鱼。因此，一般产卵初期渔获物中雄鱼比例较高，后期雌鱼比例较高，而在繁殖高峰期雌雄比基本保持在 1∶1 水平。徐木生等（2000）对道观河水库的大银鱼繁殖期性比进行调查发现，12 月 9 日以前温度维持在 9 ℃左右，雄性与雌性之比为 1∶1，1 月 3 日温度骤然下降，雄性与雌性之比 >1，1 月 7 日该群体基本产空，雄性与雌性之比 <1（图 2－24），与施炜纲（1999）的研究结果一致。王升明（2007）报道大银鱼在繁殖期间亲鱼性别比例变化较大，其中前期雌雄比例为 1∶4～1∶2，繁殖盛期比例为 1∶1，而繁殖后期比例则为 2∶1～3∶1。笔者对连环湖流域湖泊产卵场的大银鱼繁殖群体调查表明，个体大小分化不明显的种群，繁殖早期雄鱼多、繁殖后期雌鱼多。分析其原因，雄性大银鱼性成熟所需要的能量少，性成熟整齐，而雌性大银鱼性成熟则需要更多的能量，个体性成熟不整齐；性成熟个体先到达产卵场，即出现了早期雄鱼多而雌鱼少，众多个体大小相似的雄鱼出现了激烈的繁殖竞争，导致大量死亡，即出现了繁殖后期雄鱼少的现象（图 2－25）。因此，在这种情况下雌鱼性成熟越整齐越有利于繁殖和种群补充。在种群结构分化明显的兴凯湖大银鱼种群，繁殖后期雄性多于雌性，且群体主要由小群组雄性个体组成，表现为雄性小个体在繁殖竞争中被驱逐而没有机会参与繁殖，这有利于大银鱼种群向出生早和生长速度快的方向进化。

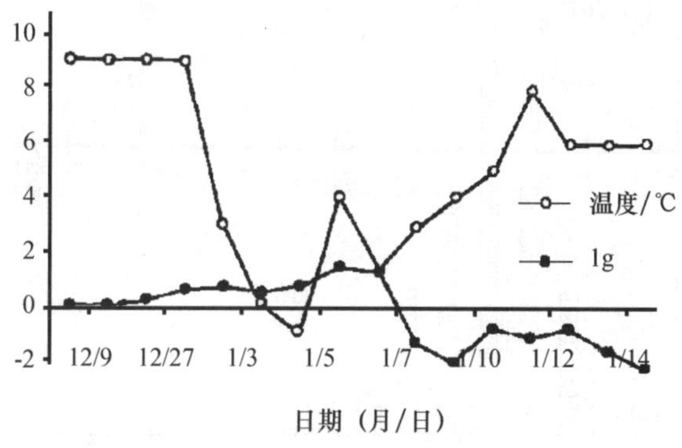

图 2－24　道观河水库大银鱼繁殖前后性比变化过程

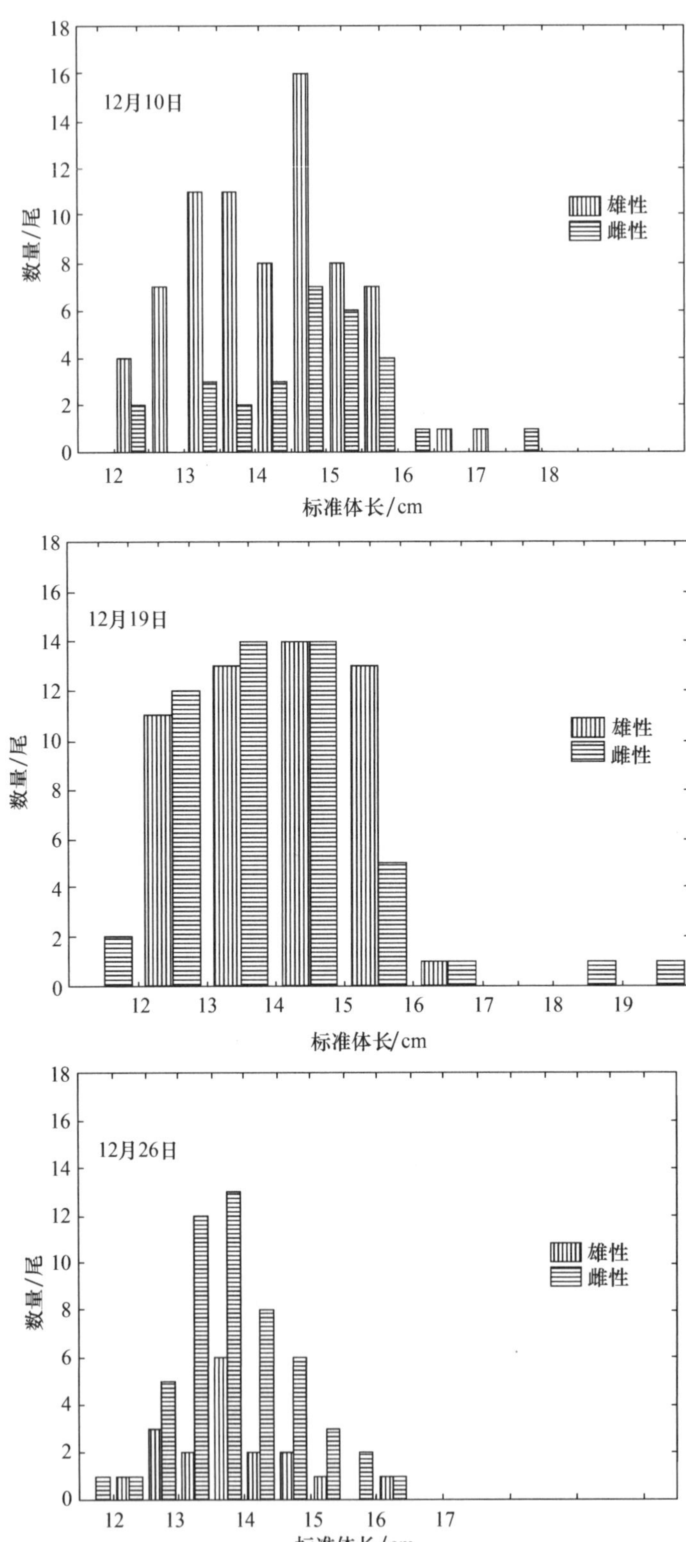

图 2－25　2020 年大龙虎泡大银鱼繁殖群体结构变动

六、产卵类型

鱼类的产卵类型随着鱼类物种的不同而存在一定差异，可将其分为一次性产卵和分批产卵两种方式。一般通过测量鱼类卵巢中鱼卵的直径，统计其卵径分布情况，可以推断出鱼类的产卵类型，但判断其是否为分批产卵鱼类，则取决于小卵径鱼卵能否在较短时间内发育成熟。

目前，有关大银鱼产卵类型尚存诸多争议。解涵等（2001）对水丰水库大银鱼卵巢中卵母细胞的发育情况进行研究，发现1月中旬捕获的大银鱼产卵雌体中，产过鱼卵的个体约占78%，性腺发育时期处于Ⅵ－Ⅲ期；卵巢中除有少数未产过卵的成熟卵子外，还包含两种卵母细胞，其中一种为第Ⅲ时相卵母细胞，占卵巢怀卵总数的75.6%～96.4%，而另一种小的卵母细胞占怀卵总数的3.6%～24.4%，该阶段鱼体虽瘦弱（由于产卵消耗），但肠道内均含有鱼、虾等食物，机体能够很快得到恢复，而大银鱼卵巢由第Ⅲ成熟期发育到第Ⅳ成熟期约需20 d，故推断大银鱼为一次性产卵和分批产卵相结合的混合产卵类型。孙帼英（1985）等通过研究大银鱼性腺发育，指出卵巢由Ⅲ期后期发育到Ⅳ期末需半个多月，于是这批鱼到2～3月可进行第二次产卵，得出繁殖期的大银鱼至少产卵2次，由此推断其为分批产卵鱼类；徐木生等指出道观河水库大银鱼往往分为若干个产卵群体并分批次产卵，繁殖群体存在时空异质性，但均为一次性产卵鱼类；程汉良等（2003）对内蒙古自治区境内的舍力虎水库和西湖水库繁殖期捕捞到的产后大银鱼雌鱼进行观察，发现大银鱼产卵后卵巢内没有卵粒残留，与此同时还指出成熟个体卵巢中卵子的成熟度一致，未出现不同步发育的现象，整个群体产卵高峰持续3～6 d，未见第二高峰的出现，故认为该水域大银鱼属一次性产卵鱼类。笔者对兴凯湖大银鱼性腺组织切片进行分析，指出11～12月，卵巢内普遍存在不同发育时相的卵母细胞且均占有不小的比重，而1月的性腺中则较少出现这种现象（图2－26）。12月，个体中卵黄积累前卵母细胞的出现率为100%（$n=50$），而1月的个体中卵黄积累前卵母细胞的出现率降低为22%（$n=59$），即多数个体的P_p均为0（图2－27），且1月个体的卵黄未积累卵母细胞在卵巢中所占比例（P_p）明显低于12月，线性回归分析表明12月和1月个体中P_p随性腺成熟度（性腺中最大卵的卵径）的增加而明显降低，表明大银鱼成熟产卵时卵巢内将不存在或几乎不存在不成熟卵。此外，笔者随机测量兴凯湖繁殖季节大银鱼卵巢中卵径的大小，显示大银鱼卵径分布范围为0.65～1.05 mm，且呈正态分布，其中0.70～0.95 mm的卵粒数量占比68.41%，在其卵巢内未发现已形成一定数量规模的小卵径鱼卵，指出兴凯湖大银鱼为一次性产卵鱼类（图2－28）。

综上所述，大银鱼作为一年生小型鱼类，具有怀卵量大的特点，营养状况的不同影响着卵成熟的整齐度，同一卵巢内卵细胞可能存在发育不同步情况，需待发育整齐成熟后行一次性产卵，这一特点使其种群繁殖时间跨度很大，从冬季到春季。

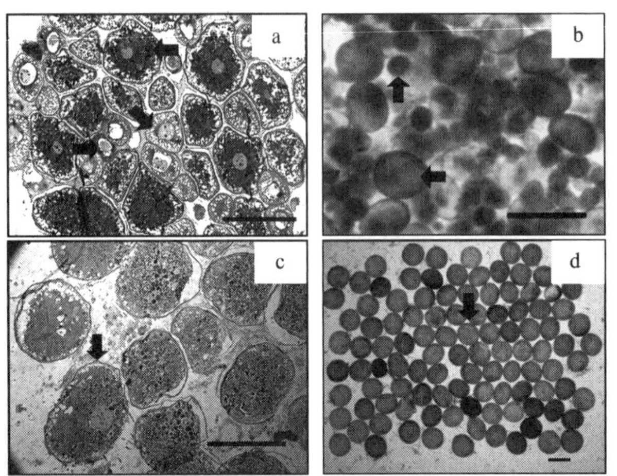

图 2－26　兴凯湖大银鱼卵巢发育的不同步性化

11 月同一尾鱼的卵巢组织切片(a)和卵粒照片(b)(SL,145 mm;BW,16.64 g)

1 月同一尾鱼的卵巢组织切片(c)和卵粒照片(d)(SL,180 mm;BW,26.15 g)

⬅ Ⅱ期卵母细胞；⬊Ⅲ期卵母细胞；➡ Ⅳ期卵母细胞；⬆卵黄积累前卵母细胞；⬇ Ⅴ期卵细胞，标尺 =1 mm

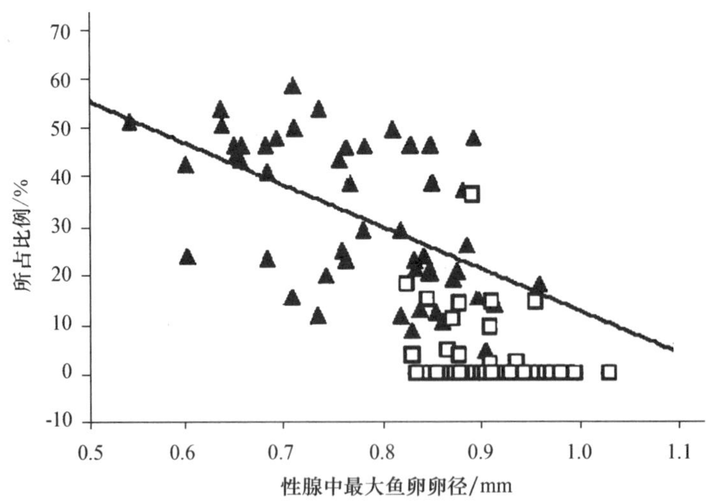

图 2－27　兴凯湖大银鱼 12 月(▲)和 1 月(□)卵巢中卵黄未积累卵比例随性腺发育的变化

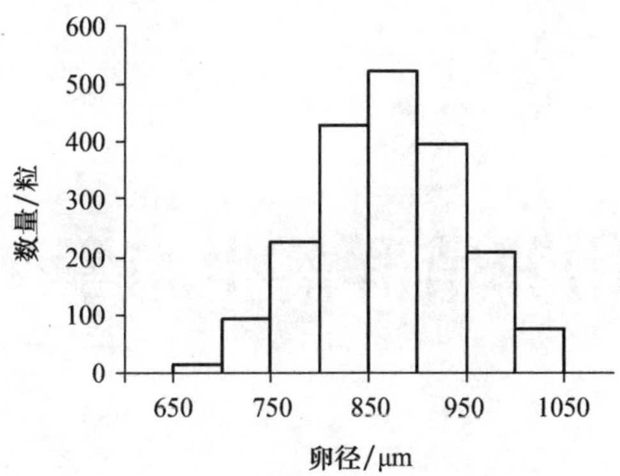

图 2－28　兴凯湖大银鱼繁殖期卵巢中卵母细胞卵径分布

第三章 Three 大银鱼增养殖群落生态学

本章选择黑龙江省杜尔伯特蒙古族自治县地区大银鱼增养殖情况不同的大龙虎泡、小龙虎泡、齐家泡、连环湖的阿木塔泡和牙门喜泡共5个水体进行比较调查研究，介绍大银鱼增养殖水体中食物网结构，重要饵料生物群落动态与大银鱼种群动态关系；揭示大银鱼增养殖水体中关键饵料生物对大银鱼种群动态的影响，为大银鱼高产稳产提供科学数据。

连环湖（E 123°59′~124°15′，N 46°30′~46°50′）位于黑龙江省杜尔伯特蒙古族自治县西部，水源为乌裕尔河和双阳河两条无尾河浸流所形成的自然湖泡，由哈布塔泡、西葫芦泡、火烧黑泡、阿木塔泡、他拉红泡、二八股泡、铁哈拉泡、敖包泡、牙门喜泡、北津泡、牙门气泡、马圈泡、那什代泡、红源泡、羊草毫泡、德龙泡、小尚泡、小东湖泡、九河沟和六河沟20个湖泊组成，以河沟相连形似连环而得名连环湖，面积567 km^2，为黑龙江省最大的微咸水湖，也是我国重要的淡水渔业生产基地。1995年连环湖成为黑龙江省首批引进大银鱼的水域，开启了高寒地区大银鱼移植工作的先河。阿木塔泡和牙门喜泡地处连环湖下游，2010年重启大银鱼受精卵人工投放工作，2014年以来大银鱼持续高产稳产。

龙虎泡、齐家泡（E 124°19′~124°26′，N 46°40′~46°47′）位于黑龙江省杜尔伯特蒙古族自治县南约20 km。1997年筑坝将龙虎泡分为大、小龙虎泡两个湖区。小龙虎泡总面积约13 km^2，大龙虎泡总面积约120 km^2，齐家泡总面积约10 km^2。小龙虎泡、齐家泡为一家渔业公司经营管理的天然增殖渔业湖泊，小龙虎泡水源由扎龙自然保护区和乌裕尔河水流经齐家泡补给，二者水源相同、渔业管理模式一致，区别在于小龙虎泡中额外进行大银鱼增殖渔业生产。大龙虎泡由南部引嫩工程水源直接补给，水源为嫩江水，系以大银鱼增养殖为主的天然渔业水体。

第一节　大银鱼增养殖水体的食物网结构

生物群落是在一定空间和时间范围内栖息的各种生物集合，生物之间通过物质循环和能量流、信息流的作用，构成具有一定结构与功能的统一体。湖泊是淡水增殖渔业的主要基地，是受到较多人为干预影响的水生生物群落。水生生物，按其生活方式可分为漂浮生物、浮游生物、游泳生物、底栖生物和周丛生物等五大生态类群。按其生态机能则可分为生产者、消费者、分解者和有机碎屑四类。

(1)生产者

生产者即自养生物，主要指具有叶绿素等光合色素、能进行光合作用形成初级生产力的各类水生生物，包括浮游植物、底栖藻类和水生种子植物。其次是一些能利用光能和化学能的光合细菌和自养细菌。有一些动物能从寄生或共生体内的硫化菌获得有机物质和能源，从而构成完全以化学能替代日光能而存在的独特生产者。

(2)消费者

消费者即异养生物，指以其他生物或有机碎屑为食的水生动物。因所处营养级次的位置不同而可划分为初级、次级消费者。初级消费者主要指以浮游植物为食的小型浮游动物及少数以底栖藻类为食的动物，一般体型较小。它们与生产者共同杂居在上层水域中，二者之间的转换效率很高，二者的生物量往往属于同一数量级，这与陆地生物群落很不同。次级消费者包含较多的营养层次。较低层次者(如大型甲壳类)往往有昼夜垂直移动性，分布不限于水体上层；较高层次者(如鱼类)具有很强的游泳能力，分布于水域各个层次。它们对初级生产者和初级消费者的数量变动具有某种调节作用。

(3)分解者

分解者主要指细菌和真菌。它们把已死亡生物的各种复杂物质分解为可供生产者和消费者吸收利用的有机物和无机物，因而在水域有机和无机营养再生产过程中起着重要作用。同时它们本身也是许多动物的直接食物。

(4)有机碎屑

有机碎屑来源于未被完全摄食或消化的食物残余、植物在光合作用的过程中所产生的一部分有机物以及陆地生态系统输入的颗粒性有机物，也作为食物为某些动物所利用。

生产者所固定的能量和物质，通过一系列取食和被取食的关系在生态系统中传递，各种生物按其食物关系排列的链状顺序称为食物链。食物链彼此交错连结，形成一个网状结构即食物网。

在湖泊中,除了以初级生产者为起点的牧食食物链外,还存在以细菌为基础的腐殖食物链和以有机碎屑为起点的碎屑食物链。食物链中的生物分别通过上行效应和下行效应相互制约与调控。上行效应强调食物链中低营养级生物对高营养级生物的决定作用,而下行效应强调的是沿食物链从上向下传递而产生的生物学影响。

对于大银鱼来说,主要是受到大银鱼可利用的食物的上行效应的影响及捕食大银鱼的鱼类通过下行效应制约调控。下面以本研究所涉及的大银鱼增养殖湖泊为例,介绍与大银鱼密切相关的食物网构成。食物网结构见图 3－1。

大银鱼增养殖水体中浮游植物→浮游动物→大银鱼是整个食物网中重要的一条食物链,同时,大银鱼的食物网结构组成复杂,受多种生物的影响,如大银鱼还可直接摄食小鱼和虾,也会捕食同类。

在该区域大银鱼增养殖湖泊中,河鲈和红鳍原鲌均为肉食性鱼类。河鲈(*Perca fluviatilis*)主要食物为甲壳类动物、昆虫及其幼虫、鱼类等。红鳍原鲌(*Cultrichthys erythropterus*)幼鱼(体长在 90 mm 以下)主要以枝角类为食,成鱼一般以食小鱼为主,其次是虾、昆虫和枝角类等。红鳍原鲌几乎全年都旺盛地摄食,只是在产卵时暂停摄食。河鲈和红鳍原鲌都会捕食大银鱼,从而通过下行效应制约大银鱼的种群发展。

浮游动物是大银鱼增养殖水体水生生物群落的重要组成部分,它们摄食各种藻类,有着形态、种类多样,繁殖能力强的特点,是鱼、虾的重要饵料资源,在大银鱼增养殖水体食物网中具有承上启下的作用。浮游动物不仅是大银鱼的开口饵料,对大银鱼早期生长发育具有至关重要的作用,而且也是大银鱼整个生命周期中的重要饵料基础。浮游动物资源量的动态与大银鱼种群动态密切相关。

藻类有的营浮游生活(浮游植物),有的营着生生活(着生藻类),是大银鱼增养殖水体的主要生产者。水体中消费者的能量直接或间接来自藻类,故藻类可以通过直接影响以藻类为食的浮游动物、鱼、虾等间接影响到大银鱼的种群变动。在淡水增养殖水体中,可通过促进藻类增殖为鱼类提供饵料。

在该大银鱼增养殖水体中,大银鱼所摄食的虾类主要为秀丽白虾。秀丽白虾主要生活在湖内的敞水区和湖内较大的河道内,它白天潜入水底,夜间升到湖水上层。秀丽白虾属杂食性动物,终生以浮游动物、植物碎屑、细菌等为饵料。所以秀丽白虾与大银鱼之间除了被捕食与捕食的关系外,还存在着食物竞争的关系。

除了浮游动物和虾以外,大银鱼生长到一定大小后也会捕食适口的仔稚鱼、小型鱼类和同类。在大银鱼种群出现个体大小分化的情况下,大个体会以小个体为主要的食物来源,并以此维持自身稳定的食鱼性。

在大银鱼增养殖水体内,还增养殖鳙、鲤、鲫等经济鱼类。鲤、鲫生活于水底层,是

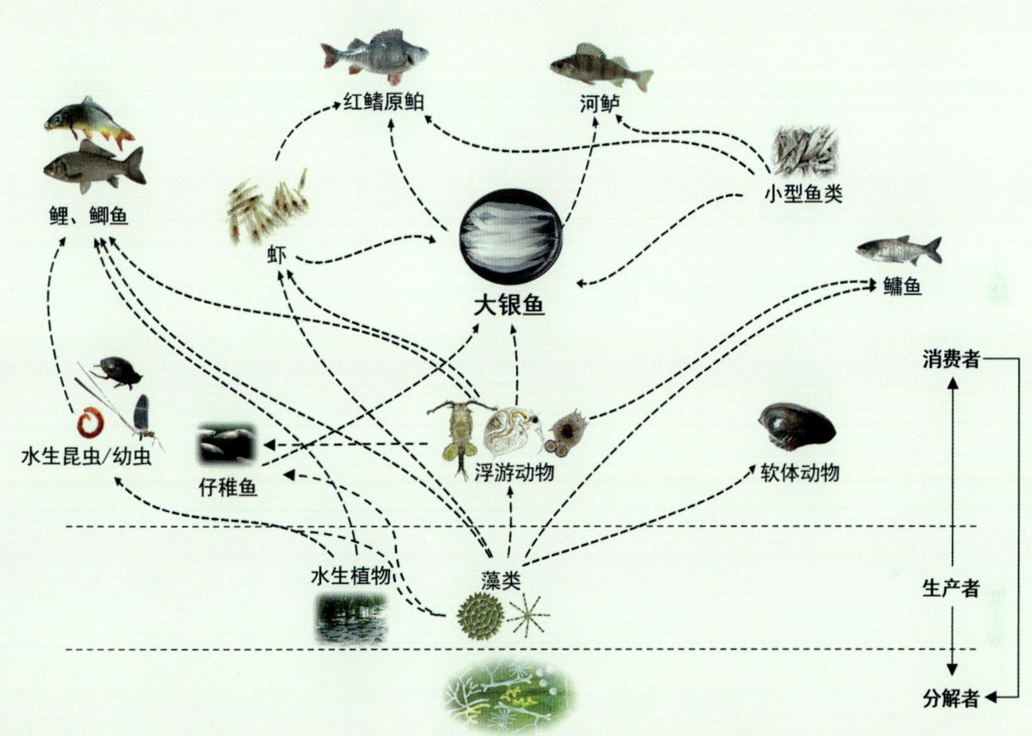

图3－1　大银鱼增殖水体食物网示意图

杂食性鱼类，一般摄食高等水生植物碎片、底栖动物、藻类等，维管束水草的茎、叶、芽和果实，藻类的硅藻等均是它们的喜好食物，另外也摄食小虾、蚯蚓、幼螺、昆虫等。鳙是滤食性鱼类，主要摄食轮虫、枝角类、桡足类等浮游动物和硅藻、蓝藻等部分浮游植物。从鱼苗到成鱼阶段都以浮游生物为主食，是典型的浮游生物食性的鱼类。这几种鱼都会通过食物及空间上的竞争对大银鱼产生影响。

湖泊中的生物量流动是单向的，生物量在流过各营养级时会大量减少。根据各个营养级的生物量数值绘制成塔，塔基为生产者，向上为初级消费者（植食动物），再向上为次级消费者（一级食肉动物）、三级消费者（二级食肉动物），塔顶是数值最少的顶级消费者，从而形成生物量锥体（pyramid of biomass），生物量锥体一般为正锥形。

李云凯（2009）曾对太湖生态系统结构与功能进行过深入研究，太湖位于长江三角洲的南缘，是中国第三大淡水湖，其生态系统能量流动主要通过两条食物链完成，一条是捕食食物链：浮游植物→浮游动物→小型鱼、虾类→渔业捕捞和食鱼性鱼类；另一条是碎屑食物链：再循环的有机物→有机碎屑→底栖动物→小型鱼、虾类→渔业捕捞和食鱼性鱼类。大银鱼是太湖的土著鱼类，曾是太湖重要的经济鱼类。但由于人为过度捕捞、生存环境受损以及太湖生态系统的"幼态"特性决定了其抵抗外力干扰的能力较差，年内、年际间系统状态的变化较大，整个系统处于极不稳定的状态，太湖中大银鱼的种群逐渐衰退。比较分析大银鱼土著分布水域太湖和大银鱼移植可持续稳产水域阿木塔泡，发现涉及大银鱼的食物链和食物网具有一定相似之处，但生物量锥体明显不同。太湖与阿木塔泡鱼类－浮游动物生物量锥体见图 3－2。

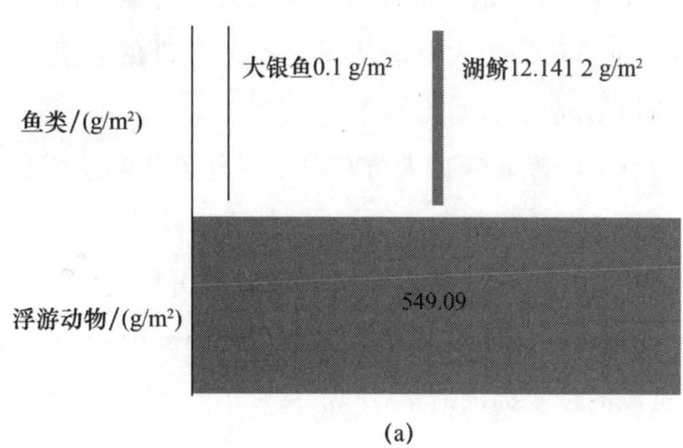

(a)

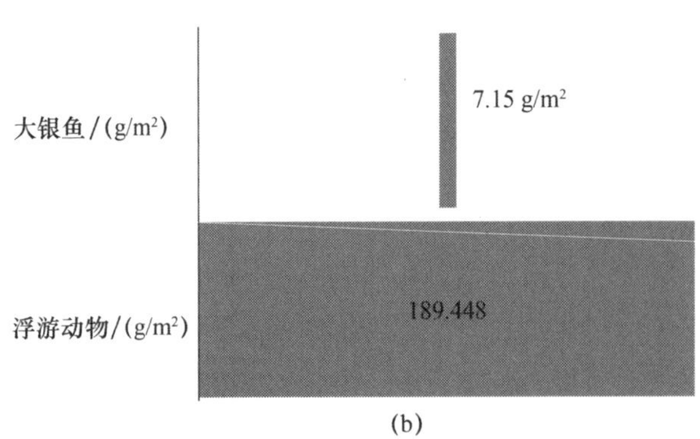

图3－2　大银鱼栖息湖泊鱼类－浮游动物生物量锥体图比较

(a)太湖鱼类－浮游动物生物量锥体;(b)阿木塔泡大银鱼－浮游动物生物量锥体

图3－2(a)所示为太湖浮游动物生物量与主要摄食浮游动物的湖鲚和大银鱼的生物量形成的锥体图。图3－2(b)所示为阿木塔泡浮游动物与大银鱼的生物量形成的锥体图。比较(a)与(b)两图,太湖的浮游动物生物量较阿木塔泡高,达到了549.09 g/m^2,而阿木塔泡则为189.448 g/m^2。研究表明湖鲚与大银鱼的生态位相似,湖鲚的营养级为3.02,大银鱼为3.15,且两者都是太湖中的土著鱼类,存在着极大的竞争关系。太湖中大银鱼的生物量对比人工移植水体阿木塔泡中的大银鱼生物量低了很多,大银鱼在太湖的生物量仅为0.1 g/m^2,阿木塔泡则能达到7.15 g/m^2。

从以上结果来看,很明显太湖中经济价值较低的湖鲚占据了经济价值较高的大银鱼的生态位,也促进了太湖大银鱼种群的衰退。大银鱼是太湖的土著鱼类,为"太湖三白"之首,除了其营养丰富外,更是当地悠久的饮食文化内涵的代表之一。而连环湖则是在1995年于那什代泡首次引进大银鱼,从现如今连环湖的大银鱼产量可以看出大银鱼在连环湖的人工移植是成功的。

大银鱼土著种群衰退给渔业管理人员和科研工作者敲响了警钟,人工移植种群繁盛的水体也要注重维持水生生物群落平衡,需要加强监测大银鱼增养殖水体饵料生物资源,实时把控大银鱼的种群动态,掌握大银鱼种群与饵料生物动态关系,以合理开发利用饵料生物资源,确保大银鱼在增养殖水体中可持续高产稳产。相关理论技术也可为大银鱼土著种群资源的恢复提供借鉴。

第二节　大银鱼增殖水体浮游动物群落动态

针对大银鱼渔业增殖种群波动剧烈、产量忽高忽低的问题,从大银鱼的最重要饵料生物资源浮游动物与大银鱼种群动态的关系入手,在连环湖阿木塔泡、牙门喜泡、龙虎泡、齐家泡进行了浮游动物群落和大银鱼种群的数量、生长、食性和渔产量的月际、年际动态变化研究。分别进行了浮游动物种类组成及优势种类、数量与生物量、多样性的分析，浮游动物与大银鱼种群动态的关系分析，大银鱼早期资源量与产量的关系分析。

龙虎泡设置11个采样点，其中大龙虎泡6个（D1～D6），小龙虎泡5个（X1～X5）；齐家泡设置5个采样点（Q1～Q5）；阿木塔泡设置5个采样点（A1～A5），牙门喜泡设置3个采样点（A6～A8）。龙虎泡和齐家泡地理位置与采样点分布见图3－3，阿木塔泡和牙门喜泡地理位置与采样点分布见图3－4。

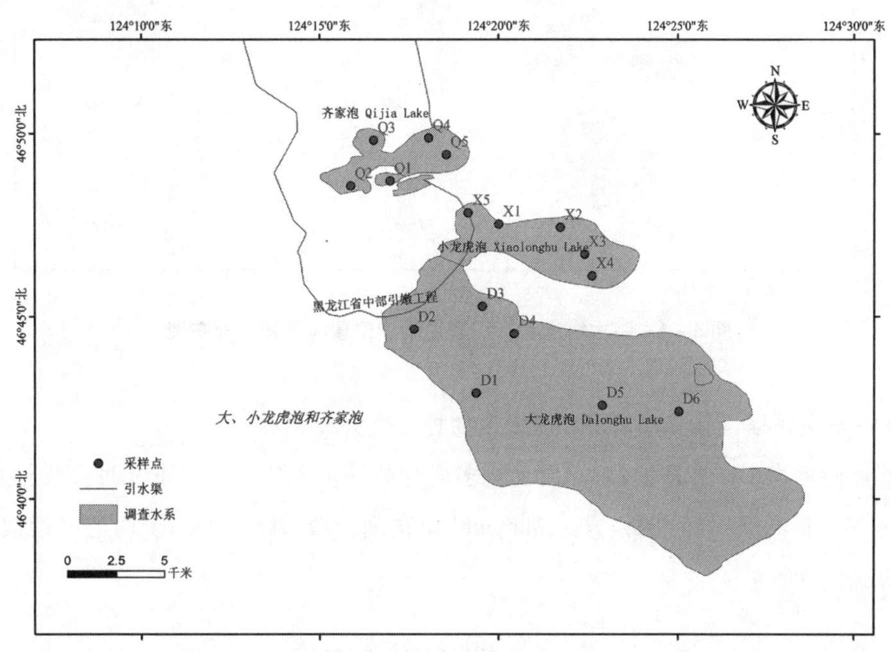

图3－3　龙虎泡和齐家泡地理位置与采样点分布图

浮游动物的采集、处理方法如下：

对浮游动物进行定性、定量样品采集以及处理。小型及微型浮游动物的定量样品为表、底层混合水样1 L，当场用鲁哥氏液固定，带回实验室，经沉淀、浓缩至30 ml，备检。大型浮游动物定量样品分别采集表、底层混合水样共10 L，当即用波恩氏溶液固定，带回实验室，经沉淀、浓缩至30 ml，备检。定性样本用25#浮游生物网以“8”字形拖拽，同样现场固定，带回实验室备检。

本小节涉及的数据分析有浮游动物优势种类的确定和生物多样性评价，具体方法如下：

①浮游动物优势种类的确定方法：浮游动物的优势种类通过计算每个物种的优势度来确定。用公式 $Y=(Ni/N)\times fi$ 计算，式中，Ni 是第 i 种的个体数，N 是全部种数，fi

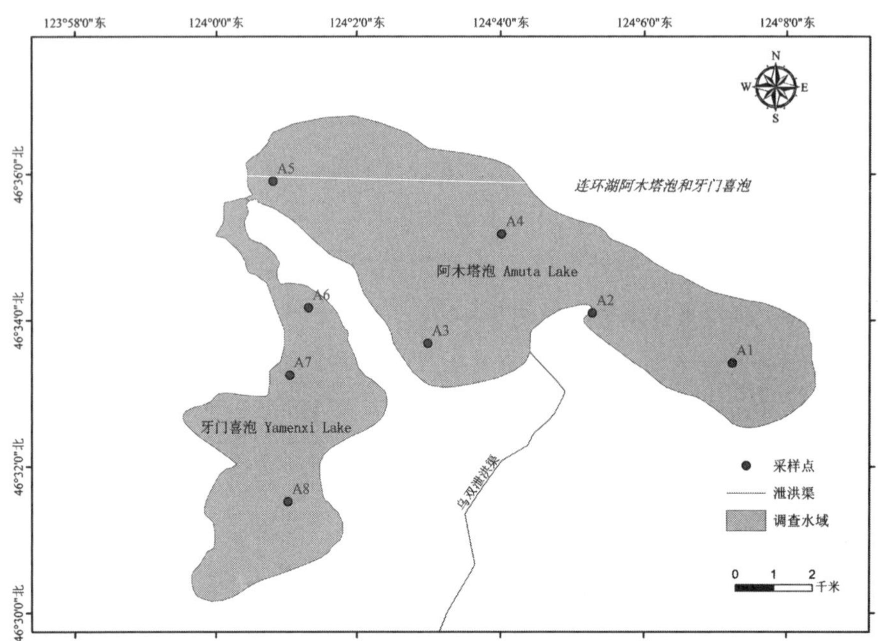

图 3-4　阿木塔泡和牙门喜泡地理位置与采样点分布图

是第 i 种发生频率，当 $Y \geqslant 0.02$ 时确定该物种为优势种类。

②浮游动物多样性评价：对浮游动物多样性的评价主要采用以下几种多样性指数。Shannon - Wiener 多样性指数（H'）、Margalef 丰富度指数（D）和 Pielou 均匀度指数（J）。其计算公式如下：

$$H' = \sum_{i=1}^{S} Pi\ln Pi; Pi = ni/N$$

$$D = (S - 1)/\ln N$$

$$J = H/\log_2^S$$

上述公式中，ni 代表第 i 种的个体总数；N 表示所有种类总个体数；S 表示总种类数。

一、阿木塔泡和牙门喜泡浮游动物群落结构

1. 浮游动物种类组成及其优势种类

2018—2019 年度，连环湖阿木塔泡与牙门喜泡浮游动物调查期间共鉴定了 4 类 75 种，4 类的种类组成相对平均。其中，轮虫较多，21 种，占总种类数的 28%；原生动物次之，20 种，占总种类数的 26.7%；桡足类 19 种，占总种类数的 25.3%；枝角类 15 种，占

总种类数的20.0%。从季节变化看,夏季种类最多,40种;秋季次之,38种;春、冬季节浮游动物的种类较少,分别有24种和21种。浮游动物的优势种类共16种。其中,以原生动物的种类为主,共有12种,分别为瓶累枝虫(*Epistylis urceolata*)、球形砂壳虫(*Difflugia globulosa*)、长圆砂壳虫(*Difflugia oblonga*)、叶绿尖尾虫(*Oxyrrhis marina*)、锥形拟铃壳虫(*Tintionnopsis conicus*)、中华拟铃壳虫(*Tintionnopsis sinensis*)、线条三足虫(*Trinema lineare*)、滚动焰毛虫(*Askenasia volvox*)、淡水筒壳虫(*Tintinnidium fluviatile*)等;其次为桡足类,共2种,有无节幼体(*Nauplii*)和剑水蚤(*Cyclops* sp.);轮虫和枝角类各1种,分别为针簇多肢轮虫(*Polyarthra trigla*)和长额象鼻溞(*Bosmina longirostris*)。优势种类在春、夏、秋季均6种,冬季较少,3种。但在各个季节均以原生动物为主。其中,春季优势种类也在轮虫和桡足类有所分布,而秋季也有枝角类的长额象鼻溞和桡足类的无节幼体形成优势(表3-1)。

表3-1　阿木塔泡、牙门喜泡浮游动物优势种类分布

优势种类		分布			
中文名称	拉丁名称	春	夏	秋	冬
瓶累枝虫	*Epistylis urceolata*		+	+	
球形砂壳虫	*Difflugia globulosa*		+	+	
砂壳虫	*Difflugia* sp.		+		
叶绿尖尾虫	*Oxyrrhis marina*		+		
长圆砂壳虫	*Difflugia oblonga*		+		
锥形拟铃壳虫	*Tintionnopsis conicus*		+		
中华拟铃壳虫	*Tintionnopsis sinensis*			+	
线条三足虫	*Trinema lineare*				+
滚动焰毛虫	*Askenasia volvox*				+
刺胞虫	*Acanthocustis* sp.	+			
侠盗虫	*StrobiLidium* sp.	+		+	+
淡水筒壳虫	*Tintinnidium fluviatile*	+			
针簇多肢轮虫	*Polyarthra trigla*	+			
长额象鼻溞	*Bosmina longirostris*			+	
无节幼体	*Nauplii*	+		+	
剑水蚤	*Cyclops* sp.	+			

2. 数量及生物量

连环湖阿木塔泡与牙门喜泡浮游动物数量总计 1 054.3 ind./L,变化范围在 355 ~ 2 195 ind./L。其中,原生动物数量最高,940.4 ind./L,占总数量的 89.2%;桡足类次之,49.5 ind./L,占 4.7%;轮虫,38.3 ind./L,占 3.6%;枝角类有 26.1 ind./L,占2.5%。生物量总计 2.92 mg/L,变化范围在 0.373 ~ 4.690 mg/L。其中,桡足类的生物量最高,为1.57 mg/L,占 53.8%;枝角类次之,为 1.3 mg/L,占比 44.5%;原生动物、轮虫的生物量相近,分别为 0.026 mg/L、0.024 mg/L,分别占比 0.9% 和 0.8%(图 3-5)。

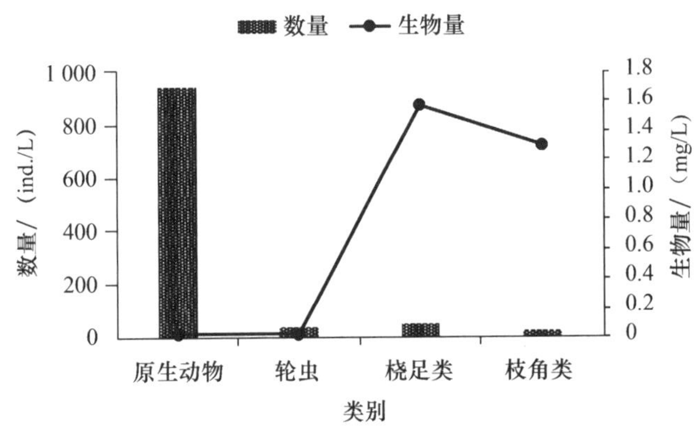

图 3-5　阿木塔泡、牙门喜泡浮游动物数量、生物量分布

夏季平均数量最高,为 2 195 ind./L;春季次之,为 1 037 ind./L;秋季、冬季分别为 655 ind./L、355 ind./L。夏季平均生物量最高,为 4.690 mg/L;春季次之,为 3.669 mg/L;秋季、冬季分别为 2.988 mg/L、0.374 mg/L,数量的季节差异显著,季节变化趋势与生物量一致。各样点的年平均数量范围为 450.75 ~ 1 812.75 ind./L,其中 1 号样点的数量最高,4 号样点的数量最低。各样点的年平均生物量范围是 1.621 ~ 4.489 mg/L,其中 7 号样点生物量最高,6 号样点生物量最低。

3. 多样性指数

Shannon - Wiener 多样性指数(H')年均值为 1.09,变化范围 0.18 ~ 1.92,最大值出现在 4 号样点的秋季,最小值出现在 2 号样点的春季,秋季(1.60) > 夏季(1.47) > 春季(1.31) > 冬季(0.50);Pielou 均匀度指数(J)年均值为 0.36,变化范围 0.07 ~ 0.60,最大值出现在 8 号样点的冬季,最小值出现在 2 号样点的冬季,春季(0.42) > 秋季(0.41) > 夏季(0.38) > 冬季(0.23)。Margalef 丰富度指数(D)年均值为 1.56,变化范围 0.62 ~ 2.65,最大值出现在 7 号样点的秋季,最小值出现在 7 号样点的冬季,秋季

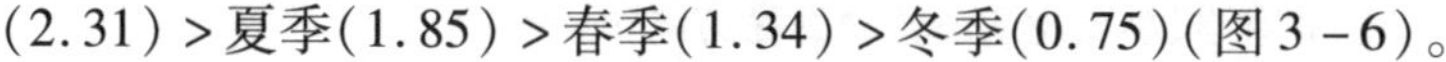
(2.31)>夏季(1.85)>春季(1.34)>冬季(0.75)(图3-6)。

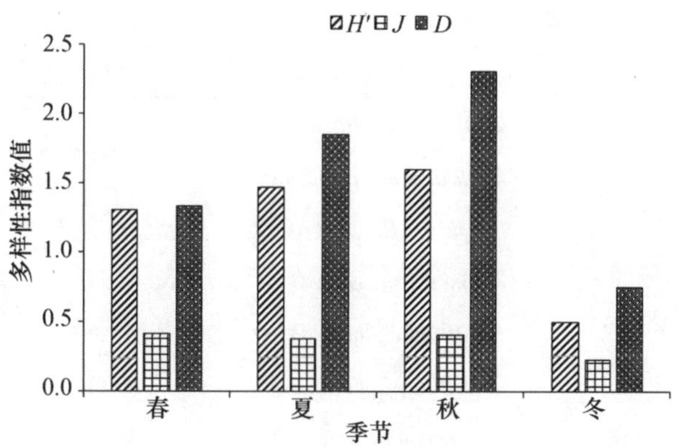

图3-6　阿木塔泡、牙门喜泡浮游动物多样性指数分布

各样点 Shannon-Wiener 多样性指数(H')年均值,A8 样点最高,A4 样点最低,但差异性不显著(ANOVA,$F=0.872$,$P=0.386$);各样点 Pielou 均匀度指数(J)年均值,A8 样点最高,A1 样点最低,但差异性不显著(ANOVA,$F=0.874$,$P=0.254$);各样点 Margalef 丰富度指数(D)年均值,A2 样点最高,A6 样点最低,但差异性不显著(ANOVA,$F=0.723$,$P=0.428$)。

二、小龙虎泡和齐家泡浮游动物群落结构

1. 种类组成及其优势种类

通过2018年全年调查,对不同季节的齐家泡与小龙虎泡两个湖泊10个采样点的浮游动物进行检测,共鉴定得浮游动物4类68种。其中,轮虫的种类最多,25种,占36.8%;原生动物次之,16种,占23.5%;桡足类和枝角类种类数相近,分别为14种、13种,分别占总浮游动物种类数的20.6%、19.1%。齐家泡和小龙虎泡的浮游动物的优势种类见表3-2,共44种。其中,以原生动物和轮虫为主,分别为15种、13种,分别占34.1%、29.5%。枝角类9种,占20.5%;桡足类7种,占15.9%。球形砂壳虫(*Difflugia globulosa*)、侠盗虫(*Strobilidium* sp.)、多核虫(*Dileptus* sp.)、刺胞虫(*Acanthocustis* sp.)、卜氏晶囊轮虫(*Asplanchna brightwelli*)、壶状臂尾轮虫(*Brachionus urceus*)、角突臂尾轮虫(*Brachionus angularis*)、四角平甲轮虫(*Platyias quadricornis*)、长三肢轮虫(*Filinia longiseta*)、针簇多肢轮虫(*Polyarthra trigla*)、英勇剑水蚤(*Cyclops strenuus*)、无节幼体(*Nauplii*)、微型裸腹溞(*Moina micrura*)、短尾秀体溞(*Diaphanosoma branchyurum*)是两个湖泊的共有优势种。

表 3-2　齐家泡、小龙虎泡浮游动物优势种类分布

优势种类		分布	
中文名称	拉丁名称	小龙虎泡	齐家泡
淡水筒壳虫	*Tintinnidium fluviatile*		+
小筒壳虫	*Tintinnidium pusillum*		+
恩氏筒壳虫	*Tintinnidium entzii*		+
滚动焰毛虫	*Askenasia volvox*	+	
球形砂壳虫	*Difflugia globulosa*	+	+
长圆砂壳虫	*Difflugia oblonga*	+	
砂壳虫	*Difflugia* sp.	+	
王氏拟铃壳虫	*Tintionnopsis wangi*	+	
中华拟铃虫	*Tintionnopsis sinensis*		+
侠盗虫	*Strobilidium* sp.	+	+
焰毛虫	*Askenasia* sp.	+	
异胞虫	*Heterophrys* sp.		+
多核虫	*Dileptus* sp.	+	+
刺胞虫	*Acanthocustis* sp.	+	+
钟虫	*Vorticella* sp.	+	
卜氏晶囊轮虫	*Asplanchna brightwelli*	+	+
前节晶囊轮虫	*Asplanchna priodonta*	+	
叉角拟聚花轮虫	*Conochilus dossnarius*		+
独角聚花轮虫	*Conochilus unicornis*		+
萼花臂尾轮虫	*Brachionus calyciflorus*	+	
壶状臂尾轮虫	*Brachionus urceus*	+	+
角突臂尾轮虫	*Brachionus angularis*	+	+
矩形龟甲轮虫	*Keratella quadrata*		+
卵形彩胃轮虫	*Chromogaster ovalis*		+
四角平甲轮虫	*Platyias quadricornis*	+	+
长三肢轮虫	*Filinia longiseta*	+	+
长足疣毛轮虫	*Synchaeta longipes*		+
针簇多肢轮虫	*Polyarthra trigla*	+	+
英勇剑水蚤	*Cyclops strenuus*	+	+
近邻剑水蚤	*Cyclops vicinus vicinus*	+	
近亲拟剑水蚤	*Paracyclops affinis*	+	
广布中剑水蚤	*Mesocyclops leuckarti*	+	

续表

优势种类		分布	
中文名称	拉丁名称	小龙虎泡	齐家泡
透明温剑水蚤	*Thermocyclops hyalinus*	+	
指状许水蚤	*Schmackeria inopinus*		+
无节幼体	*Nauplii*	+	+
长额象鼻溞	*Bosmina longirostris*		+
小栉溞	*Daphnia(Daphnia)cristata*	+	
蚤状溞	*Daphnia(Daphnia)pulex*	+	
短尾秀体溞	*Diaphanosoma branchyurum*	+	+
晶莹仙达溞	*Sida crystallina*	+	
颈沟基合溞	*Bosminopsis deitersi*	+	
宽尾网纹溞	*Ceriodaphnia laticaudata*	+	
老年低额溞	*Simocephalus vetulus*	+	
微型裸腹溞	*Moina micrura*	+	+

2. 数量及生物量

齐家泡与小龙虎泡浮游动物数量的变化如图 3－7 所示。小龙虎泡的浮游动物年均数量是 1 219.7 ind./L。其中，原生动物的数量最高，850 ind./L，占 69.7%；桡足类次之，为 156.12 ind./L，占 12.8%；轮虫为 133.5 ind./L，占 10.9%；枝角类 80.4 ind./L，占 6.6%。齐家泡的浮游动物年均数量是 865.1 ind./L。其中，轮虫的数量最高，为 380.2 ind./L，占 43.9%；原生动物次之，为 311.3 ind./L，占 36%；桡足类 113.4 ind./L，占 13.1%；枝角类 60.2 ind./L，占 7%。

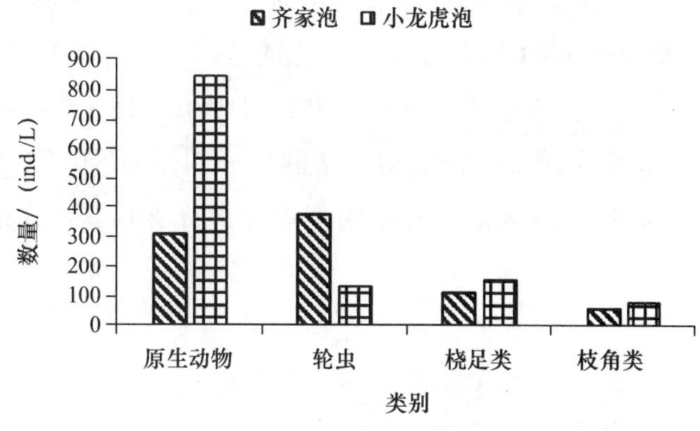

图 3－7　齐家泡、小龙虎泡浮游动物数量分布

齐家泡与小龙虎泡浮游动物生物量的变化如图 3 - 8 所示。齐家泡的浮游动物年均生物量是3.669 2 mg/L。其中,桡足类的生物量最高,为2.323 mg/L,占63.3%;枝角类次之,为0.74 mg/L,占20.2%;原生动物0.594 8 mg/L,占16.2%;轮虫0.011 4 mg/L,占0.3%。小龙虎泡浮游动物的年均生物量是4.436 6 mg/L。其中,枝角类的生物量为1.978 mg/L,占44.6%;桡足类次之,为1.905 6 mg/L,占42.9%;轮虫0.527 5 mg/L,占11.9%;原生动物0.025 5 mg/L,占0.6%。

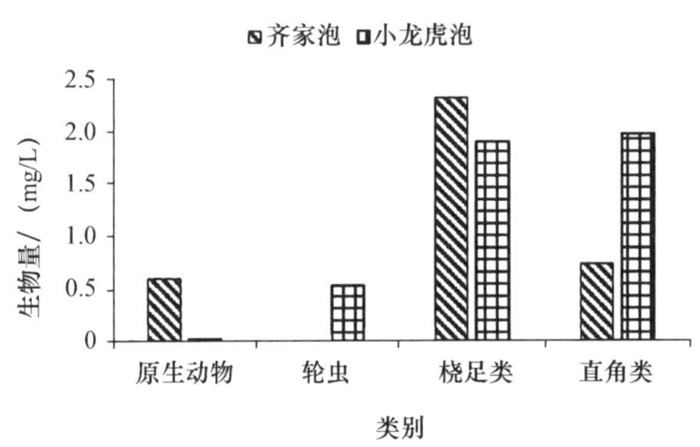

图 3 - 8　齐家泡、小龙虎泡浮游动物生物量分布

3. 多样性指数

浮游动物各样点 Shannon - Wiener 多样性指数(H'),小龙虎泡 X2 样点最高(1.57),齐家泡 Q4 样点最低(1.21)。另外,小龙虎泡其他样点 H'分别是 X1,1.3;X3,1.39;X4,1.53;X5,1.55。齐家泡其他样点分别为 Q1,1.31;Q2,1.53;Q3,1.47;Q5,1.46。小龙虎泡、齐家泡浮游动物多样性指数 H'的空间分布见图 3 - 9 中的(a)和(b)。

各样点 Pielou 均匀度指数(J)年均值,齐家泡的 Q2 样点最高(0.74),小龙虎泡 X1 样点最低(0.53)。小龙虎泡其他样点均匀度指数 J 的值分别是 X2,0.61;X3,0.58;X4,0.6;X5,0.61;齐家泡其他样点均匀度指数 J 的值分别是 Q1,0.55;Q3,0.69;Q4,0.63;Q5,0.71。小龙虎泡、齐家泡浮游动物多样性指数 J 的空间分布见图 3 - 9 的(c)和(d)。

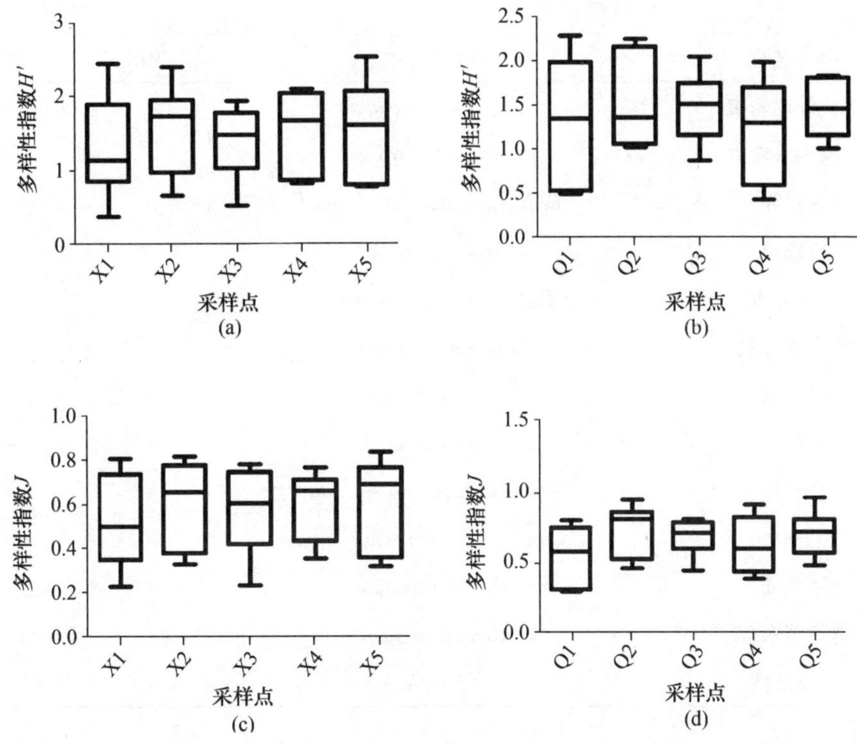

图 3-9 小龙虎泡、齐家泡浮游动物多样性指数分布

(a)小龙虎泡浮游动物多样性指数 H' 的空间分布;(b)齐家泡浮游动物多样性指数 H' 的空间分布;(c)小龙虎泡浮游动物多样性指数 J 的空间分布;(d) 齐家泡浮游动物多样性指数 J 的空间分布

三、大龙虎泡浮游动物群落结构

1. 种类组成及其优势种类

通过2018—2019 年的调查,对大龙虎泡 6 个采样点的浮游动物进行检测,共鉴定有浮游动物 4 类 21 种。各类浮游动物的种类数相似。其中,轮虫 4 种,占 19.0%;原生动物 6 种,占 28.6%;枝角类 5 种,占 23.8%;桡足类 6 种,占 28.6%。大龙虎泡的浮游动物的优势种见表 3-3,共 13 种。其中,以原生动物为主,共计 6 种,占 46.1%;其次是枝角类 3 种,占 23.1%;桡足类 2 种,占 15.4%;轮虫 2 种,占 15.4%。多核虫 *Dileptus* sp.、英勇剑水蚤 *Cyclops strenuus* 以及无节幼体 *Nauplii* 是两年的共有优势种。2018 年优势种中枝角类的比例较高,2019 年的优势种中原生动物的比例较高。

表 3-3　大龙虎泡浮游动物优势种类

优势种类		优势度	
中文名称	拉丁名称	2018	2019
纵长异尾轮虫	*Trichocerca elongata*		+
针簇多肢轮虫	*Polyarthra trigla*		+
盘状匣壳虫	*Centropyxis discoides Penard*	+	
侠盗虫	*StrobiLidium* sp.		+
小筒壳虫	*Tintinnidium pusillum Entz*		+
圆钵砂壳虫	*Difflugia urceolata*		+
异胞虫	*Heterophrys* sp.		+
多核虫	*Dileptus* sp.	+	+
小栉溞	*Daphnia(Daphnia)cristata*	+	
大型溞	*Daphnia （Ctenodaphnia） magna*	+	
透明溞	*Daphnia hyaline*	+	
英勇剑水蚤	*Cyclops strenuus*	+	+
无节幼体	*Nauplii*	+	+

2. 数量及生物量

2018—2019 年大龙虎泡浮游动物数量的年份变化如图 3-10 所示。大龙虎泡的浮游动物平均数量是 870. 5 ind. /L。其中,原生动物的数量最高,为 475 ind. /L,占 54. 6%;轮虫的数量次之,为 201 ind. /L,占 23. 1%;桡足类 150. 5 ind. /L,占 17. 3%;枝角类相对较少,仅为 44 ind. /L,占 5. 0%。

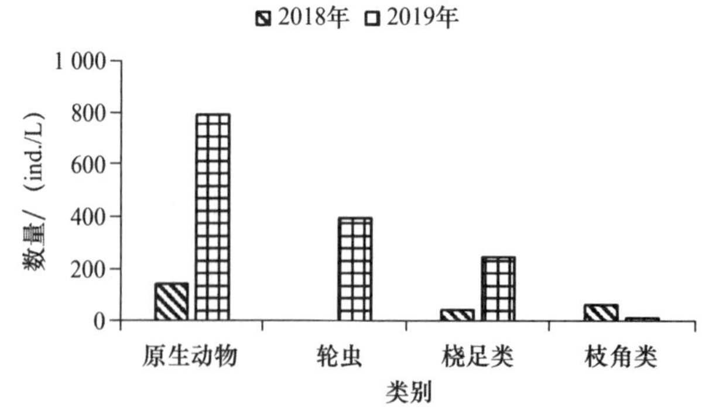

图 3-10　大龙虎泡浮游动物数量分布

2018—2019 年大龙虎泡浮游动物生物量的年份变化如图 3-11 所示。大龙虎泡的浮游动物年均生物量是 3.681 6 mg/L。其中,枝角类的生物量最高,为 2.170 0 mg/L,占58.9%;桡足类次之,为 1.397 0 mg/L,占 37.9%;轮虫生物量为 0.100 3 mg/L,占 2.7%;原生动物的生物量相对较少,为 0.014 3 mg/L,占 0.4%。

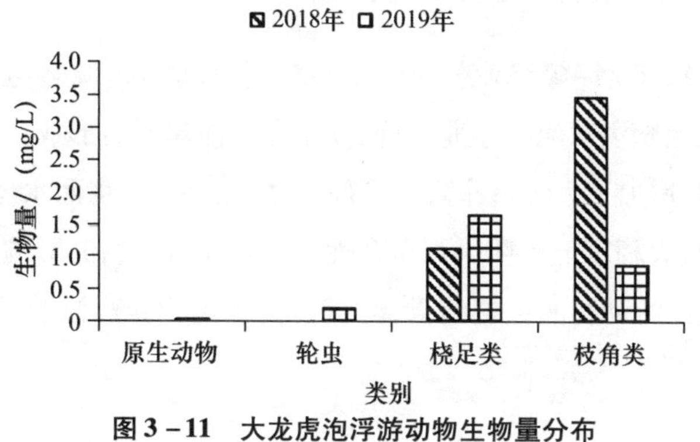

图 3-11　大龙虎泡浮游动物生物量分布

3. 生物多样性

2018 年浮游动物各样点 Shannon - Wiener 多样性指数(H')年均值,大龙虎泡 D2 样点最高(1.876),D1 样点最低(0.887)。另外,大龙虎泡的其他样点分别为 D3(1.537),D4(1.401),D5(1.227),D6(1.813)。2019 年浮游动物各样点 Shannon - Wiener 多样性指数(H')年均值,大龙虎泡的最高值为 1.603,最低值则为 1.164(图 3-12)。

2018 年浮游动物各样点 Pielou 均匀度指数(J)年均值,D3 样点最高(0.955),D1 样点最低(0.426)。大龙虎泡的其他样点均匀度指数 J 的值分别为 D2(0.902),D4(0.782),D5(0.559),D6(0.872)。2019 年浮游动物各样点 Pielou 均匀度指数(J)年均值,大龙虎泡的最高值为 0.73,最低值则为 0.649(图 3-12)。

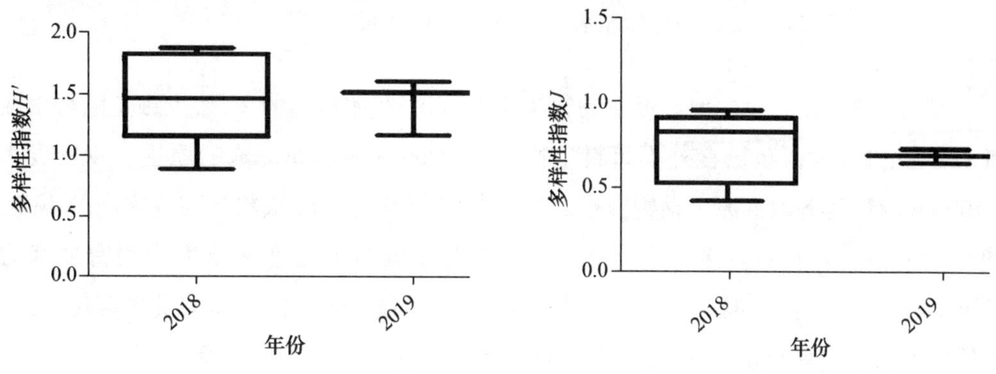

图 3-12　大龙虎泡浮游动物多样性指数

第三节 大银鱼种群与浮游动物群落的动态关系

一、大银鱼增养殖对浮游动物现存量的影响

小龙虎泡与齐家泡为一家渔业公司所经营,大小相似且水源互通,唯一的区别是大龙虎泡放养的大银鱼随洪水流入小龙虎泡,在小龙虎泡建群后形成产量,公司又增加投放了大银鱼受精卵,增加了大银鱼作为主养种类之一。因此,将两水体浮游动物群落动态进行比较,能在很大程度上说明大银鱼食性变化对浮游动物的影响,基于本章第二节齐家泡和小龙虎泡浮游动物的数据结果,分析了大银鱼放养对浮游动物群落的下行影响(图 3-13)。

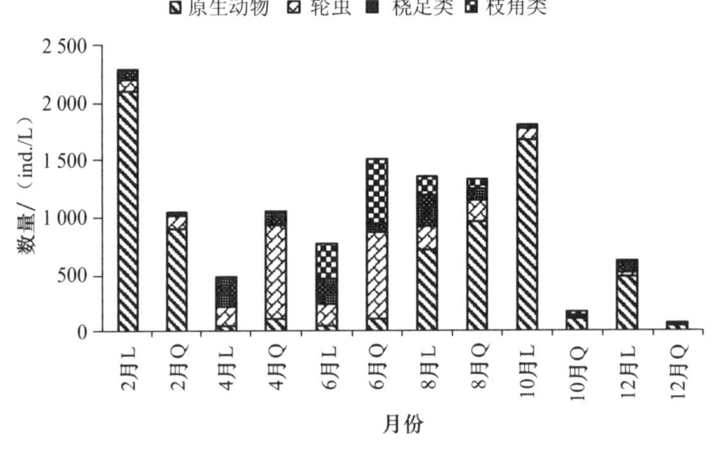

图 3-13 小龙虎泡和齐家泡浮游动物群落组成周年变动

注:"L"代表小龙虎泡,"Q"代表齐家泡。

大银鱼刚孵出仔鱼主要以原生动物和轮虫为食,在冰封期的 2 月,大银鱼刚孵出或者未孵出,此时大银鱼摄食外界饵料生物资源较少;此时小龙虎泡的原生动物密度为 2 100 ind./L,为齐家泡原生动物数量的 2 倍多;小龙虎泡的轮虫数量与齐家泡差不多,均为 100 ind./L 左右。至 4 月冰融后,放养大银鱼的小龙虎泡原生动物密度降为 60 ind./L,是未放养大银鱼的齐家泡的一半;因为冰融后轮虫休眠卵的发育孵化,使两水体轮虫密度均有升高,但小龙虎泡的轮虫密度却仅为齐家泡的 1/5。可见,4 月前大银鱼对水体原生动物和轮虫密度的捕食下行作用十分明显。

小龙虎泡大银鱼 6 月、8 月、10 月食物中,枝角类的出现频率最高,相对重要性指数

(*IRI*% =82.60%)也最高,桡足类次之(*IRI*% =16.58%)。自6月开始大银鱼食性逐渐变为以枝角类为主。6月两水体原生动物密度均与4月相同,小龙虎泡轮虫的密度升为齐家泡的1/4。之前月份的枝角类均较少,少至可忽略不计;6月小龙虎泡枝角类密度为305 ind./L,而齐家泡为564 ind./L,可见6月大银鱼对水体枝角类已经产生了明显的捕食下行效应。8月两水体的原生动物和轮虫密度均相差不多,而小龙虎泡的枝角类密度为158.4 ind./L,约为齐家泡的2倍,此时应与大银鱼可转为摄食其他鱼类鱼苗和虾苗而对枝角类的捕食压力下降有关。10月和12月随着饵料鱼虾苗长大而变得不适口,大银鱼又以大型浮游动物为主要食物。此时,原生动物和轮虫又恢复到原来的小龙虎泡密度远高于齐家泡的状态。而此时两水体枝角类的密度急剧下降,小龙虎泡的密度降为10 ind./L以下。之前所有月份两水体的桡足类密度基本呈现为小龙虎泡约为齐家泡3倍,而在10月出现明显下降并且出现了小龙虎泡低于齐家泡的情况,而小龙虎泡枝角类密度降为齐家泡的1/3,说明此时大银鱼的捕食对枝角类和桡足类均产生了明显的下行效应。

二、大银鱼早期资源量与浮游动物资源量的关系

浮游动物是大银鱼早期阶段的主要食物,因此该阶段小型浮游动物资源量对大银鱼早期资源补充具有重要意义,特别是在大银鱼由内源性营养向外源性营养转变时,开口饵料原生动物和轮虫等浮游动物量对大银鱼的存活率起着至关重要的作用。同时大银鱼早期资源量反过来又对浮游动物产生捕食压力,影响浮游动物的资源量。

连环湖(阿木塔泡、牙门喜泡)2018年及以前是大银鱼持续高产稳产年,早期资源量充足。冰刚融后的4月是评估大银鱼早期资源量的最佳时间,2019年4月大银鱼早期资源量过高,约是2018年的3倍。2—4月期间的浮游动物是大银鱼早期阶段生长存活的饵料基础。笔者分别对2018年和2019年大银鱼早期阶段(2月、4月)浮游动物的数量进行了测定,取这2个月份的平均值进行比较分析。结果表明,2019年大银鱼早期阶段4大类浮游动物资源量均低于2018年(图3-14)。虽然2019年大银鱼早期资源量大幅度增加对浮游动物产生了一定的下行影响,但2019年浮游动物资源量并未比2018年大幅度减少。可见,相对稳定的浮游动物资源量对保证充足的大银鱼早期资源量具有重要意义。

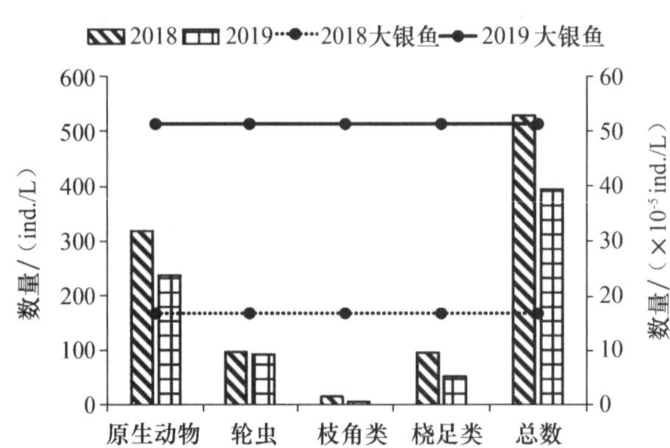

图 3-14　连环湖浮游动物数量与大银鱼早期资源量动态年际变化

2016—2018 年是大龙虎泡大银鱼连续低产期，早期资源数量过少，2019 年 4 月大银鱼早期资源量比 2018 年增加 9 倍。2019 年大银鱼早期生活阶段(2—4 月)，大龙虎泡 4 大类浮游动物平均资源量均低于 2018 年，与连环湖趋势一致(图 3-15)，但大龙虎泡浮游动物的资源量减少更为明显。2019 年大银鱼早期资源对浮游动物产生了明显的下行效应，特别是轮虫和桡足类幼体大量减少。

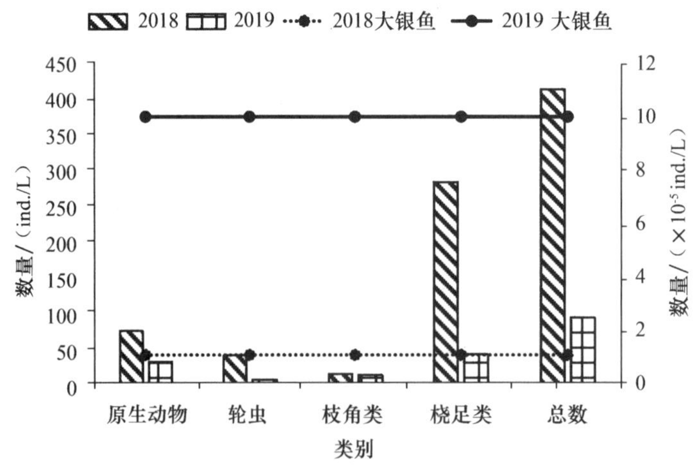

图 3-15　大龙虎泡浮游动物数量与大银鱼早期资源量

综上，不同年份连环湖浮游动物资源量均明显高于大龙虎泡。连环湖大银鱼早期资源量一直高于大龙虎泡，即使在大龙虎泡大银鱼高产的 2019 年其早期资源量也明显低于连环湖的一般年份。虽然从单个湖年际比较，浮游动物与大银鱼早期资源量变化趋势不一致；但从两湖横向比较，浮游动物与大银鱼早期资源量趋势一致，特别是与小型浮游动物原生动物和轮虫资源量变化一致。

在大银鱼早期资源量大幅增加的情况下，大龙虎泡浮游动物资源量比连环湖下降得更为明显。可见，更高而稳定的浮游动物资源量更有利于大银鱼种群资源补充和发展。

三、大银鱼早期生长与浮游动物资源量的关系

对2018年4月下旬（刚开湖不久）大龙虎泡、小龙虎泡、连环湖阿木塔泡3个独立水体的大银鱼体长进行了测量，结果表明小龙虎泡大银鱼平均体长为15.45 mm，阿木塔泡大银鱼平均体长为14.80 mm，大龙虎泡大银鱼平均体长为14.26 mm。因为三个湖泊大银鱼繁殖时间相似，所以4月前大龙虎泡群体的生长速度最慢，连环湖阿木塔泡群体速度居中，小龙虎泡群体生长速度最快（图3－16）。2—4月浮游动物的资源量决定了大银鱼在此期间的生长速度。此时，原生动物、轮虫资源量均表现出与大银鱼生长速度严格一致的关系；而三个湖泊中枝角类数量都很少，但桡足类在大龙虎泡中数量最多，表现出与生长速度不一致的特征（图3－17）。因此，偏小型的浮游动物资源量是影响该阶段大银鱼生长的主要因素。

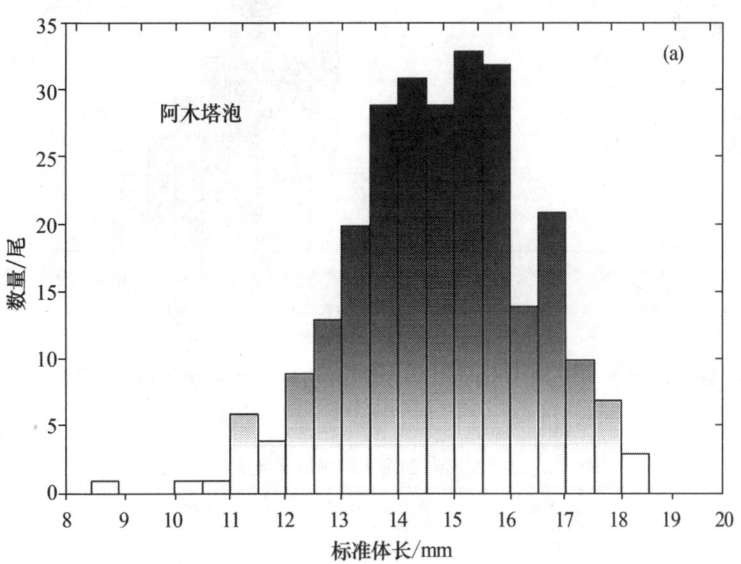

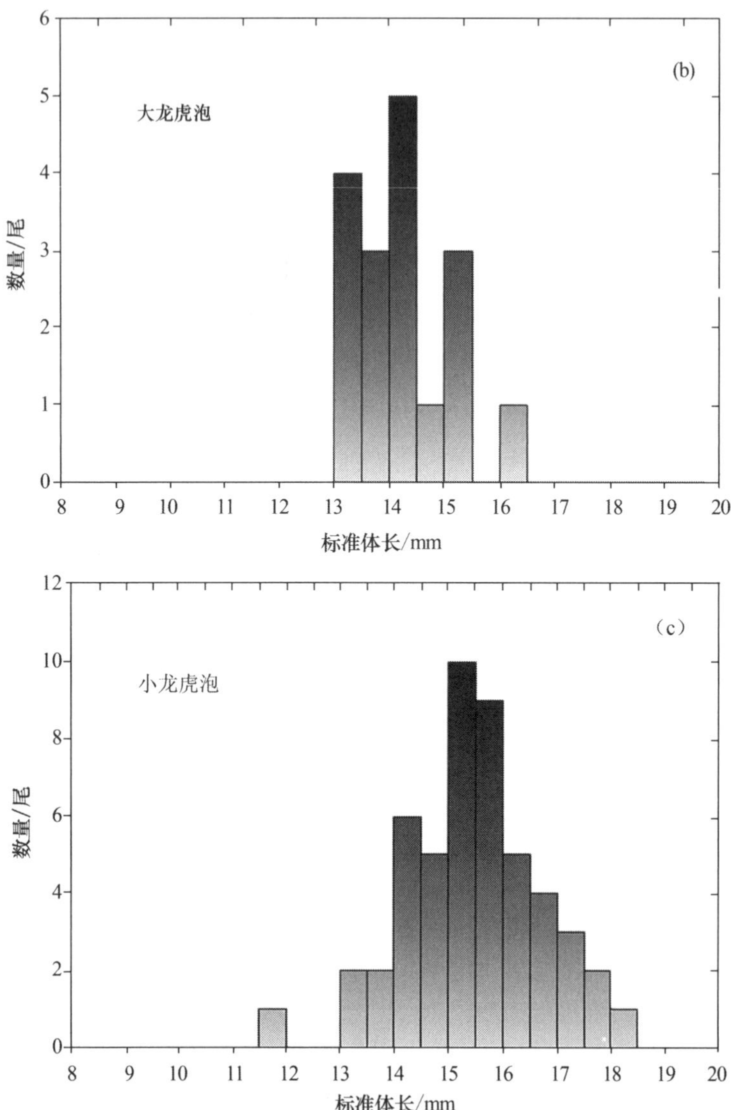

图 3-16　2018 年 4 月阿木塔泡(a)和大龙虎泡(b)、小龙虎泡(c)大银鱼体长差异

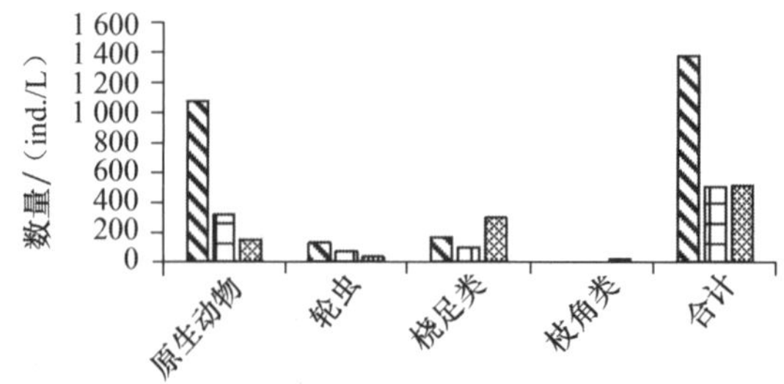

图 3-17　2018 年 2—4 月阿木塔泡和大、小龙虎泡浮游动物数量差异

四、小结

比较分析大银鱼放养湖泊与非放养湖泊、同一湖泊的高产年与低产年浮游动物群落结构动态变化，说明大银鱼的摄食明显导致了相应浮游动物资源量的减少，大银鱼对浮游生物群落的下行效应作用明显。

比较分析大银鱼高产稳产的连环湖水域，产量波动剧烈的大、小龙虎泡水域大银鱼早期资源量和生长及该阶段的浮游动物群落结构动态，发现在冰下阶段大银鱼的生长主要受原生动物、轮虫等小型浮游动物资源量影响，更高而稳定的浮游动物资源量更有利于大银鱼种群资源补充和发展。

第四章 Four
大银鱼可持续渔业技术

大银鱼在国内外享有“水参”的美誉，移植大银鱼投资少、收益大，可省去或减少补充其他鱼种的投放、节约资金，鱼产品又可出口创汇，丰富国内外水产品市场。大银鱼具有较强的环境适应能力，可移植的水域范围广泛，在大水面渔业发展中有着特殊的地位。发展大银鱼增殖产业可充分利用浮游生物、虾和小型杂鱼等天然饵料，有效转化低质的渔业资源，增加渔获产量，提升渔获物的质量。但大银鱼作为小型鱼类，种群大量暴发式增长也会挤占土著鱼类的生态位，进而产生一定的生态风险，因此需要对大银鱼种群发展的掌控技术。本章对大银鱼人工繁殖技术、移植增殖技术、捕捞技术、可持续稳产技术和种群控制技术等方面进行了阐述。

第一节　人工繁殖技术

大银鱼人工繁殖是人工移植大银鱼的第一步，是大银鱼移植增殖产业发展的关键一环。而在众多移植水体大银鱼产业轰轰烈烈开展的同时，多数大银鱼土著分布的水库、湖泊资源却面临着资源量下降和衰退的问题，人工繁殖和早期资源的生产也为增殖补充土著大银鱼资源提供了必要手段。同时在人工移植水体中，当期资源量过度暴发后会出现急剧下跌，种群资源连续几年得不到恢复，甚至出现绝产的现象，也需要人工繁殖投放以补充大银鱼资源。因此大银鱼人工繁殖技术是大银鱼可持续渔业技术中的重要关键技术，人工繁殖技术包括亲鱼成熟度的鉴别、亲鱼的采捕、人工授精、受精卵的管护 4 个技术环节。

一、亲鱼成熟度的鉴别和采捕时间的确定

由于大银鱼的产卵盛期比较集中，一般在 12 月中下旬至翌年 1 月中上旬之间，10 ~ 15 d，但每年的集中产卵期会随大银鱼自身发育情况和天气、水温等自然条件不同而出现一定的差异，因此在人工繁殖前期必须及时检查大银鱼的成熟度，准确掌握本年

度大银鱼的性成熟时间。繁殖季节的大银鱼成群结队游至产卵场,相互追逐产卵繁殖,由于产卵场区域的亲鱼成熟度最好,因此优先选择产卵场区域的亲本进行人工繁殖。通常情况下,需要安排技术人员在繁殖期来临之际每天监测水温,下网采捕产卵场区域的大银鱼并观察其性腺的发育情况。

雌性亲鱼成熟的标志为个大体健、腹部明显膨大、臀鳍较小呈三角形,透过鱼体可以明显看到一粒粒成熟的鱼卵,手摸腹部非常柔软,轻压鱼腹便有卵粒溢出,溢出的卵粒分散不结块,表明已经性成熟。雄性亲鱼成熟标志为个体饱满、肌肉结实、腹部较小,透过鱼体能够看到单个类似香蕉状的输精管,成熟雄性亲鱼副性征明显,鳃盖骨和心脏部位呈橘黄色或粉红色,精巢较小,用手轻挤时可见少量乳白色精液流出。一般在大银鱼产卵繁殖盛期的前期,检查表明雌性亲鱼性成熟率达50%时,采捕亲鱼进行批量人工授精繁殖。

二、繁殖亲鱼的采捕

由于冬季天气寒冷导致采捕操作起来相当困难,冬季在水上或冰上作业,起网下网,起网之后还要保温,不能使大银鱼受冻,不然会直接影响受精卵的成活率。采捕亲鱼的网具一般选择网目为1.5～1.7 cm的单层底刺网,其中网高1.5 m、长50 m,在操作过程中需要把握下网的时间不能太长,一般选择在黄昏时将网具下到产卵场区域,次日清晨起网。研究表明,大银鱼雌雄亲鱼同时死亡时,在60 min内精子和卵子仍具有较高的成活率,受精率能够达到70%以上,但90 min后受精率明显下降,仅为10%左右,其受精率下降的主要原因为雄鱼精子活力严重降低,因此采捕的亲鱼从出水死亡至人工授精这一过程最好在1 h内完成,而雌雄亲鱼死亡90 min后一律不作为人工繁殖亲本(张洪祥等,2005)。因此,依据时间及时起网,起网时要根据人工采卵的速度先起部分网具,等这些网具的大银鱼采卵结束后,再去起另一部分网具,交替起网、采卵等各项操作。此外,起网时需要连网带鱼迅速放入盛不冻水的桶或箱内,然后用汽车或快艇快速运回采卵室内并及时从网上取鱼,应一只手捏住鱼体鳃后弓部,另一只手持网,使鱼头从网目中穿过,这种取鱼的方式可使鱼体不受损伤,精巢、卵巢保存完好,提高受精率。若让鱼体从网孔穿过,过紧的网目往往会将鱼的精卵挤到网上一部分,造成资源浪费。

三、人工授精方法

大银鱼亲鱼充足的情况下,选择体大肥美的个体作为繁殖亲本。实验表明,人工授精时采用干法授精(授精前不加水)的受精率最高,湿法授精会降低精子的浓度,随着加水量的增加受精率明显下降,但是半干法(加水5 ml)或加水20 ml的湿法虽然均较干法受精率略低，采成熟鱼卵进行授精也可获得80%以上的受精率。

在大银鱼规模化人工授精时，一般采用干法授精，首先将选择好的亲鱼用2～5 ℃的冷水清洗干净，然后用5%的生理盐水进行消毒，最后用干毛巾或卫生纸擦去鱼体表层的水分待用。雌、雄亲鱼比例一般为3∶1，雄鱼充足时亦可2∶1，主要目的是提高成熟卵子的受精率及子代的遗传多样性。用右手食指和拇指捏住雌鱼的头部使其倒立，左手拇指和食指自上而下轻压鱼的腹部，使鱼卵流入提前准备好的干净的小碟子或盘子内，随后立即取出雄鱼，挤压其精巢使乳白色的精液顺着臀鳍溢出，滴在小碟子或盘子内的成熟鱼卵上面，连同雄性亲鱼一起放入小碟子或盘子内，雄鱼头部朝外并用尾部轻轻搅拌鱼卵，使精液与鱼卵充分混合均匀。搅拌时间约30 s，然后加入0.7%的生理盐水或过滤后的等温湖水20 ml，继续用雄鱼的尾部搅拌，整个授精过程应迅速完成，避免阳光直射且不能在空气中放置过久。搅拌授精结束后静置2～4 min，用等温的地下井水反复冲洗3次，除去残留的精子、未成熟的卵子、卵巢组织等杂质，并用尖头镊子夹出较大的污物，保证受精卵孵化水质的清洁。随后抽取部分受精卵放置在光学显微镜下进行观察，若受精卵晶莹透亮、弹性较强、膨胀形成清晰的卵周隙且卵膜上有均匀的卵膜丝布散，说明受精成功，若受精卵细胞内部浑浊，未形成不均匀的卵周隙，则表明受精失败，应及时清除受精失败的死卵，最后将受精卵集中放置于孵化库中进行孵化。

四、受精卵的管护

王煜恒等(2019)通过设计试验，对水库密网、室内水泥池、室内网箱和室内塑料箱等4种受精卵孵化方式的孵化效果进行比对，结果显示室内开展的3种孵化方式孵化率和出苗率都要高于室外孵化方式，其中室内水泥池的孵化率和出苗率最高，其次为室内网箱孵化，而室内塑料箱孵化方式要低于前2种方式。因此在大银鱼规模化人工授精孵化时，通常以通风良好、朝阳、有窗帘且无阳光直射的大房间作为受精卵的孵化库，孵化池是用砖砌成的长方形池子且池子上方铺有双层塑料薄膜，放置受精卵之前所有工具包括孵化池、虹吸管、筛绢、捞海等均用60 mg/L的亚甲基蓝溶液浸泡消毒，以防霉菌的滋生。孵化池加水至10～15 cm，将受精卵平铺于孵化池，尽量不要重叠，以免缺氧。申玉春等(1998)指出可以在每个大银鱼孵化池中投放活的大银鱼亲鱼10～15尾，帮助搅动池水，以提高水中的溶解氧含量。

大银鱼的胚胎发育适温范围为0.5～16.0 ℃，温度上限为18 ℃，最适孵化温度为2～8 ℃。因此人工孵化水温应控制在2～5 ℃，孵化温度变化不宜超过3 ℃，在波动幅度达6.5 ℃情况下孵化率降为7.9%。在适温范围内，孵化时间与孵化温度呈负相关；受精卵孵化积温因孵化温度不同而略有差异，在水温4～5 ℃条件下孵化积温为4 424～

5 530 ℃,在水温 3.0 ~ 4.5 ℃条件下孵化积温为 4 320 ~ 4 500 ℃。在适温范围内,温度升高可提高孵化率,而温度过高会降低孵化率;水温增加至 15 ℃时,孵化率提高至 68%,当水温升至 25 ℃时孵化率大为降低。刚孵出仔鱼体长不大于 5 mm,水温 7 ~ 10 ℃下经 10 ~ 14 d 卵黄囊消失方能平游,具有较长的混合营养阶段。大银鱼孵化需要弱光或黑暗(此时孵化率可达 70%),长光照孵化率仅为 1%,且均为畸形。研究表明大银鱼仔鱼在盐度 4.3‰条件下可正常存活,其受精卵孵化盐度不应超过 9‰,否则随着盐度升高受精卵孵化率降低、畸形率增高、仔鱼存活率降低;在 5 ~ 8 ℃下,当盐度达到 17‰ ~ 25‰时,18 h 内受精卵和仔鱼全部死亡。水中的溶氧应控制在不低于 5 mg/L,否则影响胚胎的正常发育。

采用虹吸法对孵化池进行换水,通过特制的带滤网的管吸去孵化池中的孵化用水,然后注入经过滤、曝气的等温地下井水,每天换水 1 ~ 2 次,每次换水量为原水量的 1/3 ~ 1/2,并及时清除孵化池中的杂质、发白或发霉的卵粒。受精卵的排列密度一般不超过 50 万粒/m^2,密度过大容易诱发水霉病,由于受精卵在胚胎发育过程中卵膜表面的卵膜丝极易与其他受精卵相互粘连成一块,若其中黏附一个发生水霉病的未受精卵,就会导致整块鱼卵都发病,当发现水霉病时可用 60 mg/L 的亚甲基蓝处理 5 ~ 10 min,并冲洗 2 ~ 3 次。

在大规模生产大银鱼人工受精卵时,在受精后胚胎发育初期往往较难区分假受精的卵,导致用显微镜检测受精率时得到的结果不太准确,但当受精卵发育到高囊胚期或原肠期时能够较为准确地检测其受精率,此时孵化池内的大银鱼受精卵经过 10 d 左右的胚胎发育,可随意抽出 5 个孵化池受精卵作为样本,用量杯过数,统计出每个孵化池的受精率,最终取平均值作为大银鱼受精率。

大银鱼受精卵早期发育阶段可塑性较大,对环境适应性很强,能够避免传染病的传播,并且移植方法简单,费用低,因此大多数水库、湖泊将受精卵作为移植材料。由于大银鱼的受精卵在原肠中期之前对外界环境条件敏感,一般需要在原产地保存孵化一定时间,应避免阳光直射且注意通风换气。大银鱼胚胎发育的任何时期均可以进行运输和移植,但大银鱼的受精卵在进入原肠后期或视泡形成期进行运输或移植更为理想。在水温 2 ~ 4 ℃条件下,大银鱼受精卵维持 10 ~ 15 d 的室内培养是非常有必要的,在胚胎发育期间可通过换水漂洗的方法不断去除未受精、假受精及发育中死亡的卵。通过这种措施能够减少移植投放到网箱中的受精卵的死卵数量,降低水霉病的发生率和发生程度,保障健康受精卵的存活和发育,提升移植效果。此外,在水温 1 ~ 6 ℃的条件下,大银鱼的受精卵最长可保存 30 d,若此时还没有出售,要及时移植投放到水库或湖泊的产卵场中。

第二节　人工移植技术

一般来说,鱼类的移植是将鱼类向与原生生存的生态环境相似的其他水域迁移个体,但大银鱼既是广盐性的鱼类又是广谱食性鱼类,环境适应能力强。原产于南方淡水太湖的种群移植到东北、西北、华北地区包括盐碱水域均获得了成功。大银鱼作为一年生小型经济鱼类,其生长迅速、繁殖力强、食物链短,具有较高的相对生产系数,能够使低质鱼类参与饵料物质循环,因而大银鱼是十分适宜进行移植增殖的鱼类。而大银鱼生命周期短,世代更迭速度快,种群补充完全来自新生个体,所以种群易受环境变化和捕捞的影响,种群发展易于控制,防止生态入侵。

大银鱼移植发展过程概括起来大体经历了两个发展阶段。第一发展阶段对各种银鱼的生物学特性做了全面分析,选择冬季繁殖种大银鱼作为向北方移植的对象,并对大银鱼的受精卵做了低温保存试验研究,在内蒙古岱海于1985年做了移植试验,于1989年取得初步成功,同时在北京和内蒙古莫力庙扩大试验,分别于1992年、1993年获生产性成效,取得了大银鱼移植的第一手资料,为大银鱼移植的进一步推广提供了理论与实践的依据。第二发展阶段自20世纪90年代中期起,以经济效益为杠杆,掀起了一场自发性的大银鱼移植驯化潮流,在大江南北、从东到西,东起黄海沿岸的山东,西至青海、新疆,北至内蒙古、黑龙江、吉林、辽宁等地迅速发展形成如今的规模。北方地区冬季严寒,移植大银鱼时气温很低且绝大多数地区都是冰天雪地、气候恶劣,但这种气候类型也具有某些优势,如大银鱼移入水库或湖泊时为冰封期,能够危及大银鱼受精卵的若干鱼类已停止摄食或摄食量减少,对大银鱼受精卵及幼苗的危害程度大大降低,同时冰下没有风浪且泥沙对鱼卵压迫较小。由于移植大银鱼投资少、见效快,故大银鱼成为广大地区大水面移植增殖、创收的优良鱼类。

一、移植水域的环境条件

1. 水域的自然类型

大银鱼属于敞水性鱼类,喜栖居于具有一定沿岸带的水面比较宽敞的水体中。首先需要考虑水库或湖泊的面积大小(大型、中型或小型)、营养类型、水位深浅(平原型、山谷型或丘陵型)。一般来讲,移植水域面积在6.67 km^2 以上的大中面积水域较适合,若以人工投放为主,移植水域的面积适当小一些也可以。平原型或丘陵型水库、湖泊的水位较浅,水位相对稳定且水体不易出现温跃层,库区或湖区的水温、营养类型较山谷型水库或湖泊高，饵料生物比较丰富，更适合放养大银鱼。此外，山谷型水库或湖泊由于其水体交换量较大、溢洪频繁等，容易导致大银鱼随水流逃逸，人工投放时要考虑。大银鱼具有较为宽泛的水深适应范围，枝角类、桡足类等饵料相对较为丰富的浅水型水体更有利于大银鱼的生长和繁殖，故丘陵型或平原型水域要优于山谷型水域。仅从营养角度考虑的话，移植效果一般是富营养水域要优于中、贫营养水域。

2. 水域的渔业类型

首先是水域的管理类型。一般情况下，国内大部分水库、湖泊的渔业生产采用的是封闭型管理，但亦有一部分大型水库采用开放型的管理模式，水域周边渔民依靠捕捞水体中自然增殖的鱼类进行生产生活，水域方面只收取部分管理费、资源费等，这种类型的水库或湖泊中不进行人工放养增殖鱼类或放养增殖的鱼类比较少，从客观上来讲比较适宜移植大银鱼。但开放型的管理模式不利于大银鱼种群的养护和自然繁殖增殖，无节制的酷捕烂捞会导致种群迅速衰退，故对此类渔业管理模式的水域进行大银鱼移植时应慎重考虑。此外，还有人工放养型和天然粗放型相结合的经营模式。显而易见，天然粗放型水域移植大银鱼的效果要好于人工放养型水域，如果存在进行满负荷投放鱼种的现象，则移植效果会更差。

3. 水域的鱼类区系组成

移植水域的鱼类区系种类组成对大银鱼移植能否成功、能否快速产生渔业经济效益有着至关重要的影响。一般来说，鱼类区系组成越简单、敌害种类越少的水域，对移植大银鱼越有利，如山东省的一些大型水库：米山水库、峡山水库、王屋水库和产芝水库的鱼类种类数仅 20 种左右，大银鱼移植后连续多年持续保持较高产量（刘家寿等，2001）。水域内不同鱼类的种群之间常处于动态变化之中，彼此相互影响和制约，既要考虑鱼类种类的多寡，尤其是敌害和竞争鱼类种类的多少，还要考虑各类鱼资源量的多少。通过生产实践和解剖学观察发现，捕食大银鱼强度较高的鱼类有鲇、鳜鱼、翘嘴红、蒙古红、红鳍原鲌、黄颡鱼、马口鱼等，花鳅、虾虎鱼等鱼类也会捕食大银鱼的卵、仔稚鱼。鳘、麦穗鱼等野生杂鱼会与大银鱼竞争食物，但它们也是大银鱼转食后的优良天然饵料，它们的密度要适中。当这些鱼类的数量过多时，可以通过人工捕捞加以控制。此外，有些人工放养、移植的鱼类也会与大银鱼进行生态位竞争，如鲢、鳙、西太公鱼等，虽然对大银鱼无蚕食行为或蚕食行为较弱，但它们种群数量较大，占据着水体中大部分的栖息空间，而鳙和西太公鱼以浮游动物为食，是大银鱼饵料的强大竞争者，它们对大银鱼产量的影响十分明显。资料显示（唐作鹏等，2004），辽宁省一些进行鲢、鳙放养的水库，如观音阁水库、柴河水库（有公鱼）、碧流河水库等，虽然都先后移植大银鱼成功，但其产量一直较低，固然有其他因素影响，但鲢、鳙放养对其产量的影响是巨大的。一般来讲，由于西太公鱼的食性和习性与大银鱼更为相似，在同一放养水域大银鱼与西太公鱼种群呈现此消彼长的势态，由于西太公鱼的经济价值远小于大银鱼，故建议中小湖库不同时引进。但对大型湖库来说可考虑同时引进，位于中朝两国共管的鸭绿江上的水丰水库，水域面积达 357 km^2，库中有大量的西太公鱼，自 1997 年以来该水库经过连续多年移植和本库采卵增殖大银鱼，在 2000 年，中国一侧大银鱼的产量高达120 t，可能是大水域环境容纳量和环境异质性高的缘故。

4. 水域的渔业环境条件

大银鱼可终生生活在淡水或半咸水环境中，对水体理化环境要求不苛刻，符合渔业水质标准的水体均可移植。一般水温年际变化在 2 ~ 30 ℃之间；水体中矿化度可在 1 000 mg/L左右；适宜透明度介于 20 ~ 100 cm 之间；硝酸盐含量一般在 0. 075 ~ 2. 000 mg/L；磷酸盐含量应该在 0. 03 ~ 0. 12 mg/L；硅酸盐含量一般在 1. 2 ~ 7. 0 mg/L；pH 值一般为 6. 5 ~ 8. 5。但大银鱼是十分耐碱的鱼类，可在 pH 值高达 9. 33 的水体移植成功；在自然水域大银鱼分布的盐度范围为 0. 01‰ ~ 30. 00‰，但在盐度大于 20‰的海域则分布较少，大银鱼自然繁殖水域盐度小于 12‰，因此移植大银鱼的水域要求盐度低于 12‰；溶解氧含量应不低于 5 mg/L。大银鱼适宜在盐碱水域投放，可以将大银鱼移植到盐碱湖泊中增殖，促进盐碱地区渔业发展。

移植水域的底质以砂质或硬泥底、浮泥少的最为适宜，水草密度大、污泥过厚对大银鱼受精卵孵化不利，易造成受精卵窒息死亡。这类水体可采用筛绢网箱或其他方式移植、孵化，同时应加强孵化管理。

大银鱼为一年生小型经济鱼类，需要在一周年内完成其生长、发育和繁殖的整个生命周期，需要捕食大量的浮游动物，水体中浮游动物生物量不低于 1. 2 mg/L，群落组成以枝角类和桡足类占优势为好；而早期生活阶段（冰下）主要摄食原生动物和轮虫等小型浮游动物，此时要保证足够的小型浮游动物。当大银鱼体长增加到一定程度后，开始捕食一些小鱼、虾（其肠道内小鱼、虾的出现频率明显增加），所以移植大银鱼的水域除具有一定量的浮游动物外，还应具有较为丰富的小型鱼类饵料资源，以供大银鱼捕食和加速生长。

二、移植方法

目前采用的大银鱼移植方法主要有 3 种：亲鱼移植法、仔幼鱼移植法和受精卵移植法。大银鱼通体无鳞,鱼体娇嫩且出水后极易死亡,即使采用不伤鱼的围网捕捞,大银鱼存活的时间也较短,而仔、幼鱼的生命抵抗力和对外界化学性及机械性影响的忍耐力(耐运输性)较差;所以,亲鱼和仔、幼鱼都不宜大批量、长距离运输,移植的难度大且效率低,故此一般很少将仔、幼鱼作为移植材料。大银鱼受精卵对环境变化的适应能力较强,胚胎发育期间可塑性大,具有很强的生命力,并且移植受精卵的方法简单,费用低、运输成活率高,又可避免传染病的传播;因此,采用受精卵作为移植材料是最经济有效的工艺路线,移植也容易取得成功,所以一般都以受精卵作为移植材料。下面仅对受精卵移植法进行介绍。

1. 受精卵质量的鉴别

高质量和足够数量的大银鱼受精卵,是保证移植成功的物质基础。鱼卵受精率的高低直接关系到移植的成本与效果。一般来讲,质量好的受精卵肉眼观察下呈圆形、色泽晶莹饱满、卵沉性且略有黏性,在显微镜下观察发现受精卵的卵膜均匀、卵膜上有均匀的卵膜丝布散、卵周隙清晰,能够看到胚胎发育的不同时相;而未成熟的卵子不能吸水膨胀、无卵周隙、卵外部不圆呈不规则形态,不能发育,很快变为混浊发白的死卵。此外,最容易被认错的是未受精的成熟鱼卵,这些成熟鱼卵虽然未受精成功,但遇水后也吸水膨胀并能够形成卵周隙,胚盘举起并出现卵裂,但在 2 分裂或 4 分裂时会出现分裂球不均匀的状况,与正常胚胎发育存在一定的差异,这种未受精的成熟鱼卵发育到多细胞时期会相继死亡,这种成熟而未受精的卵分裂称为假分裂。由于大银鱼的受精卵发育到原肠中、后期,才能正常发育到仔鱼破膜,故受精率的测定应以胚胎发育至原肠中、后期为准。

2. 受精率和卵数计算

大银鱼受精率的计算方法是:从卵库中随机取出一定数量的受精卵,置于显微镜下进行观察,分别统计胚胎发育正常的受精卵和已死亡的鱼卵的数量,然后按下列公式计算:

受精率(%) = 受精卵的卵粒数(粒)/ 总计数的卵粒数(粒) × 100%

受精卵的计数方法采用浓缩体积抽样法,即用 10 ml 量筒随机抽取受精卵 10 ml,然后对这 10 ml 的卵进行计数,计算出每毫升含有多少个卵粒,经过多次随机取样计算后得出每毫升平均卵粒的个数,其计算公式为:

总卵数(粒) = (粒 / 毫升) × 总毫升数

3. 受精卵的运输

大银鱼受精卵的运输,一般是在胚胎发育至原肠晚期以后进行,这样不仅能够避开胚胎发育的敏感期,还有利于受精卵中胚胎的进一步发育。受精卵可采用充氧或不充氧进行陆运或空运。一般运输方法包含以下 3 种:

①塑料袋充氧运输法:包装方法与运输鱼苗的方式相同,即采用 35 cm×60 cm 的聚乙烯强力塑料袋,每袋加入经过 120 目筛绢过滤且与卵库水温相同的清新库水(充分曝气的等温自来水亦可)5 L,装入 1 L(150 万粒左右)左右的受精卵,充足氧气并排出多余的空气,然后装入保温箱,置于车内进行运输。运输过程中保持水温在 2 ~5 ℃,这种条件下,大银鱼受精卵的成活率基本不受影响。该方法适用于中等距离且大批量受精卵的陆路运输。

②湿润保温运输法:采用 10 cm×15 cm 聚乙烯塑料袋,带水加入 7 ml(1 万粒左右)发育到原肠后期的受精卵,使受精卵均匀分散在整个塑料袋内,滤去多余的水分,使塑料袋内的受精卵保持在湿润状态,然后将塑料袋轻卷成筒状,立于保温箱内,保持箱内温度在 1 ~4 ℃。此法适于长距离且大批量空运受精卵。与此同时需要注意,在空运大银鱼受精卵时应禁止紫外线照射检查,以免引起受精卵的应激反应进而导致胚胎的畸形发育。

③保温瓶低温运输法:该方法是一种简便、有效的运输方法,在低温状态下,一个八磅的保温瓶可装下 50 万粒大银鱼的受精卵,且在运输的过程中能够保持保温瓶的非静止状态即可。此法适于地处偏僻、需乘混合交通的移植水域的少量受精卵的运输。

4. 受精卵的投放

(1)投放水域的选择

投放受精卵时,选择水域是关系到受精卵孵化和仔鱼存活率高低的重要环节。研究指出,水域底泥的厚度与大银鱼受精卵孵化率具有密切的关系,其变化趋势是随着底泥厚度的增加受精卵的孵化率逐渐下降。因此,散投和围网投放时必须选择坚硬泥质底或沙质底水域进行投放。对于网箱或吊笼投放,不必考虑水域底质。为保障大银鱼鱼苗孵出后既有适口且充足的天然饵料,又有安静舒适的栖息环境且不会受水位涨落的影响,受精卵的投放点最好选择在背风向阳、水质稳定、水深在 1.5 ~2.0 m、枝角类和桡足类等浮游动物丰富的水域。对于冬季冰封的湖泊水库还要考虑冬季结冰的厚度和其他原因导致水位下降,要保证受精卵孵化所需的水深。

(2)投放方法

投放方法包括散投(非保护分散投放)、围网投放和网箱投放(或吊笼)3 种。散投的优点是可以最大限度地降低投放密度,避免受精卵重叠堆积,有利于保障孵化所需的氧气和减少水霉传染;缺点是无法采取敌害防御措施,也无法避免水生生物活动和风浪对受精卵的掩埋,影响孵化率。围网投放是将受精卵投放到沉网围成的一个水域,优点是能够防止水生生物对受精卵的摄食和掩埋,但是无法杜绝风浪对受精卵的掩埋;缺点是密度较大,不利于受精卵的分散。网箱或吊笼均是不接触底质悬于水中的投放方式,其优点是能够完全杜绝水生生物的敌害和风浪掩埋对受精卵发育的影响,而且能够保证充足的溶解氧,有利于孵化率的提高,相关实验表明该种方式的成功率最高且效果基本稳定;缺点是投放密度大和成本相对较高。对于不冰封的水体,3 种投卵方式均可采用,可直接将受精卵投放到水库、湖泊中适宜孵化的地方。对于冰封水体,需要开冰眼进行投放,给 3 种投卵方式均带来了难度,特别是散投,还需要制作特殊的冰下散投器。下面对 3 种方法进行详细介绍。

散投是将受精卵直接裸露投放到水底的投放方法。散投虽然成本低、操作简单,但散投对水域自然条件的要求最高,不仅要求底质要好、风浪小,而且还需要保证搅动底质和摄食鱼卵的敌害生物现存量少等。对于非冰封水体,操作十分容易;对于冰封水体,需要破冰则增加了投放难度,破冰面积小会导致投放受精卵的堆集。内蒙古自治区科尔沁右翼中旗翰嘎利水库的技术人员通过多年投放受精卵的实践经验,发明了一种冰下投放受精卵的装置,它由一个盛卵容器和一段塑料弯管连接而成,投放受精卵时,只需打一个小冰眼将塑料弯管伸入冰下即可,在受精卵下沉的过程中,不断旋转这个投卵装置,依靠弯曲的塑料管的转动来扩大投卵的面积,明显减轻了大面积破冰的工作量。但由于此装置弯管的长度是投放圆形区域的半径,因此投放的范围也有限。笔者发明了“冰下大银鱼受精卵人工播种机”,彻底解决了冰下散投的面积局限等各种问题。散投通常选择水深 1.5 ~2.0 m 的区域投放受精卵,可有效防止水位大幅下降时受精卵裸露出水面及水位大幅上升时受精卵因水体中氨氮含量升高、缺氧等因素而死亡。

围网投放是为防止水生生物对投放的受精卵的敌害,用围网在水体中圈定一定范围进行投放的方法。每个冰眼或冰槽的面积根据需要酌情设定,因投放前需对网内的生物进行清理,所以围网范围也不宜太大;在冬季冰封的北方水体,开冰槽的面积决定了围网圈定的面积;网衣一般为长 4 ~5 m,宽 1.0 ~1.5 m,高由水深决定,一般为 2.0 ~2.5 m。边网一般为 20 目,可保证大银鱼仔鱼能游出而其他小型鱼类不能进入。底纲包括线纲和沉子,线纲采用聚乙烯绳;沉子可采用网衣包裹小型石块或铅质沉子,沉子重力应为网衣和线纲浮力的 1.2 ~1.5 倍。在冬季冰封水域,上网口直接冻于开口冰缘即可;在非冰封水域,需要在围网四角分别设立柱将围网撑起。投放受精卵密度不超过 30 万粒/m^2,围网的位置通常选择水深 1.5 ~2.0 m 的区域投放受精卵,各围网之间的距离为 50 ~100 m。投放前先将围网内的生物清理干净。投放时先将盛放受精卵的塑料袋慢慢浸入水中,等袋内水温与投放水体水温基本一致后再打开塑料袋,使受精卵均匀地散布在水中。

网箱投卵是利用网箱吊在水层中进行受精卵的孵化，这也是一种很好的受精卵投放方式。网箱多为长方体，长、宽均1 m，高度为25～30 cm，其中底层网目为40～60目，以防止受精卵通过网孔漏下去，边网一般为20目，仔鱼孵出后可游出去，顶口敞露，便于放卵，一般每箱投放受精卵的数量为50万粒左右。投放水域每2个网箱的间距控制在3～5 m之间，10～30个网箱可以连为一列，两端及每间隔10个网箱抛锚固定。敞水域投放受精卵时需要将网箱顶部用绳子、浮子和坠石固定后投放入水中，而冰封水域投放时需要将受精卵均匀投入水下网箱后，顶口冻在冰层中即可，也可利用全封闭网箱悬于冰面下1.5～2.0 m处的水中孵化。利用网箱进行大银鱼受精卵的孵化，可随时到达投放水域，提起网箱并用吸管吸出一定数量的受精卵，检查受精卵的胚胎发育情况和成活率，便于掌握受精卵的孵化进展情况。此外，大银鱼受精卵在冰下发育速度较慢，时间较长，在孵化过程中还应注意防止藻类堵塞网眼，影响网箱内水体的交换量，造成缺氧等状况。对于敞水域的网箱，可以每隔7～10 d将网箱提至水面1次，用刷子刷掉网箱周边的附着物，而且网箱内投放受精卵的密度一定要适量，不宜过大。受精卵投放之后应安排专业人员负责管理，严禁在投放受精卵的区域内捕鱼以确保受精卵的发育不受人为干扰。虽然网箱投放方法在冰封期存在投放时需要破冰、低温不易操作、工作量大等问题，但其优点在于可有效防止各种水生生物采食或掩埋受精卵且对移植水体的底质类型和水深要求不高，故该方法可在不同条件的各类水域中广泛应用。

(3)投放密度

从理论上讲，大银鱼受精卵移植投放的数量越大、密度越高，则能够较快出现收益成效。通常情况下，大银鱼移植一次性成功的可能性较大且效果很好，但若一次性移植的数量过大，则会产生较高的费用，移植单位需要具有较强的经济实力及承担风险的能力。因此，移植密度的大小应根据移入水域的生态环境和资金状况，因地制宜，灵活掌握。对一般新移植水域来说，大银鱼受精卵的投放密度应控制在每亩水面5 000～10 000粒为宜，如果移植单位经济条件允许，也可以根据水域的具体情况在此基础上酌情增加投放量，这样移植效果会更好。对已经建群形成产量的水域，受精卵的投放量要根据自然繁殖群体保留量来决定，通过测算来确定合适的人工投放量。

5. 移植效果检查

大银鱼移植投放后，根据不同水域的孵化时间判断出苗时间，要及时跟踪调查种群资源状况。在冬季冰封水体，由于冰下调查难度太大，要在开湖后及时进行早期资源量评估，然后逐月调查大银鱼生长情况。

早期资源监测需要采用特制的鱼类早期资源调查网（圆锥形小拖网：网口直径0.8～1.0 m，网长4 m，网眼1.0 mm×1.5 mm），在快艇的牵引下对大银鱼进行采捕，一个样采集时间一般为15 min，在一定船速下滤过的水量一定，记录大银鱼条数。对不同水域进行同样的调查监测，比较大银鱼早期资源在放养水体中的分布情况。随着大银鱼个体的生长，圆锥形小拖网的网眼要随之增大，在生长至4 cm左右时，早期资源网已不适宜用来调查监测大银鱼。之后宜采用合适网目的刺网或大拖网进行大银鱼的采捕和调查。

一般7月大银鱼即可达到商品捕捞规格，8月可根据大银鱼个体大小及拖网捕获量评估移植效果，对大银鱼的基础生物学进行研究，如生长状况、分布特征、食性状况等。对10—12月采捕的大银鱼进行性腺的发育情况检查和繁殖生物学相关指标测定。如果性腺按期发育成熟，说明大银鱼在移入水体能正常生长发育，可按计划继续进行增加投放；如果连续两年投放却采捕不到大银鱼，就要进行综合分析，找出大银鱼孵化和早期阶段生长发育的限制因子。潜伏期的长短与投放数量、投放次数和水体的生态环境条件密切相关，正常情况下，大银鱼种群的潜伏期为1～3年，即收到渔业效果时间一般为3年。

6. 移植种群的培育

一个水域大银鱼移植的成功与否，与移植后的水域管理方式息息相关。对大银鱼已经建群的水体，更要加强管理以尽快培养种群增长、形成产量，需要进行以下五方面工作：

①需要调整移植水体中养殖鱼类的种类结构。如尽量减少饵料竞争性鱼类鲢、鳙的投放和鳌、凤鲚土著鱼类的数量。浮游动物是大银鱼终生的重要饵料资源（唐富江等，2013），而浮游植物又是浮游动物的饵料来源；后期大银鱼可以转为以小鱼、小虾为饵料生物，但小鱼小虾也主要以浮游生物为食。鲢主要以浮游植物为食，而鳙以浮游植物和浮游动物为食，鳌和凤鲚以浮游动物为主要食物。因此，大银鱼与鲢、鳙、鳌、凤鲚等鱼类存在饵料和空间竞争，若水体中鲢、鳙、鳌、凤鲚等鱼的密度过大，导致水体中饵料生物的匮乏，就会严重影响大银鱼早期资源补充和种群数量的增长。

②采取有效措施控制凶猛肉食性鱼类。及时捕出水体中的鲇、黄颡鱼、翘嘴鲌、红鳍原鲌、达氏鲌、蒙古鲌、鳡、乌鳢、河鲈等凶猛肉食性鱼类，以减少大银鱼被大量捕食。

③保持库区或湖区水位的相对稳定。由于水库或湖区的拦截洪水功能，一般情况下入库河流水量较小，但当洪水来临时，下泄水流速较大；而大银鱼为小型鱼类，逆水游动的能力较差，导致大银鱼顺流而下，大量逃逸，会严重影响大银鱼产量。为了防止大

银鱼顺流逃逸，应在水库出水口前设置网目为0.7 cm的密眼网拦鱼网一道，可起到良好的防逃作用。大银鱼的产卵场主要在亚沿岸带，且孵化期长；冬季孵化期水位下降对大银鱼的孵化极为不利，会出现产卵场结冰冻死受精卵的情况；或者因水位下降导致水温降低影响孵化速率和孵出鱼苗的生存空间。

④严禁在冬季进行大拉网捕鱼作业。尤其对北方水域来讲，由于其冬季是非常重要的捕鱼时期，而大银鱼的繁殖活动也是在冬季低温水环境中进行，应当在冬季对大型水面划定禁渔区，保护大银鱼的产卵场，以满足大银鱼繁殖发育的需求。

⑤保护水体不受外界环境的污染，保持良好的水质条件，给大银鱼的生长发育创造一个良好且舒适的栖息环境。在碱性贫营养型的水域内适当施加有机肥，既能调节水体理化指标状况，又能增加水体的饵料资源。

第三节　大银鱼捕捞技术

一、大银鱼现有主要生产网具的分类

由于南方捕捞大银鱼的历史较长、经验丰富且网具种类较多，如刺网、地曳网、拖网等，而北方水域大银鱼移植成功后，捕捞技术不足，通常会雇用南方水体具有经验的渔民捕捞队携网带船进行捕捞，经过长期摸索，发现双船单拖网捕捞大银鱼的技术在北方水体比较实用。目前，按照淡水渔具分类系统对大银鱼采捕网具进行分类，大银鱼生产网具的差异主要集中在网渔具部，其中用于大银鱼生产效果较好的网具主要为拖网、飞机网、拉网及高踏网等，而其他网具在大银鱼捕捞中亦有较多应用，具体见表4-1（施炜纲，1999）。

表4-1　大银鱼捕捞网具分类

<table>
<tr><th>部</th><th>式</th><th>类型</th><th>形式</th><th>种</th></tr>
<tr><td rowspan="6">网渔具部</td><td rowspan="2">拖网类</td><td>有翼拖网</td><td>双船拖网</td><td rowspan="2">拖网、飞机网、小兜网等</td></tr>
<tr><td>无翼拖网</td><td>单船拖网</td></tr>
<tr><td rowspan="2">围网类</td><td rowspan="2">无囊围网</td><td>双船围网</td><td rowspan="2">银鱼围网、高踏网等</td></tr>
<tr><td>单船围网</td></tr>
<tr><td rowspan="2">地拉网类</td><td rowspan="2">有翼无囊网</td><td>岸拽式</td><td rowspan="2">大银鱼拉网</td></tr>
<tr><td>船拽式</td></tr>
</table>

续表

部	式	类型	形式	种
网渔具部	刺网类	单刺网	定置刺网	小丝网等
		框刺网		
	张网类	有翼张网	框张网	单桩张网
		无翼张网	锚张网	套张网

二、大银鱼渔具鱼法简介

目前,国内大银鱼捕捞生产中使用较多的网具主要有以下 7 种(施炜纲,1999),具体介绍如下:

1. 飞机网

飞机网属于无翼单囊拖网,其网型一般较小,作业时单船即可,每艘船可装载 1 ~ 2 口飞机网。该网捕捞大银鱼的方式是通过增加渔船的航速,以太湖为例,一般动力为 18 ~ 26 kW,从而提高该网网口的过水量以获取较高的渔产量。其优点在于作业方式灵活、易操作且捕捞效率高等。飞机网作为湖泊、水库等(太湖、滇池等水域)捕捞大银鱼的实用渔具,亦是渔民通过生产实践及大量经验探索形成的一种大银鱼渔具渔法。

(1)网具结构(见图 4 – 1)

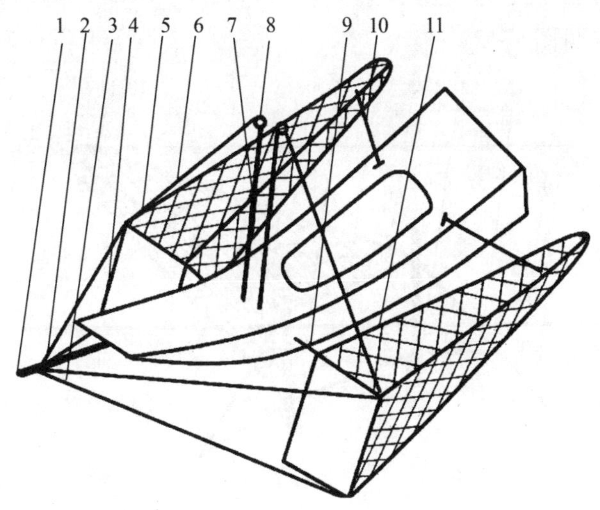

图 4 – 1　大银鱼飞机网结构装配图

1——船头前伸杆;2——船头上拉索;3——船头下拉索;4——侧纲;5——上纲;6——绞索(斜拉索);7——竖杆;8——滑轮;9——横梁;10——囊网束纲;11——下纲撑杆(沉子)

(2)渔法

下网前的准备:将撑杆按网口的高度和宽度呈矩形缚结于网口,在中间垂直位置加缚一根撑杆。在矩形撑杆的四角联结叉纲,将曳纲的外端与网口外侧的叉纲联结,曳纲另一端固定在船桅位置。通过两根绳索分别联结曳纲的外端与桅顶,绳索固定在桅杆上,将联结网口下端叉纲的曳纲交叉通过船底反绕至船头,用起鱼绳结缚囊网并安装上浮子,最后用一根绳索连接在船的尾部以便取鱼。

下网:船抵达渔场后,开始航行,松开桅杆上固定的绳索,向船的两侧缓缓放下。联结近船的第一根撑杆与船帮(通过其位置调整高度以控制网在水中的高度),用蒿清理网具,尤其需要将囊网压入水中。

取鱼与起网:松开囊网与船的连接绳,将网拉上船面,解开鱼绳,倒出渔获物(整个过程不需停船)。起网时,停船,收紧桅杆上的绳索,将网具提出水面,取出渔获物,用蒿清理网具的污物并在水中反复清洗,完成后收紧桅杆上的绳索,晾干渔具,转移渔场。

2. 拖网

拖网网具材料主要由普通聚乙烯单丝无结节网片制成,具有极好的强度、良好的耐磨性、较大的弹性和伸长度。大银鱼的专用拖网通常为无翼双囊拖网,需要双船作业,功率较大的动力船拖速较快,通常时速达 3.0 ~ 3.5 km。此外,拖网属于流动性、过滤型网具,又由于其缺少袖网,可有效减少网具的阻力以提高航行速度。拖网是水库、湖泊中应用广泛的大银鱼捕捞网具,且其针对性强,获取的渔获物中大银鱼比例高。

(1)网具结构(见图 4 -2)

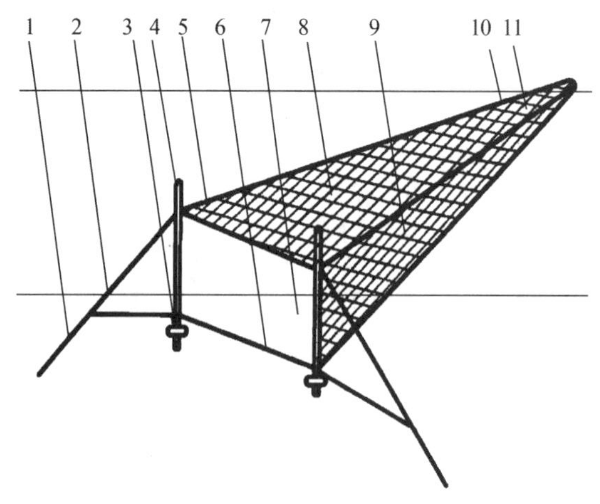

图 4 -2 大银鱼专用拖网结构

1——曳纲;2——叉纲;3——沉石;4——撑杆;5——上纲及上缘纲;
6——下纲及下缘纲;7——腹纲;8——背网;9——侧网;10——囊网束纲;11——囊网

(2)渔法

作业机船分为主船和副船,其中副船带一曳纲先行,而主船则将拖网置于水中,待副船将网具拉开后,主船与副船形成八字形并开足马力齐速前进,时速 3.0 ~ 3.5 km。取鱼时,将小船放下并固定于网口处取鱼。一般 15 ~ 20 min 取一次鱼(具体时间视渔获量而定)。

3. 拉网

拉网属于地拉网类的一种。对大银鱼的渔业生产作用如下:①适用于湖库浅水区的大银鱼渔业捕捞。②对于水域面积较小、水位较浅且底质平坦的区域,采用大拉网捕捞大银鱼可有效节约成本。③大拉网的组成结构简单,可根据库、湖水域的实际情况设计制定。此外其可作为浅水区域渔业资源调查评估的辅助手段(见图 4 - 3)。

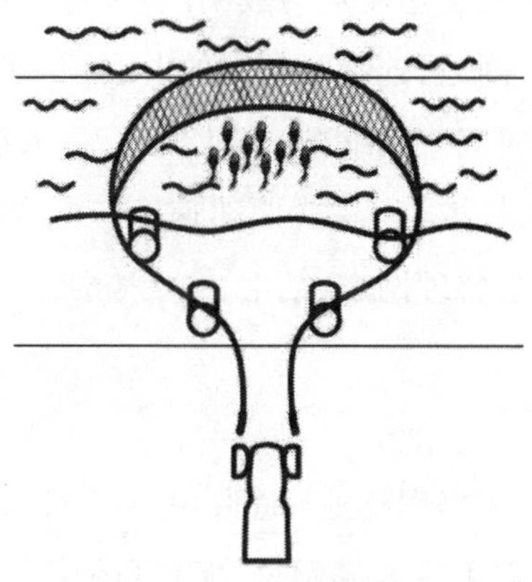

图 4 - 3　大银鱼拉网作业示意图

4. 刺网

丝网属于网渔具的刺网类,分为浮网和沉网,其作业方式有定置和驱赶式两种。丝网的优点包括制作成本低,作业时用工少且操作方便,渔业生产周期长,不受水环境影响等。该网具已被证实为全国大银鱼捕捞的有效渔具,尤其是针对水环境条件复杂(湖库形态多样、北方冰下水体等)且捕捞能力不足的水体,该网的使用价值较高。除常规捕捞外,对大银鱼的繁殖亲体进行捕捞、试捕等亦有作用。但该网具的捕鱼原理为刺缠作用,导致采摘困难且商品鱼头部易缺失,捕捞繁殖群体时易丢失精卵。

(1)网具结构

由网衣、上下纲、浮子四个部分组成(见图 4 - 4)。

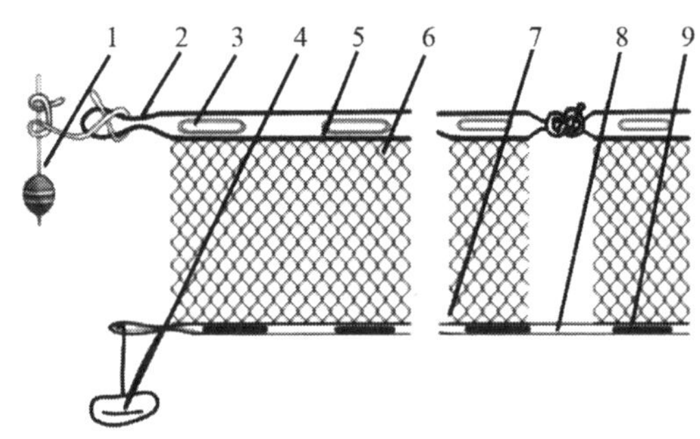

图 4-4　刺网结构装配

1——浮标;2——上纲;3——浮子;4——沉子;5——上缘纲;6——网衣;7——下缘纲;8——下纲;9——沉子

(2)渔法

到达捕捞水域后,一人摇橹趋船向前,一人立于船头手持船上纲的竹杆,先将网端头的浮标放入水中,根据船航行的速度均匀放出网片,每条网两端以浮标作为标识。参照此法可连接投放 25 ~50 片网(可连接相邻网的上纲)。取鱼时间依渔获量而定,通常 10 ~12 h(采捕繁殖亲体时,时间应当缩减)。收网时,一人摇橹,一人取回起始浮标,然后一边将上纲穿入竹杆,一边摘取渔获物(驱船速度应配合收网速度),取出全部网衣,每条网一串,依次叠放在船上,整理网衣,结束。

5. 高踏网

高踏网属于无刺围网类,需多船作业(渔船 14 ~15 只),可以依靠风力、人力或机械力进行拖、铰、围、捕鱼,它吸取了原太湖踏网和背网的优点改制而成,兼有拖、围、曳等作用,具有覆盖水域大、产量高且稳定的优点。但由于该网具对围入水体的幼鱼资源具有杀伤力,尤其是大银鱼的幼体资源,所以其应用受到限制。

(1)结构

呈长带形,由身网、取鱼部组成,长 1 500 m、高 3 ~5 m。

(2)渔法

高踏网作业时可大规模生产,作业方式分两种:有风时借风力作业、无风时依靠绞车。以下为生产的大致步骤:

放网前准备:两艘船分别装上两端翼网和取鱼网箱,其他船只为铰网船和理网船。

放网:一艘放网船先逆风放网,驶出 200 m 后,另一艘开始反方向放网,理网船联结两段网衣,铰网船联结网衣,整个船队顺风拖曳。网形由半圆形变成圆形,主放网船交叉换位使网形再变成椭圆形后,开始起网。

起网:下锚固定,并打下木桩,设置拦网,其他船继续曳纲。网形变小后,加设垫网,起至取鱼部,取鱼,整理网衣。单次采捕过程6~7 h。

6. 张网

由于我国一些湖库水体的年交换量较大,是集灌溉、发电、防洪、渔业捕捞等综合功能于一身的水体,大银鱼移植成功后,会由出水口流失大量银鱼资源,如富水水库1996年泄洪大坝至畈泥库段银鱼资源量损失为6 100 kg,占泄洪前该段总资源量的14.3%,经济损失巨大。一般针对这些问题的防范措施:①坝下设置拦鱼网;②设置定置捕捞网具,收回部分商品鱼,减少损失(见图4-5);③在汛期前对资源量流失较严重的水域(如坝前、下游段等)进行集中捕捞。

图4-5　套张网作业示意图

7. 小兜网

小兜网是太湖捕捞大银鱼的主要渔具之一,为太湖特有的一种大型流动性渔具,需双船作业。小兜网配置合理、结构巧妙且拖速快,能有效地捕捞大银鱼、小型鱼虾等,具有高效的捕鱼和防逃逸效果。此外,该网具的作业时间较长、渔获量高、安全性强且节约劳动力,适合24 h捕鱼作业(7~8级风亦可作业),其在太湖有"全家福"和"太平网"的美称。

作业方式:2艘船,主船在右侧,副船在左侧。

准备:将浮桶、浮筒等结缚于网上,倒袋、沉石、梢绳等缚结于下纲。将曳纲、叉纲、船梢缆联结并盘放在甲板上,前撑杆、大中倒袋置于船中部舷侧,再将上下纲分开,依次为上纲在前、下纲在后、网衣居中。大刺网的末端结一浮桶。

放网:渔船抵达渔场后需顶风航行,其主船在前、副船在后。放网时,两船靠拢,迅速联结中央撑杆、赶索并投入水中。两船驰开,并依次将撑杆、刺网、下纲索、倒袋、曳纲、船梢绳投入水中,投网时船逐渐掉头,斜向顺风将网撑开,使曳纲受力,然后收紧船梢使船横风，开始顺风拖曳。检查全网的情况。

取鱼：从袖网中大小倒袋开始，沿各小倒袋取鱼，最后在主网中央刺袋处捞取浮筒，解开袋梢绳并取渔获物。

起网：起网时将赶鱼索和撑杆解开，抛锚后立刻收紧赶索、曳纲和船梢缆并收起舢板，将中央撑杆、刺网、网衣绞上下纲、前撑杆等收起。在收拉过程中，舢板逐渐向大船移近，完成取鱼、漂洗等，最终将网具顺次整理到大船。

第四节　大银鱼可持续稳产技术

自首次在岱海人工移植大银鱼成功后出现了种群消失的情况，之后轰轰烈烈开展的大银鱼移植工作一直伴随着产量高峰低谷的剧烈波动问题，困扰着大银鱼产业发展。针对该问题，本项目组在种群数量高峰年和低谷年的早期资源量、生长、繁殖及人工观察自然繁殖等方面开展了研究，形成了如下技术要点。

一、保证合适的种群早期资源量

每年春季采用早期资源调查网（圆锥网：网长 5 m，网口直径 1 m，网目 1 mm × 1.2 mm），用快艇拖曳对大银鱼早期资源进行测定。在连环湖和大龙虎泡的研究表明，2018 年 4 月阿木塔泡网测早期资源量为 16.84 个/100 m^3，也存在密度偏大的问题，但在及时捕捞疏密条件下，还是实现了稳产高产，但 2019 年的密度高达 51.4 个/100 m^3，在积极捕捞疏密的措施下产量还是减少了 36%，因此适宜的网测早期资源密度不宜超过 13 个/100 m^3。而大龙虎泡的问题是早期资源量不足，2018 年是产量低谷期，2019 年是产量较高年，产量与早期资源量成正比，但在 2019 年 10 个/100 m^3 的条件下并未达到最佳产量，具体见图 4－6。因此，达到最佳产量的拖网测早期资源密度应在 12 个/100 m^3 左右为宜。不同生态状况的水体适宜的密度会有一定的差别，须根据实际经验总结得出合适的密度。需要强调的是，若早期资源量密度过高，一定要及时尽早捕捞疏密，否则大银鱼会产生自疏现象，导致资源量锐减，产量很低，连环湖流域的月饼泡和敖包泡均出现了这种情况，损失惨重。

二、保证大银鱼合适的生长速度

无论水体生物群落如何复杂，大银鱼生长速度都是饵料资源是否充足的最直观反映，也是渔业管理者最容易获取的可靠依据。若早期资源量过高，必须尽早捕捞疏密，实时监测大银鱼的生长速度，若发现生长速度缓慢或近乎停止，必须下网捕捞，否则会

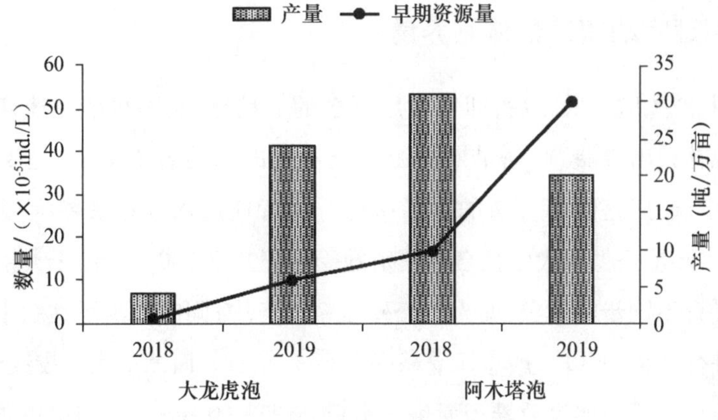

图4－6　大银鱼产量与早期资源量的关系

因密度过大出现自然疏密机制导致大量死亡，数量锐减。及时捕捞疏密度，不仅是为了防止密度过大而产生自疏现象，更是为了控制合适的生长速度，使大银鱼繁殖群体具有合适的个体大小和在繁殖期集中成熟。黑龙江省连环湖流域湖泊，6月初个体大小在2 000尾/kg左右为宜，7月初个体大小在1 000尾/kg左右为宜，8月初个体大小在500尾/kg左右为宜，9月初个体大小在250尾/kg左右为宜，10月初停止捕捞生产时个体大小在150尾/kg为宜。生长速度代表着饵料的充足程度，而个体大小还预示着性成熟时的个体大小和怀卵量，也表征着性成熟所需要能量的多少。合适的生长速度和个体大小在不同水体会略有差别。

要使大银鱼生长速度合理，除了对大银鱼种群密度积极干预外，还要高度重视鲢鳙、鳌和鲚等浮游动物食性鱼类与大银鱼的直接或间接食物竞争。特别是传统大水面主养鱼类鲢、鳙，在大银鱼密度合理的情况下，要根据大银鱼生长速度情况及时捕捞或投放来改变鲢、鳙现存量，以保证大银鱼合适的生长速度。在主养大银鱼的水体，必须实施积极的动态渔业管理方式；没有严格不变的固定套用模式，要遵循本章的技术要点，因湖制宜。

调控种群和群落使大银鱼获得合理的生长速度和个体大小，使大银鱼在冬季繁殖季节集中成熟。如果饵料资源不充足，就会出现少数雌性大银鱼个体先成熟的情况，而雄性个体由于性成熟需要的营养物质少而全部先成熟，就会出现众多雄性个体追逐少数雌性个体的情况，加剧雄性个体间的繁殖竞争，导致大量死亡；当后期雌性个体成熟时，雄性个体则所剩无几，雌鱼因缺乏雄鱼而无法进行繁殖，成为无效繁殖群体，导致种群早期资源补充不足。这是产量跌入低谷的最重要原因。大银鱼自然繁殖的时间越集中，对早期资源补充越有利。

三、保留适宜的繁殖群体涵养量

经验表明，产量跌入低谷后，即使投放再多的受精卵，也不可能迅速恢复产量。原因是早期资源补充出现瓶颈，而早期资源补充不足的原因有3个：一是受精卵的数量少，二是孵化率低，三是孵出仔鱼的存活率低。笔者通过水族箱观察大银鱼的自然繁殖，表明在静水环境条件下大银鱼自行繁殖的受精率几乎100%。由于大银鱼性腺中存在卵母细胞发育不同步的现象，而人工繁殖授精生产中，同时取出了性腺中发育成熟和不成熟的卵进行授精，所以一般总体受精率在60%左右。而冰下人工投放受精卵，切开冰面面积有限导致受精卵投放堆积而生长水霉，降低孵化率；人工集中投放受精卵也会导致孵出仔鱼密度过大，在内源性营养转为外源性营养阶段出现大量死亡。2018年1月大龙虎泡人工投放受精卵10亿粒，未注重涵养繁殖群体，年产大银鱼90 t；2019年、2020年注重繁殖群体涵养量，受精卵人工投放量减少为5亿粒/年，年产大银鱼均在400 t左右。因此，自然繁殖群体的涵养在种群早期资源补充方面是十分重要的。在连环湖流域的湖泊实施了笔者提出的以涵养繁殖群体自然繁殖为主、以人工补充受精卵为辅的策略后，早期资源量大幅度提高而充足，证明了该理论的正确性。捕捞生产开始阶段采用拖网，后期采用围网，停止生产前围网捕捞的平均渔获量可作为繁殖群体涵养量的评价指标。在连环湖流域采用的围网长2 000 m，可覆盖1.3 km^2 水面，网目2a为13～15 mm，网高为最大水深的1.5倍，由2艘29 kW的船各拖一翼；当8小时捕捞努力量渔获量降为平均250～350 kg/网时停止捕捞，涵养的繁殖群体数量为宜。合适的繁殖群体涵养量不仅表征了繁殖潜力，还与能否集中成熟密切相关。不同水体需根据敌害和竞争生物数量等水生态特征情况，确定适宜的繁殖群体涵养量。

四、保证足够的大银鱼早期阶段饵料生物资源量

孵出仔鱼以原生动物和轮虫为开口饵料，由内源性营养转向外源性营养时期是鱼类生活史中死亡率最高的时期，因此该阶段要保证有足够的原生动物、轮虫等适口的浮游生物资源。对连环湖流域大银鱼增殖湖泊大、小龙虎泡和阿木塔泡的比较调查研究表明，大银鱼在冰下阶段的生长速度与该阶段的原生动物和轮虫资源量严格呈正相关，与枝角类、桡足类资源量相关性不大。小型浮游动物密度越大对大银鱼早期资源补充越有利。

五、保证种群遗传多样性

由于移植初期投放的大银鱼受精卵数量有限，水体中形成的种群规模往往较小，且

在繁殖季节雌、雄鱼繁殖的过程中近亲繁殖的概率大大增加，会出现奠基者效应，导致种质退化、体型变小。为了防止种质的退化，应当每年在大银鱼繁殖季节捕捞大规格大银鱼进行人工授精，然后在适当的时机将受精卵投放到库区产卵场的位置孵化，以保持大规格大银鱼的遗传优势，但是在亲鱼采捕过程中往往会受到冰封情况、低温、大风等因素的影响，导致繁殖季节捕捞的最佳时机难以把握。因此，采捕到用于人工繁殖的亲鱼不一定尽如人意，这些原因会引起人工繁殖的群体存在一定比例的不优良个体（王野等，2013）。因此，必须每年坚持从其他水域引进大银鱼受精卵以增加遗传多样性，从而改善大银鱼种群的遗传多样性并有效防止其种质退化（黄永军，2019）。笔者对线粒体 *Cyt* b 基因的研究表明，在连环湖流域大银鱼可持续稳产水域阿木塔泡的遗传多样性最高。

第五节　大银鱼生态风险种群控制技术

在湖泊水库中移植外来鱼类、扩大高经济价值鱼类的增养殖面积，是国际上普遍采用的渔业方式。我国作为渔业养殖大国，更是进行了多种鱼类的广泛移植增殖；而鱼类移植和大量增殖会导致土著资源量锐减甚至绝迹。我国在鱼类移植技术突破方面开展了大量的研究和艰苦卓绝的工作，但是曾经忽视了鱼类移植工作中的一个重要技术环节，就是调控移植鱼类种群规模的技术，使其种群发展保持在生态安全允许的范围内。经验表明，在一个水域内长期和无限制地增殖发展大银鱼种群，会导致鳘等各种土著鱼类资源量锐减。因此，需要相关技术对大银鱼种群进行有效调控。我们基于对湖泊和河流大银鱼种群生态学理论的研究和认识，形成如下技术和策略。

一、湖泊大银鱼种群控制技术

兴凯湖是中俄界湖，国际重要湿地和自然保护区，生活着兴凯鲌和兴凯鳘等特有鱼类；人工投放入小兴凯湖的大银鱼随泄洪流入兴凯湖中，在 2009—2010 年呈现出种群暴发势态，已引起俄方高度关注。为控制大银鱼种群发展，笔者于 2010 年对兴凯湖大银鱼种群生态学进行了周年逐月调查研究。

研究表明大银鱼在冬季繁殖，孵出时间远早于其他鱼类，在春季其他鱼类繁殖季节大个体大银鱼可转为捕食其他鱼类的早期资源而加速生长，然后可以捕食适宜体长的小型鱼类，转变为食鱼性的大银鱼因生长加速而大大提高了雌性个体的繁殖力。因此，形成以下大银鱼控制理论：在大银鱼转食季节将可捕食其他鱼类仔、稚鱼的大个体大银鱼捕出，剩余小个体则不能捕食其他鱼类早期资源，不加速生长，也不能转为摄食小型鱼类，遏制了大银鱼因加速生长而提高繁殖力，这就大大降低了大银鱼的繁殖和生存适合度，既减少了大银鱼的现存量又减少了资源补充量，可将大银鱼种群控制在生态安全范围内。

2010 年笔者指导兴凯湖地方渔政部门改进了“飞机拖网”，自 7 月即对兴凯湖大银鱼进行高效高强度捕捞，2011 年大银鱼种群数量迅速下降，之后一直控制在了生态安全范围内，并未出现最敏感种类鳌属鱼类数量明显下降现象（图 4－7）。其他水体可参照该水体的方法进行控制。

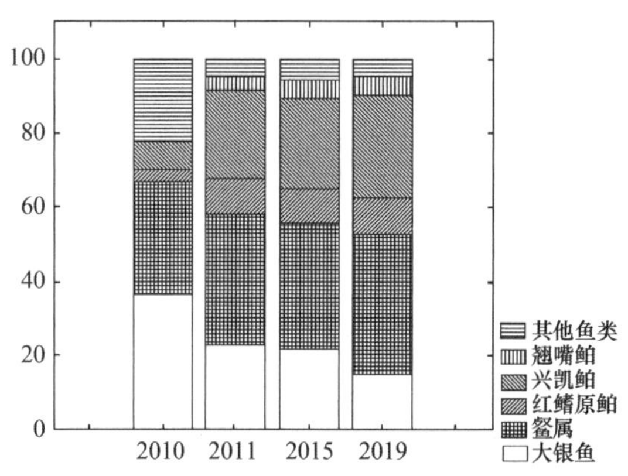

图 4－7　兴凯湖主要鱼类产量历年变动

二、河流大银鱼种群控制策略

大银鱼是湖泊中盛产的鱼类，在土著分布的河流中不能形成较大产量。在移植水体中最大特点就是种群数量波动剧烈，大银鱼在移植增殖水体产量忽高忽低的现象已广为人知。笔者在自然河流松花江肇源段调查表明，2015 年 6 月大银鱼弶网日捕捞努力量渔获量（CPUE）为 34 尾，2016 年 6 月 68 尾，而 2017 年 6 月却突然下降至 6 尾（表 4－2）。表明外来大银鱼在自然河流条件下种群不稳定，波动剧烈，在未形成入侵状态时便跌入低谷。纵观大银鱼在各土著分布的河流中，也均不能形成较高产量，说明河流的生态条件不能为大银鱼种群发展提供稳定的环境，不能形成庞大种群，因此不需要特殊控制大银鱼种群，自然渔业捕捞即可。

表 4－2　松花江肇源段大银鱼种群 CPUE 的波动

年份	平均值	标准差	范围
2015	34.00	35.76	4 ~ 64
2016	68.65	69.77	2 ~ 228
2017	6.00	4.73	0 ~ 16

参考文献

[1]艾倩. 泸沽湖鱼类资源变动与大银鱼产量预测[J]. 云南水产,1999 (2):26 - 29.

[2]安百胜. 清河水库大银鱼增殖技术[J]. 水利渔业,2003 (5):25 - 26.

[3]安书东. 几种因素对大水面移植大银鱼的影响浅析[J]. 吉林农业,2010 (7):203 - 204.

[4]柴炎,韩广建. 影响大银鱼移植增殖效果的主要技术因素[J]. 大连水产学院学报,2006,21(2):184 - 188.

[5]常金良,陈晓乐,藏运存. 银鱼的移植增殖[J]. 农村实用工程技术,1995 (9):19.

[6]陈大刚,董景岳. 渤海南部大银鱼产卵群体渔业生物学特征的初步研究[J]. 海洋湖沼通报,1987 (2):49 - 58.

[7]陈国贤. 白龟山水库移植大银鱼试验初报[J]. 水利渔业,1994 (6):35 - 36.

[8]陈马康,童合一,俞泰济,等. 钱塘江鱼类资源[M]. 上海: 上海科学技术文献出版社,1990:49 - 51.

[9]陈宁生. 太湖所产银鱼的初步研究[J]. 水生生物学集刊,1956(2):324 - 335.

[10]陈英旭. 环境学[M]. 北京:中国环境科学出版社,2001:20.

[11]程汉良,韩雪峰,张全成,等. 辽河水系大银鱼繁殖生物学初探[J]. 中国水产科学,2003,10(5):437 - 439.

[12]成庆泰,周才武. 山东鱼类志[M]. 济南: 山东科学技术出版社,1997:87 - 94.

[13]单余恒,卢振民,何登伟. 茂兴湖大银鱼移植增殖与资源保护技术措施[J]. 黑龙江水产,2004(3):9 - 10,12.

[14]杜瑜. 大银鱼移植效果分析[J]. 食品安全导刊,2016 (33):94.

[15]费申华. 漳泽水库移植大银鱼产量变化原因探讨[J]. 山西水利科技,2003 (4):95 - 96.

[16]富丽静,解玉浩,唐作鹏,等. 柴河水库大银鱼生殖腺组织学的初步研究[J]. 中国水产科学,1999,6 (2):122 - 124.

[17]盖玉欣,王玉芬. 白龟山水库银鱼移植试验[J]. 湖泊科学,1995,7 (4):374－378.

[18]盖玉欣,王玉芬. 银鱼移植及其生物学技术的探讨[J]. 现代渔业信息,1994 (4):9－11.

[19]高天翔,陈省平,韩志强,等. 大银鱼和小齿日本银鱼线粒体细胞色素 b 和 16S rRNA 基因部分序列分析[J]. 中国海洋大学学报,2004,34(5):791－794.

[20]戈志强,朱江,沈其璋,等. 大银鱼 *Protosalanx hyalocranius* (Abbott)移植驯化应重建新模式[J]. 现代渔业信息,2002,17 (8):29－32.

[21]戈志强,王永玲. 大银鱼卵膜表面的扫描电镜观察[J]. 上海水产大学学报,1998,7 (4):348－350.

[22]戈志强,朱江,朱玉芳,等. 不同光照、温度对大银鱼受精卵孵化率的影响[J]. 淡水渔业,2003,33(5):23－24.

[23]龚启祥,曹克驹,曾嶒. 香鱼卵巢发育的组织学研究[J]. 水产学报,1982,6(3):222－234.

[24]龚世园,杨学芬,杨瑞斌,等. 武汉地区大银鱼胚胎发育的观察及其移植[J]. 华中农业大学学报,1997,16(5):394－398.

[25]龚世园,张训蒲,梁开学,等. 湖北省水库与湖泊银鱼移植与增殖试验[J]. 湖泊科学,2004,16 (2) :185－191.

[26]龚小玲,吴颖,崔忠凯,等. 7 处移植公鱼种类的分子鉴定[J]. 水产学报,2012,36 (12):1802－1808.

[27]顾颖,鲁翠云,张芹,等. 微卫星 QTL 标记分析豫选黄河鲤群体遗传结构及生长性状相关性[J]. 淡水渔业,2016,46(4):9－18.

[28]郭立,李隽,王忠锁,等. 基于四个线粒体基因片段的银鱼科鱼类系统发育[J]. 水生生物学报,2011,35(3):449－459.

[29]郭立. 银鱼科鱼类的分子系统发育研究[D]. 上海:复旦大学,2010:7－10.

[30]过龙根,谢平,倪乐意,等. 巢湖渔业资源现状及其对水体富营养化的响应研究[J]. 水生生物学报,2007,31(5):700－705.

[31]韩廷文,于松同,韩国良. 许家崖水库移植推广大银鱼技术经验[J]. 水利渔业,1996 (2):36－39.

[32]赫广春,何文辉,董秀清,等. 不同生态种群大银鱼生物特性的比较[J]. 青海畜牧兽医杂志,2000,30(2):20－23.

[33]胡传林,刘家寿,彭建华,等. 我国银鱼研究概况及其移植的生态管理准则[J]. 湖泊科学,2001,13(3):204－210.

[34]胡绍坤,沈其璋,吴林坤. 太湖大银鱼卵子自然发育的观察[J]. 水产养殖,1992(3):23-24.

[35]华建权,陈贤龙,沈江平. 窖湖水库大银鱼人工繁殖技术分析[J]. 水利渔业,1999(2):26-27.

[36]黄安祥,郭留保,杨武学. 陆浑水库移植增殖大银鱼技术与管理[J]. 水利渔业,1996(1):41-44.

[37]黄安祥,杨武学. 陆浑水库银鱼移植驯化技术[J]. 河南水产,1995(2):14-15.

[38]黄诚,孟文新,陈建秀,等. 河鲈食性分析及其摄食生态策略[J]. 水产学报,1998,2(4):309- 313.

[39]黄天晴,徐革锋,谷伟,等. 用微卫星分析细鳞鲑(Brachymystax lenok)连续3代选育群体的遗传结构[J]. 海洋与湖沼,2018,49(4):858-865.

[40]黄永军. 沙那水库大银鱼健康增养殖技术总结[J]. 现代农业,2019(3):86-87.

[41]黄真理,常剑波. 银鱼的产量能预报吗?[J]. 生态学报,2001,21(1):86-93.

[42]贾付增,张建萍,丁洪锐,等. 南阳市望花亭水库大银鱼高产高效技术探密[J]. 河南水产,2002(2):5-7.

[43]贾振荣,李成刚,段宝峰. 红碱淖大银鱼移植增殖技术总结[J]. 科学养鱼,2001(9):22-23.

[44]江涛. 银鱼移植增殖及捕捞技术(上)[J]. 农村养殖技术,2002(23):18.

[45]江西省人民代表大会环境与资源保护委员会. 江西生态:第六卷(生态知识手册)[M]. 南昌:江西出版集团,2007:1952.

[46]解涵,唐作鹏,解玉浩,等. 水丰水库大银鱼的繁殖生物学[J]. 大连水产学院学报,2001(2):79-86.

[47]解涵,解玉浩,李勃,等. 水丰水库大银鱼的生长及群体结构研究[J]. 大连水产学院学报,2003,18(3):164-169.

[48]解玉浩,李勃. 公鱼属鱼类及资源利用[M]. 沈阳:辽宁科学技术出版社,1993:110-147.

[49]解玉浩. 大银鱼的繁殖生物学特性及移植放流的主要措施[J]. 水利渔业,1996(1):6-8,20.

[50]解玉浩. 东北地区淡水鱼类[M]. 沈阳: 辽宁科学技术出版社,2007:287-291.

[51]柯耀军,居承维. 佛子岭、磨子潭水库生态环境与大银鱼移植[J]. 水利渔业,1999(3):53-54.

[52]孔令杰,邹民,张志华,等. 大银鱼移植增殖关键技术措施[J]. 黑龙江水产,2008

(6):20-21.

[53]孔令杰,邹民. 黑龙江省大银鱼产业现状及发展建议[J]. 黑龙江水产,2013(6):1-2.

[54]蓝学恒,蓝巨宁. 岱海湖大银鱼绝迹原因的评析[J]. 内陆水产,1998(3):4-5.

[55]蓝学恒,张德斌,冀喜平,等. 岱海移殖大银鱼十年总结——第9年才成功第10年突然绝迹原因分析[J]. 大连水产学院学报,1998,13(1):43-48.

[56]蓝学恒. 岱海再次移植大银鱼[J]. 中国水产,1997(4):12.

[57]李宝林,赵贵民,张路增,等. 呼伦湖移植大银鱼初报[J]. 淡水渔业,1999,29(12):23-24.

[58]李博. 生态学[M]. 北京:高等教育出版社,2000:201-203.

[59]李存耀,刘红艳,熊飞. 太湖新银鱼微卫星位点的分离与序列特征分析[J]. 水生态学杂志,2015,36(2):55-60.

[60]李大命,李康,张彤晴,等. 洪泽湖大银鱼(*Protosalanx hyalocranius*)*Cyt* b和*CO* Ⅰ基因序列多态性分析[J]. 渔业科学进展,2017,38(6):25-31.

[61]李大命,孙文祥,许飞,等. 高邮湖大银鱼、太湖新银鱼*Cyt* b和*CO* Ⅰ基因序列多态性分析[J]. 水产科学,2020,39(2):258-264.

[62]李大命,唐晟凯,刘燕山,等. 基于Cytb基因的江苏省大银鱼种群遗传多样性和遗传结构分析[J]. 上海海洋大学学报,2021,30(3):416-425.

[63]李大命,唐晟凯,刘燕山,等. 骆马湖大银鱼、太湖新银鱼线粒体*Cyt* b和*CO* Ⅰ基因序列多态性分析[J]. 江苏农业科学,2020,48(11):47-52.

[64]李大命,张彤晴,唐晟凯,等. 太湖大银鱼(*Protosalanx chinensis*)细胞色素b基因序列多态性分析[J]. 江苏农业学报,2015,31(4):840-845.

[65]李宁,李兴玖,杜劲松,等. 哈拉快力水库大银鱼移植及人工繁殖初报[J]. 淡水渔业,1998,28 (1):22-23.

[66]李培伦,王继隆,鲁万桥,等. 兴凯湖大银鱼个体繁殖力研究[J]. 湿地科学,2020,18(5):525-531.

[67]李思忠,戴定远,马桂珍,等. 新疆北部鱼类的调查研究[J]. 动物学报,1966,18(1):41-56.

[68]李秀峰. 大银鱼的水库人工繁育及增殖技术[J]. 河北渔业,2012(2):29,44.

[69]李要林,沈爱君,程征,等. 故县水库大银鱼资源的增殖与保护[J]. 水利渔业,1997(5):45-47.

[70]李云凯,刘恩生,王辉,等. 基于Ecopath模型的太湖生态系统结构与功能分析[J].

应用生态学报,2014,25(7):2033－2040.

[71]李云凯,宋兵,陈勇,等. 太湖生态系统发育的 Ecopath with Ecosim 动态模拟[J]. 中国水产科学,2009,16(2):257－265.

[72]李喆,孟玲欣,唐富江. 冻融期连环湖大银鱼稳产水域中的浮游生物群落特征[J]. 湿地科学,2020,18(05):537－545.

[73]李正柱,孔祥勇,仲雷. 黄河三角洲地区水库大银鱼移植试验[J]. 河北渔业,2007(3):37,46.

[74]李自荣,李睿. 南湾水库银鱼移植放流技术初报[J]. 科学养鱼,2001(1):21.

[75]刘蝉馨,秦克静. 辽宁动物志:鱼类[M]. 沈阳: 辽宁科学技术出版社,1987:88－95.

[76]刘海涛,彭本初,新建,等. 岱海大银鱼移植增殖技术研究[J]. 水利渔业,2001(6):24－25.

[77]刘红艳,李存耀,熊飞. 入侵地和原产地太湖新银鱼群体遗传结构[J]. 水产学报,2016,40(10):1521－1530.

[78]刘家寿,陈文祥,胡传林,等. 水库规模化移植大银鱼成败原因探析[J]. 水利渔业,2001,21(1):1－3.

[79]刘善成. 辽宁省大银鱼移植增殖工作回顾及发展建议[J]. 水产科学,2001,20(3):45－46.

[80]卢慧斌,陈光杰,陈小林,等. 上行与下行效应对浮游动物的长期影响评价——以滇池与抚仙湖沉积物象鼻溞(*Bosmina*)为例[J]. 湖泊科学,2015,27(1):67－75.

[81]鲁翠云,曹顶臣,李永发,等. 利用虹鳟微卫星标记评价白斑红点鲑养殖群体的遗传结构[J]. 水产学杂志,2016,29(1):1－7.

[82]鲁翠云,陈昕,那荣滨,等. 用 *Cyt* b 基因分析松嫩平原区湖泊水库大银鱼的遗传多样性[J]. 水产学杂志,2020,33(5):1－6.

[83]鲁翠云,金万昆,孙效文,等. 样本容量对养殖群体内主要遗传结构分析参数的影响[J]. 水产学报,2008,32(5):674－683.

[84]鲁万桥,王继隆,李培伦,等. 小兴凯湖大银鱼种群资源现状与合理利用[J]. 湿地科学,2020,18(5):532－536.

[85]罗宏伟,段辛斌,王珂,等. 三峡库区 3 种银鱼线粒体 DNA 细胞色素 b 基因序列多态性分析[J]. 淡水渔业,2009,39(6):16－21.

[86]马桂珍. 乌伦古湖河鲈的食性研究[J]. 干旱区研究,1986(2):23－28.

[87]毛节荣. 浙江动物志:淡水鱼类[M]. 杭州: 浙江科学技术出版社,1991:32－38.

[88]毛治颜,许涛清,岳乃鱼,等. 汉中市大银鱼移植增殖技术研究[J]. 陕西师范大学

学报(自然科学版),2003(S2):144－148.

[89]慕香国,张连春,刘建华,等. 王屋水库移植大银鱼研究[J]. 齐鲁渔业,1997 (1):35－37.

[90]慕香国,张连春,王桂金,等. 王屋水库移植大银鱼持续高产技术与资源保护[J]. 山东水利,1999(6－7):66－68.

[91]倪勇,朱成德. 太湖鱼类志[M]. 上海:上海科学技术出版社,2005:210－223.

[92]倪勇,伍汉霖. 江苏鱼类志[M]. 北京:中国农业出版社,2006:212－224.

[93]彭本初. 内蒙古凉城研讨岱海银鱼种群变化问题[J]. 中国水产,1996(12):15.

[94]平顶山市水产技术推广站. 白龟山水库大银鱼移植试验成功[J]. 河南水产,1995(1):31.

[95]秦伟,贾文方,杭雪花. 我国湖泊水库银鱼移植增殖生态及技术[J]. 上海水产大学学报,1999,8(4):358－370.

[96]秦伟. 大银鱼的水库移植及资源增殖[J]. 水产科技情报,1996,23(2):84－87.

[97]秦伟. 大银鱼受精卵采集、低温无水保存和运输的初步研究[J]. 水利渔业,1994(5):24－26.

[98]秦永胜,庄涛,姜文松,等. 大银鱼繁殖技术研究[J]. 山东水利,2010(6):57－59.

[99]屈忠湘,周伯成,赵传永,等. 许家崖水库大银鱼移植试验[J]. 淡水渔业,1995,25(4):11－14.

[100]任彩景,蓝学恒,冀喜平,等. 岱海移植增殖大银鱼研究初报[J]. 中国水产科学,1997,4(1):80－81.

[101]任锦帅,岳永和,吕明录. 刘家峡水库大银鱼的移植增殖及资源量评估[J]. 水产养殖,2000 (5):17.

[102]申玉春,朱伟,李士民. 内蒙西湖水库大银鱼的移植增殖效果初报[J]. 河北渔业,1998(3):13－15.

[103]沈其璋,陆惠迪,鲍金德,等. 大银鱼向北京海子水库移植的研究报告[J]. 水利渔业,1995(1):27－28.

[104]沈其璋,喻叔英. 岱海大银鱼消失原因分析[J]. 内蒙古农业科技,1997(1):9－11,28.

[105]施炜纲. 大银鱼增养殖技术讲座(连载)[J]. 科学养鱼,1999(11):8－9.

[106]施炜纲. 银鱼渔业资源评估初探[J]. 全国银鱼移植增殖动态简报,1998(3):8－11.

[107]施炜纲,周昕,陈家涤,等. 生态因子对大银鱼受精卵孵化和仔鱼存活率的影响

[J]. 水产学报,1998,22(4):375 - 377.

[108]施炜纲. 大银鱼增养殖技术讲座(连载)[J]. 科学养鱼,1999(10):9 - 11.

[109]施炜纲,徐东坡,刘凯,等. 大银鱼的胚胎发育及仔鱼习性[J]. 大连海洋大学学报,2011,26(5):391 - 396.

[110]施兆鸿,李圣法,朱锡君. 南北湖渔业资源现状及开发途径的探讨[J]. 水产科技情报,1996,23(6):257 - 261.

[111]史福成,李维群. 北方水库大银鱼捕捞技术[J]. 渔业致富指南,2005(19):21 - 22.

[112]史福成. 北方地区大银鱼移植技术[J]. 渔业致富指南,2005(24):45 - 46.

[113]水利部太湖流域管理局,江苏省水利厅,浙江省水利厅,等. 太湖健康状况报告[R]. 上海:水利部太湖流域管理局,2009.

[114]宋慧春,吴坤明,沈其璋,等. 大银鱼卵膜孔结构的电镜观察[J]. 动物学报,1999,45(1):8 - 14.

[115]宋庆波. 观音阁水库大银鱼二十年生产经验总结[J]. 中国水产,2017 (6):98 - 101.

[116]孙帼英. 大银鱼卵巢的成熟期和产卵类型[J]. 水产学报,1985,9(4):363 - 367.

[117]孙帼英. 长江口及其邻近海域的银鱼[J]. 华东师范大学学报(自然科学版),1982(1):111 - 119.

[118]孙帼英,周忠良. 长江口及其邻近海域大银鱼生态的初步研究[J]. 海洋湖沼通报,1989(4):76 - 79.

[119]孙建军,王恒平,张振俭,等. 产芝水库大银鱼生产经验总结[J]. 齐鲁渔业,2005,22 (12):13 - 15.

[120]孙军德. 微生物学[M]. 南京:东南大学出版社,2009.

[121]孙效文. 鱼类分子育种学[M]. 北京:海洋出版社,2010.

[122]唐富江,高文燕,李慧琴,等. 大银鱼生物学与渔业生态学研究进展[J]. 水产学报,2020,44(12):2100 - 2111.

[123]唐富江. 兴凯湖外来大银鱼生活史与摄食生态学研究[D]. 北京:中国科学院大学,2013.

[124]唐作鹏,解涵,解玉浩,等. 水丰水库亚洲公鱼和大银鱼种群生态的比较研究[J]. 湖泊科学,2002,14(2):152 - 158.

[125]唐作鹏,解涵,解玉浩,等. 水丰水库大银鱼的生长及群体结构研究[J]. 大连水产学院学报,2003(3):164 - 169.

[126]唐作鹏,解涵,金广海. 水库移植大银鱼应当注意的问题[J]. 河北渔业,2004(3):19-20.

[127]唐作鹏,李勃,杨天祥,等. 柴河水库大银鱼移植成功后的采卵授精与孵化[J]. 水产科学,1998(1):16-18.

[128]唐作鹏,解玉浩,富丽静,等. 辽宁沿海银鱼资源调查和主要银鱼群体结构的研究[J]. 海洋湖沼通报,1998(1):44-50.

[129]田向阳,田军,林治宝,等. 米山水库大银鱼高产稳产技术研究[J]. 水利渔业,2007,27(3):55-56.

[130]万金泉,王艳,马邕文. 环境与生态[M]. 广州:华南理工大学出版社,2013.

[131]汪留全,胡王. 我国的鲫鱼品种(系)资源及其生产性能的初步分析[J]. 安徽农业科学,1997,25(3):287-289.

[132]王国祥,赵宝林,苏真和,等. 安达市大银鱼移植成果报告[J]. 黑龙江水产,2005(4):1-2.

[133]王建华,王丰,兀洁. 红碱淖海子大银鱼数量变动情况调查[J]. 水利渔业,2003,23 (3):33-34.

[134]王玲. 连环湖水域大银鱼移殖、增殖方式及技术措施[J]. 黑龙江水产,2009 (4):35-36.

[135]王明文,李振龙,万星山. 冯家山水库大银鱼移植增殖工作总结[J]. 水利渔业,2000,20 (1):49.

[136]王升明. 大银鱼的生物学特征及移植增殖技术[J]. 齐鲁渔业,2007,24(9):31-32.

[137]王晓玲,徐东坡,刘凯,等. 太湖3个典型水域红鳍原鲌(*Cultrichthys erythropterus*) $\delta^{13}C$ 和 $\delta^{15}N$ 值的变化规律[J]. 湖泊科学,2015,27(5):925-931.

[138]王彦,耿继宇,李睿,等. 南湾水库大银鱼移植增殖技术研究[J]. 水利渔业,2000,20 (4):31-32.

[139]王野,许沛龙,夏长革,等. 新立城水库大银鱼健康高产增养殖技术探讨[J]. 吉林农业,2013(1):162-163.

[140]王勇,焦念志. 营养盐对浮游植物生长上行效应机制的研究进展[J]. 海洋科学,2000,24(10):30-33.

[141]王玉佩,李秀梅,孙刚,等. 天津市东丽湖大银鱼生物学初步调查[J]. 水利渔业,1994 (1):9-11.

[142]王玉胜,林建国. 日照水库大银鱼栖息活动规律及种群结构特性分析[J]. 山东水

利科技,1998(1):55－56.

[143]王煜恒,陈军,王会聪,等. 大银鱼人工繁殖技术研究[J]. 水产养殖,2019(12):32－34.

[144]王忠锁,傅萃长,雷光春. 中国银鱼的生物多样性及其保护对策[J]. 生物多样性,2002,10(4):416－424.

[145]文琳,石江同,赵创成. 李湾水库大银鱼移植增殖成效显著[J]. 河南水产,1999(2):24.

[146]邬红娟,徐木生,曹克驹. 道观河水库大银鱼移植生物学效应——2. 摄食生态[J]. 湖泊科学,1999,11(2):145－148.

[147]邬红娟,徐木生,周振红. 道观河水库大银鱼移植生物学效应——I. 生长[J]. 湖泊科学,1998,10 (3):75－79.

[148]吴乔库,冯学民. 房官营水库大银鱼人工放流增殖技术[J]. 河北渔业,1997(3):32.

[149]伍献文,林人瑞. 银鱼的幼态持续及其在天演上的意义[J]. 水生生物学集刊,1965,5(2):239－245.

[150]肖常建,常诗文,王清虎,等. 高关水库银鱼持续稳产技术总结[J]. 水利渔业,2002,22 (1):32－33.

[151]谢雷坤,曾荣,郝志东,等. 宁夏召开名特优新水产养殖现场会[J]. 中国水产,1996(11):14.

[152]谢忠明. 银鱼移植实用技术[M]. 北京:中国农业出版社,1997.

[153]新疆维吾尔自治区水产局银鱼增殖课题组. 新疆高寒山区水库增殖大银鱼试验报告[J]. 水利渔业,1999,19 (5):28－29.

[154]邢国新,张红. 大银鱼的生物学特性及资源移植方法[J]. 河北水利,1997(5):46.

[155]徐乐宗,丁增和,毕雷鸣,等. 水库大银鱼个体生殖力初步研究[J]. 齐鲁渔业,1996,13(5): 27－29.

[156]徐木生,邬红娟,刘英杰,等. 道观河水库大银鱼移植生物学效应——3. 繁殖行为[J]. 湖泊科学,2000,12(1):94－96.

[157]徐文祥,张金友,张树猛. 潘家口、大黑汀水库移植银鱼可行性分析[J]. 水利经济,1997(3):59－61.

[158]薛丹. 基于细胞色素 b 的中国 9 个大银鱼群体遗传多样性研究[D]. 广州: 暨南大学,2015.

[159]薛以平,吴建广. 水库大银鱼种群生态演变规律及增殖利用初探[J]. 淡水渔业,2004,34(3):57-59.

[160]薛以平,吴建广. 水库大银鱼种群变动规律及增殖利用初步研究[J]. 水产养殖,2004,25(3):37-40.

[161]杨纯大,张维华,王晓霞,等. 佛寺水库大银鱼的移植效果和人工采卵授精技术[J]. 水产学杂志,2001,14(1):33-36.

[162]杨健,徐勋,刘洪波. 太湖和洪泽湖大银鱼(*Protosalanx hyalocranius*)体内元素的积累特征及产地判别[J]. 海洋与湖沼,2009,40(2):201-207.

[163]尤洋,胡庚东,王宇廷. 大银鱼温度基准值的研究[J]. 大连水产学院学报,1999,14(3):25-28.

[164]喻叔英,沈其璋. 略谈北方地区大银鱼数量变化[J]. 水利渔业,1997(3):32-33.

[165]袁新明. 大银鱼人工繁殖技术小结[J]. 科技创新导报,2010(23):252.

[166]詹世盈,范文俊,陈丰先,等. 鸭河口水库小银鱼产量波动的分析研究[J]. 河南水产,2007(4):38-39.

[167]张斌芳. 冯家山水库大银鱼移植增殖技术总结[J]. 齐鲁渔业,2004,21(7):14-16.

[168]张春霖,成庆泰,郑葆珊,等. 黄渤海鱼类调查报告[M]. 北京:科学出版社,1955:64-65.

[169]张峰. 西北地区大银鱼移植增殖技术[J]. 科学养鱼,2008(12):31-32.

[170]张海江. 桃林口水库大银鱼移植现状及成功措施[J]. 河北渔业,2004 (6):24-25.

[171]张海军,张胜鹰,李延平. 新疆北屯南湖大银鱼移植增殖试验[J]. 水利渔业,2000(2):27-28.

[172]张洪贵,邓强,王军,等. 北塘水库大银鱼增殖及移植技术[J]. 水利渔业,1997(1):42-43.

[173]张洪祥,刘本文,赵同省,等. 吉利河水库大银鱼人工繁殖与增殖技术总结[J]. 淡水渔业,2005,35(6):51-53.

[174]张际峰,汪承润,王顺昌,等. 鲥鱼、太湖新银鱼和大银鱼 18S rRNA 基因的克隆与序列分析[J]. 武汉大学学报(理学版),2010,56(1):87-92.

[175]张际峰,郝培应,聂刘旺,等. 2 种银鱼线粒体 COⅡ及侧翼 tRNA 基因的测定分析及其亲缘关系研究[J]. 中国海洋大学学报,2008,38(3):424-428.

[176]张继军,刘晓亮,于广军,等. 青山水库移植大银鱼受精卵的三种孵化方法及其生长效果分析[J]. 黑龙江水产,2000(3):14－15.

[177]张剑波. 鸭河口水库银鱼群体产量涨消原因探析[J]. 河南水产,2006(3):34－35.

[178]张觉民. 黑龙江鱼类志[M]. 哈尔滨:黑龙江科学技术出版社,1995:105.

[179]张开翔,庄大栋,张立,等. 洪泽湖所产大银鱼生物学及其增殖的研究[J]. 水产学报,1981,5(1):29－41.

[180]张开翔. 大银鱼胚胎发育的观察[J]. 湖泊科学,1992,4(2):25－37.

[181]张可柱,胡国环. 生物学 稳态与环境(必修三) 教师教学用书[M]. 中国地图出版社,2006:96.

[182]张敏莹,徐东坡,周彦锋,等. 太湖银鱼种类分布、种群生物学及捕捞量初步分析[J]. 中国农学通报,2016,32(2):15－19.

[183]张鹏,张在勤,丁相明,等. 西苇水库移植大银鱼的现状调查与对策[J]. 渔业致富指南,2010 (9):15－16.

[184]张树猛,张金有. 潘家口水库大银鱼移植初报[J]. 水利渔业,1999,19(5):38－43.

[185]张树文,袁龙福. 连环湖那什代泡大银鱼移植增殖试验初报[J]. 黑龙江水产,1997(1):27－28.

[186]张树文,袁龙福. 连环湖移植大银鱼情况及我县发展大银鱼建议[J]. 渔业经济研究,1997(1):30－31.

[187]张雯. 太湖湖滨带生态现状及其健康评价[D]. 上海:华东师范大学,2017.

[188]张翔宇,吴卫星,季彦波,等. 岱海大银鱼资源增殖模式的探讨[J]. 现代农业,2008(8):64－65.

[189]张向军. 大庆地区大中水面增殖技术措施[J]. 黑龙江水产,2016 (6):22－24.

[190]张新碧. 文县碧口水库大银鱼移植增殖调查的现状与对策[J]. 中国水产,2004(9):34－35.

[191]张玉玲. 十三种银鱼卵膜丝形态的初步观察[J]. 水产学报,1990,14(1):44－49.

[192]赵亮,高贵珍,张兴桃. 利用磁珠富集法筛选大银鱼微卫星标记的初步研究[J]. 宿州学院学报,2010,25(11):24－26,53.

[193]赵亮,谢本贵,刘志瑾,等. 太湖新银鱼线粒体 D－loop 和 *Cyt* b 片段序列结构与进化速率比较[J]. 动物学杂志,2010,45(2):27－38.

[194]赵琳,张敏莹,徐东坡,等. 2 个地理种群大银鱼 COⅠ基因序列变异与遗传分化

[J]. 大连海洋大学学报,2016,31(3):285－289.

[195]郑龙成,程绍宏,年志平. 新立城水库渔业开发与水质保护技术措施[J]. 中国西部科技,2011,10(33):50,52.

[196]郑先虎,鲁翠云,孙志鹏,等. 基于转录组数据的溪红点鲑微卫星标记筛选及引进群体遗传结构[J]. 水产学报,2020,44(10):1599－1608.

[197]中国水产科学研究院东海水产研究所,上海市水产研究所. 上海鱼类志[M]. 上海:上海科学技术出版社,1990:116－126.

[198]周健民,沈仁芳. 土壤学大辞典[M]: 北京:科学出版社,2013.

[199]周解,吴国庆. 柳城安乐水库移植银鱼未获成效的原因初探[J]. 广西水产科技,1997(3):11－14.

[200]周秋白. 太湖大银鱼移植紫云山水库的初步研究[J]. 江西水产科技,1999(3):20－23.

[201]周彦锋,徐东坡,单俊峰,等. 3 个地理群体大银鱼营养成分的分析与评价[J]. 上海海洋大学学报,2011,20(5):734－740.

[202]周彦锋,徐东坡,方弟安,等. 大银鱼不同地理群体的形态差异与判别分析[J]. 西南大学学报(自然科学版),2016,38(3):54－61.

[203]周勇. 桃林口水库移植大银鱼初探[J]. 齐鲁渔业,2006,23(4):23－24.

[204]朱成德. 太湖大银鱼生长与食性的初步研究[J]. 水产学报,1985,9(3):275－287.

[205] ARMANI A, CASTIGLIEGO L, TINACCI L, et al. Molecular characterization of icefish, (*Salangidae* family), using direct sequencing of mitochondrial cytochrome b gene [J]. Food Control,2011,22(6):888－895.

[206]CAVAN E, HENSON S, BELCHER A, et al. Role of zooplankton in determining the efficiency of the biological carbon pump[J]. Biogeosciences,2017,14(1):177－186.

[207] DHANASEKARAN M, BHAVAN P S, MANICKAM N, et al. Physico－chemical characteristics and zooplankton diversity in a perennial lake at Dharmapuri (Tamil Nadu, India) [J]. Journal of Entomology and Zoology Studies, 2017, 5 (1): 285－292.

[208]DOU S, CHEN D. Taxonomy, biology and abundance of icefished, or noodlefishes (Salangidae), in the Yellow River estuary of Bohai Sea, China[J]. Jounal of Fish Biology,1994,45(5):737－748.

[209]FANG P. Study on the fishes referring to Salangidae of China[J]. Sinensia,1934,4:

737 – 748.

[210] FROESE R. Cube law, condition factor, and weight – length relationships: history, meta – analysis and recommendations [J]. Journal of Applied Ichthyology, 2006, 22 (4): 241 – 253.

[211] KOTTELAT M. A preliminary checklist of the fishes known or expected to occur in northern Vietnam with comments on systematics and nomenclature [C]//Freshwater fishes of northern Vietnam. Washington: The World Bank, 2001: 56 – 57.

[212] LIU H Y, LI C Y, XIONG F. Isolation and characterization of 19 polymorphic microsatellite loci from Neosalanx taihuensis, a rapidly invasive and adaptative species [J]. Biochemical Systematics and Ecology, 2015, 61: 121 – 123.

[213] LIU K, XU D, LI J, et al. Whole genome sequencing of Chinese clearhead icefish, *Protosalanx hyalocranius* [J]. GigaScience, 2017, 6(4): giw012.

[214] LU C, GU Y, LI C, et al. Complete mitochondrial genome of clearhead icefish *Protosalanx hyalocranius* (Salmoniformes: Salangidae) [J]. Mitochondrial DNA Part A, 2016, 27(1): 514 – 515.

[215] ROBERTS T R. Skeletal anatomy and classification of the neotenic Asian Salmoniform superfamily Salangoidea (icefishes or noodlefishes) [J]. Proceedings of the California Academic of Sciences, 1984, 43: 179 – 220.

[216] TANG F, LI D, LIU W, et al. Evolutionary tendency of clearhead icefish Protosalanx hyalocranius inferring mitochondrial DNA variation analyses in Amur (Heilongjiang) River Catchment, China [J]. International Journal of Agriculture and Biology, 2018, 20 (10): 2329 – 2334.

[217] TANG F J, LIU W, WANG J, et al. Growth, length – weight relationship and biological information on the clearhead icefish (Protosalanx hyalocranius Abbott, 1901) in Lake Khanka (Xingkai) [J]. Journal of Applied Ichthyology, 2012, 28(5): 842 – 844.

[218] WAKIYA Y, TAKAHASI N. Study on fishes of the family Salangidae [J]. Journal of College of Agriculture, 1937, 14: 265 – 303.

[219] ZHANG J, LI M, XU M Q, et al. Molecular phylogeny of icefish salangidae based on complete mtDNA cytochrome b sequences, with comments on estuarine fish evolution [J]. Biological Journal of the Linnean Society, 2007, 91(2): 325 – 340.

[220] ZHANG Y, QIAO X. Study on phylogeny and zoogeography of fishes of the family Salangidae [J]. Acta Zoologiea Taiwaniea, 1994, 5: 95 – 113.

附录一　大银鱼土著与移植分布记录信息

（一）土著分布

分布地点	国家	水系	生境	参考文献
疙瘩楼水库	中国	辽河水系	淡水	刘蝉馨,1987;唐作鹏,1998
辽河口	中国	辽河水系	河口	Wakiya&Takahasi,1937;Zhang&Qiao,1994
东丽湖	中国	海河水系	淡水	王玉佩等,1994;Zhang&Qiao,1994
大清河河口	中国	滦河水系	河口	张春霖,1955;Zhang&Qiao,1994
黄河口	中国	黄河水系	河口	Dou&Chen,1994;Zhang&Qiao,1994;周才武,1997
济南	中国	黄河水系	淡水	Fang,1934
东平湖	中国	黄河水系	淡水	周才武,1997
辽东湾	中国	渤海湾	海洋	刘蝉馨,1987
盖州	中国	渤海湾	海洋	张春霖,1955
北戴河	中国	渤海湾	海洋	张春霖,1955
塘沽	中国	渤海湾	海洋	张春霖,1955
南堡	中国	渤海湾	海洋	张春霖,1955
岐口	中国	渤海湾	海洋	张春霖,1955
鸭绿江口	中国	鸭绿江水系	河口	Zhang&Qiao,1994;唐作鹏,1998;Zhang et al. ,2007
大洋河河口	中国	大洋河水系	河口	郭立,2010
大同江	朝鲜	大同江水系	河口	Wakiya&Takahasi,1937
汉江	韩国	汉江水系	河口	Wakiya&Takahasi,1937

续表

分布地点	国家	水系	生境	参考文献
首尔	韩国	汉江水系	河口	Roberts,1984
石岛	中国	黄海	海洋	张春霖,1955
青岛	中国	黄海	海洋	Fang,1934;张春霖,1955
日照	中国	黄海	海洋	郭立,2010
连云港	中国	黄海	海洋	倪勇和伍汉霖,2006
射阳	中国	黄海	海洋	倪勇和伍汉霖,2006
大丰	中国	黄海	海洋	倪勇和伍汉霖,2006
东台	中国	黄海	海洋	倪勇和伍汉霖,2006
微山湖	中国	淮河水系	淡水	周才武,1997; Zhang et al. ,2007
骆马湖	中国	淮河水系	淡水	倪勇和伍汉霖,2006
洪泽湖	中国	淮河水系	淡水	张开翔等,1981; 倪勇和伍汉霖,2006
蚌埠	中国	淮河水系	淡水	张开翔,1992
瓦埠湖	中国	淮河水系	淡水	张际峰等,2008
高邮湖	中国	长江水系	淡水	郭立,2010
镇江	中国	长江水系	河口	倪勇和伍汉霖,2006
吕四	中国	长江水系	海洋	倪勇和伍汉霖,2006
靖江	中国	长江水系	河口	倪勇和伍汉霖,2006
南通	中国	长江水系	河口	倪勇和伍汉霖,2006
海门	中国	长江水系	河口	倪勇和伍汉霖,2006
浒浦	中国	长江水系	河口	倪勇和伍汉霖,2006
启东	中国	长江水系	河口	倪勇和伍汉霖,2006
巢湖	中国	长江水系	淡水	过龙根等,2007;Zhang et al. ,2007
长江口	中国	长江水系	河口	孙帼英,1982&1985; Zhang&Qiao,1994
阳澄湖	中国	长江水系	淡水	倪勇和伍汉霖,2006
固城湖	中国	长江水系	淡水	倪勇和伍汉霖,2006
太湖	中国	长江水系	淡水	陈宁生,1956;张玉玲, 1990;朱成德和倪勇,2005
黄浦江	中国	长江水系	河口	Wakiya&Takahasi,1937

续表

分布地点	国家	区域	生境	参考文献
天鹅洲	中国	长江水系	淡水	郭立,2010
洞庭湖	中国	长江水系	淡水	Fang,1934
上海南汇	中国	钱塘江水系	河口	中国水产科学院东海水产研究所,1990
平湖	中国	钱塘江水系	河口	毛节荣,1991
南北湖	中国	钱塘江水系	淡水	施兆鸿等,1996
海宁	中国	钱塘江水系	河口	陈马康等,1990
钱塘江口	中国	钱塘江水系	河口	孙帼英和周忠良,1989; Zhang&Qiao,1994
杭州	中国	钱塘江水系	河口	Fang,1934;陈马康等,1990
灵江	中国	灵江水系	河口	Zhang&Qiao,1994
瓯江	中国	瓯江水系	河口	Zhang&Qiao,1994
福州	中国	闽江水系	河口	Fang,1934
厦门	中国	九龙江水系	河口	Fang,1934
珠江口	中国	珠江水系	河口	Zhang et al. ,2007
钦州	中国	北部湾	海洋	郭立,2010
珠海	中国	北部湾	海洋	郭立,2010
红海口	越南	红河水系	河口	Kottelat,2001

(二)移植分布

移植地点	省(区、市)	所在水域	生境	参考文献
佛子岭水库	安徽省	淮河支流淠河上游	防洪为主,兼具灌溉、发电、航运功能的山谷型大型水库	柯耀军等,1999
磨子潭水库	安徽省	淮河支流淠河上游	防洪为主,兼具灌溉、发电、航运功能的山谷型大型水库	柯耀军等,1999
海子水库	北京市	蓟运河支流河干流上	山谷型大型水库	沈其璋等,1995
碧口水库	甘肃省	白龙江	山谷型大型水库	张新碧,2004
刘家峡水库	甘肃省	黄河、大夏河、洮河汇合截流而成	以发电为主,兼有防洪、灌溉、养殖、航运、旅游等综合功能的大型水库	任锦帅等,2000

续表

移植地点	省(区、市)	所在水域	生境	参考文献
安乐水库	广西省	淮河流域铜龙河中游北支流上		周解,1997
房官营水库	河北省	滦河水系一条小支流的上游	以农业灌溉为主，拦洪和养殖生产相结合的中型水库	张新碧,2004
潘家口水库	河北省	滦河中上游	兼具供水、发电、防洪及灌溉功能的峡谷型水库	张树猛等,1999
大黑汀水库	河北省	滦河	兼具供水、发电、防洪及灌溉功能的峡谷型水库	徐文祥等,1997
桃林口水库	河北省	滦河支流青龙河	集供水、灌溉、发电、养殖于一体的大型水库	张海江,2004；周勇,2006
白龟山水库	河南省	沙颍河支流沙河	以防洪为主,兼有农业灌溉、工业发电、生活供水、水产品生产等多功能大型平原水库	盖玉欣等,1995
故县水库	河南省	黄河支流洛河中游	以防洪为主,兼有灌溉、发电、工业供水和生产饮用水等功能的深水型水库	李要林等,1997
李湾水库	河南省	颖河水系双泊河上游	具有城市供水、灌溉、防洪、水产养殖等多项功能的中型水库	石江同,1999
南湾水库	河南省	淮河支流浉河上	以防洪为主,兼具灌溉、发电、水产养殖、城市工业与生活供水、水利旅游等综合功能的大型水库	李自荣等,2001
陆浑水库	河南省	伊河中游	以防洪为主,结合灌溉、发电、养鱼和工业用水等功能的大型水库	黄安祥等,1996
望花亭水库	河南省		集旅游、避暑、娱乐、餐饮为一体的平原湖泊型水库	贾付增等,2002
鸭河口水库	河南省	汉江支流的白河上游	以防洪、灌溉为主,兼具发电、养殖、城市供水及旅游等功能的河道型大型水库	张剑波,2006
红旗泡水库	黑龙江省	引嫩江水	主要为大庆油田提供生产生活用水并兼有养鱼、旅游等多种功能的大型平原型水库	王国祥等,2005

续表

移植地点	省(区、市)	所在水域	生境	参考文献
茂兴湖	黑龙江省	嫩江	以渔业为主的水产养殖场	单余恒等,2004
连环湖	黑龙江省	乌裕尔河	以渔业为主的平原型湖泊	张树文等,1997;王玲,2009
兴凯湖	黑龙江省	乌苏里江	集防洪蓄水排涝、灌溉及旅游等多功能的中俄边界上的浅水湖	李培伦等,2020
青山水库	黑龙江省		平原富营养型水库	张继军等,2000
道观河水库	湖北省	道观河	以灌溉、防洪为主的大型水库	邬红娟等,1998
高关水库	湖北省	大富水河上游	以灌溉为主,兼有防洪、发电、养殖、旅游等综合利用的大型水库	肖常建等,2002
新立城水库	吉林省	伊通河中游	以防洪、城市供水为主,兼有养鱼等功能的大型水库	王野等,2013
紫云山水库	江西省	丰水上游	以旅游、避暑、休养为主的大型水库	周秋白,1999
柴河水库	辽宁省	柴河下游	以防洪、供水为主,兼有发电、养鱼、旅游等综合利用的大型水库	唐作鹏等,1998
佛寺水库	辽宁省	大凌河支流细河上游	以防洪和城市供水为主,兼顾渔业生产的大型水库	杨纯大等,2001
清河水库	辽宁省	辽河中游左岸支流清河下游	以防洪、灌溉为主,结合发电、养鱼等综合利用的大型水库	安百胜等,2003
水丰水库	辽宁省	鸭绿江	由中朝两国共管的开放性渔业水域,属巨型山谷型水库	解涵等,2001;唐作鹏等,2003
岱海	内蒙古	岱海	半干旱封闭型内陆半咸水湖泊	刘海涛等,2001
呼伦湖	内蒙古	克鲁伦河	淡水湖	李宝林等,1999
西湖水库	内蒙古	教来河		申玉春等,1998
产芝水库	山东省	大沽河中上游	集防洪、灌溉、供水、养鱼、旅游于一体的综合性大型水库	孙建军等,2005
米山水库	山东省	母猪河中上游	淡水供应为主的大型水库	田向阳等,2006
青墩水库	山东省			常金良等,1995
日照水库	山东省	付疃河	具有防洪、灌溉、供水、发电、养殖等功能的山谷型水库	王玉胜等,1998

续表

移植地点	省(区、市)	所在水域	生境	参考文献
王屋水库	山东省	黄水河中上游	集防洪、灌溉、城市供水、养鱼等多种功能于一体的大型水库	慕香国等,1997
西苇水库	山东省	白马河支流大沙河	以防洪、灌溉为主,兼顾发电及渔副业生产的山谷型大型水库	张鹏等,2010
许家崖水库	山东省	温凉河上游	以防洪、灌溉为主,结合发电、供水、养殖等综合利用的大型丘陵型水库	屈忠湘等,1995
永镇水库	山东省	黄河干渠旁	集灌溉、城市供水、养殖为一体的大型水库	李正柱等,2007
漳泽水库	山西省	海河流域漳卫南运河水系浊漳河	以工业、城市供水、灌溉、防洪为主,兼顾养殖和旅游等综合利用的大型多年调节水库	费申华等,2003
冯家山水库	陕西省	渭河支流千河	以灌溉为主,兼有防洪、发电、养殖等综合利用的大型水库	张斌芳,2004
红碱淖海子	陕西省	扎萨克河、独石犁河、蟒盖河、壕赖河、齐盖素河、尔林兔河、前庙河、拖河等季节性河流	高原型内陆湖泊	王建华等,2003
红寺坝水库	陕西省	濂水河	以保灌濂水河各渠堰灌区为主,结合发电、养鱼的中型水库	毛治颜等,2003
北塘水库	天津市	永定新河	以农业灌溉为主,防汛、排涝、城市供水和养殖生产相结合的平原型中型水库	张洪贵等,1997
东丽湖	天津市	新地河	主要服务于工农业生产的中中型人工平原型水库	王玉佩等,1994
哈拉快力水库	新疆			李宁等,1998
红山水库	新疆		山谷型水库	新疆维吾尔自治区水产局银鱼增殖课题组,1999

续表

移植地点	省(区、市)	所在水域	生境	参考文献
南湖	新疆	水源主要为农田排水	养鱼的次生湖泊	张海军等,2000
窖湖水库	浙江省			华建权等,1999
养殖场	宁夏	不详	不详	谢雷坤等,1996
克鲁克湖	青海省		微咸性淡水湖	未发表
泸沽湖	云南省	雅砻江支流理塘河水系支流小金河上源	中国第三大深水湖泊	艾倩,1999

附录二　大银鱼线粒体全序列(NCBI)

> KJ499917 *Protosalanx hyalocranius* mitochondrion, complete genome

1 gctggcgtag cttaatcaaa gcaaaacact gaagatgttt agatgggtct tgaaaagccc

61 cgcaagcaca aagctttggt cctgacttta cattcagctt caaccaaatt tatacatgca

121 agtctccgca ctcctgtgag gatgcccttt accctctgcc cgggggcaag gagctggtat

181 caggcacgca caaagcagcc caggacgcct tgtttagcca cacccccaag ggtactcagc

241 agtgatagac attaagcaat aagcgaaagc ttgactaggt tacggttttt agggccggta

301 aatctcgtgc cagccaccgc ggttaaacgg gtggcccaag ttgaaaatca ccggcgtaaa

361 gagtggttag ggaaacaaaa aactaaagcc gaacaccctc caggccgtga tacgcttccg

421 agggtatgaa gccctactac gaaagtggct ttaatacacc tgaacccacg acaactaaga

481 cacaaactgg gattagatac cccactatgc ttagccgtaa actttgatat taacttaccc

541 ctaatatccg ccaggggact acaagcgtta gcttaaaacc caaaggacct ggcggtgcct

601 catacccacc tagaggagcc tgttcttgaa tcgataatcc ccgttcaacc tcaccacccc

661 ttgttcaacc cgcctatata ccgccgtcgt cagctcaccc tgtgaaggtc ttaaagtgag

721 caaaatgggc acaacccaaa acgtcaggtc aaggtgcagc gtatgcggtg ggaagaaatg

781 ggctacatta cctaccccag gtcatcacgg aaggggttgt gaaaccagcc ctggaaggtg

841 gatttagcag taagaagaaa atagagagtt cttctgagcc ggctctgagg cgcgcacata

901 ccgcccgtca ctctctccga attcacttaa tctggttctt aacaagacaa ccgaacaaag

961 gggaggcaag tcgtaacatg gtaagtgtac cggaaggtgc acttggaaca accagggtgt

1021 agctaaacag aacagcatct cccttactcc gagaagacac ccgtgcaaat cgggtcgccc

1081 tgagccaaat agctagccaa acacttggat taatttatta ttataaatac cccctcataa

1141 cctaaaaact tatgaacaaa tcatttttcc accttagtac gggcgacaga aaaggacaat

1201 ttgagcaata gaaagagtac cgcaagggaa agctgaaaga gaagtgaaat aacccgtata

1261 agcactgaaa agcaaagatt aaaacttgta ccttttgcat catgatctag ccagtaaacc

1321 caagcaaaga gaactttagt ctgggccccc gaaactggac gagctactcc gagacagcct

1381 attatagggc gtatccgtct ctgttgcaaa agagtggaga gagctccgag tagaagtgaa

1441 atacctatcg agtctagtta tagctggttg tttaggaaat gaataggagt tcagcccccc
1501 agctctttaa acccataaga tccttcttct taaggtgaaa aagaaccagg ggagttattc
1561 gaaggaggta cagctccttt gaaccaggac acaaccttaa caggcggtca aggatcataa
1621 ttttcaaggt acactgcttc agtgggctta agggcagcca tctgattaga aagcgttaaa
1681 gctcaaccag cacacacctc ttataatgat aacctctccc ccacccctaa ttttactaaa
1741 ccaccccatg cccccatggg agcgaccatg ctagaatgag taataagagg ggcctacgcc
1801 cctctcctcg cacatgtgta agtcggacca gaccacccac cgacaaataa cgaacccaac
1861 acaagaggga attttggact ttaacgcaac caagaagcac ccaaaaaagc aatcgttaac
1921 cccacacagg agtgcactga ggaaagacta aaagggggac aaggaactcg gcaaacacaa
1981 gcctcgcctg tttaccaaaa acatcgcctc ttgaaaacta cacataagag gtcccgcctg
2041 cccggtgacc ctgggttaaa cggccgcggt atcttgaccg tgcgaaggta gcgcaatcac
2101 ttgtccttta aatgagaacc tgtatgaatg gctagacgag ggcttaactg tctcctcccc
2161 ccagtcaatg aaattgatct ccccgtgcag aagcggggat ccacccataa gacgagaaga
2221 ccctatggag ctttagacac taggcagccc acgttacacc ccctctccta agaggagaaa
2281 acattgtggc ccctgtctcc cctgtcttcg gttgggggcga ccgcggagga taaaagagcc
2341 tccatgtgga ccaaggttac gaacctcaca actaagggcc gccgccctaa gcaacagaaa
2401 ttctgaccaa aatgatccgg cacaatgccg attaacggaa caagttaccc tagggataac
2461 agcgcaatcc tctcccagag tccctatcga cgaggggggtt tacgacctcg atgttggatc
2521 aggacatcct attggtgcag ccgctaataa gggttcgttt gttcaacgat taaagtccta
2581 cgtgatctga gttcagaccg gagcaatcca ggtcagtttc tatctatgaa atggtccctc
2641 ccagtacgaa aggaccggag agaggaggtc catgctcaag gcacacccca ccctcacctg
2701 ctgaaggcaa ctaaaacaga aaagagggca tacccagatg tgccaaagag tatggcattt
2761 tgatgtggca gactacagaa tattattaag ctgcgcactg ggtagcaaa gtctggaaaa
2821 tgctaaaggt ctaagccctt tcatcagagg ctcaaatcct ctccccagct atgatcacta
2881 ctatcttaac ccacatcatt aaccccctca cctacattgt cccggtcctt cttgctgtag
2941 ctttccttac cctccttgaa cgaaaggttt tagggtatat acaactacga aaaggaccaa
3001 atattgtagg cccctatgga cttcttcagc ccatcgctga cggggtcaaa ctattcatta
3061 aggaacccgt ccggccttcc acctcttctc ccttcctctt tcttgccacg cccaccctcg
3121 cccttacctt agccctcacc ctctgggctc ccatacctat cccctacccc gtagctgacc
3181 ttaaccttgg gatcctgttt gtcctagccc tctctagcct ggccgtctac tccattctag
3241 ggtccgggtg ggcttcaaac tctaaatatg ctcttatcgg ggccctacga gcagtagcac
3301 aaacaatctc ctatgaagtg agcttaggcc taatcctatt gagcatcatc attttctcag

3361 gtgggtttac acttcaaact ttcaacgtca cccaagaaag tgtttggctt ctaatcccag
3421 catgacccct cacaatcatg tggtacgtct ctaccctcgc cgaaacaaac cgggccccct
3481 ttgacctcac agaaggagag tcagagctcg tttcaggatt taacgtcgaa tatgccgggg
3541 gccccttcgc cctgttcttc ctagcagaat atgcaaacat cttactaata aataccctct
3601 ccacagtcct attcttagga gcctctcaca tcccagcctt tcctgaactc accgcctgca
3661 accttataac caaagccgcc ctgctctcag ttgtatttct ctgggtccgt gcctcgtacc
3721 ctcgattccg gtacgaccaa ttgatgcatc tagtatgaaa aagcttccta cccсttgccc
3781 tagccctagt actgtgacat ttagccctcc ccgttgcatt cgccgggctg ccaccccaac
3841 tctagaggga attatgcctg aatgtttaag ggccaccttg atagggtgac taataagggt
3901 taaagcccct ttaattcctt agaaagaagg gggttgaacc caaccttagg agatcaaaac
3961 tcctagtgct cccactacac cactttctag caaagtcagc taaacaagct tttgggccca
4021 taccccaaga atgacggtga aaccccctcc tttgcttgca aatgaaccct tacgccacat
4081 cctttttat ctcagccttg ggcctcggca ccgctctgac attttctagc tcccactgac
4141 ttctagcctg aatgggctta gaaatcagca ccctagccat cctccccctc ataactcaag
4201 agcattcccc ccgcgcagta gaagcggcag ccaagtactt tattattcaa gctgcagctg
4261 cagcaattat catatttgct agcactacca acgcctgact aacaggctcc tgagacatcc
4321 tccacctata tcaccccgca tccgccacat tcgtatttat ggccttagct ttgaaggttg
4381 gactagcccc agctcacttc tgactaccgg aagttaccca gggcctaagc ctcaccactg
4441 gccttatcct ctccacatga caaaagctgg cccccctaat tctaattctt caagtcaccc
4501 ccacactaaa ccccacacta gtccaaacca tagccgtcac ctctatgctg gttggaggat
4561 gaggggggtat gagccaaacc cagattcgta aaatcctggc ttactcctcc atcgcccacc
4621 taggttgaat tgttatcgtc tctcaaatct caccatacct caccctcctg gcacttacca
4681 tatacatcgt aattacaact gccacattcc ttgccatgaa aataagcaca gcctacagct
4741 tcaacaccct tgccactgcg tggacaaaaa cccccggcct agccgcatta accaccctca
4801 cccttctctc cctaggggga ctcccccctc tctctgggtt tatgaccaaa tgactgattc
4861 tacgggaatt aaccaaccaa ggactacccc taatagcctc ctttgcggcc ctgacagccc
4921 tcctaagtct ttacttctac ctacgaatct gttatgccat agcacttacc gccttccccc
4981 acacttccgg gtcttccccc gcctgacgac tccccagcaa ccaaacctct ctcctcctag
5041 cagccgccat catcagtgcc ctacaattac tcccagtcac cccttgactc ctctcaacat
5101 gctcggggaa ctaggggctt aggataagat ctagaccaag ggccttcaaa gccctaagcg
5161 agggtgaaaa tccctcagcc cctgataaga cctacaggtt tctcacccgt atctactgaa
5221 tgcaactcag ctactttaat taagctaagg cctttctaga tgggaaggcc ttgatcctac

5281 aaacttttaa ttaacagcta aacgctctat ccagcgagca tccatctact cccccgccgc
5341 cggggcgggg cgggtaagcc ccggcaggcg gtaagcctac ttcttcaggt ttgcaatctg
5401 acgtgtcaca ccccggggcc tggcaagaag aggactcaaa cctctatata tggggctaca
5461 atccaccgct tacttcggcc atcttacctg tggcaattac acgctgattt ttctcaacca
5521 accacaaaga cattggcacc ctttatctaa tcttcggagc ctgggcagga atagtgggga
5581 cggccccttag cctcctcatc cgggccgaac ttagccaacc cggcgccctc ctcggggacg
5641 accagatcta caatgttatc gtcactgcac acgccttcgt aataatcttc ttcatagtca
5701 tacccatcct aatcggagga tttggaaact gacttgtccc ccttatgatc ggagcccccg
5761 atatagcctt tccccgaata aacaacataa gcttctgact cttgcccccct tctttcctac
5821 ttctcctggc ctcctctggg gtcgaagctg ggctggtac aggatgaact gtgtaccccc
5881 ctctttccgg gaacctcgcc cacgccggag cctcagtgga ccttacgatc ttctctctac
5941 accttgccgg gatctcttcc atcctcgggg caattaactt catcacaacc attatcaaca
6001 taaaaccccc tgccacttct cagtaccaga cacccctgtt cgtctgatct gtccttatta
6061 ccgccgtcct attgctgtta tcgctaccgg tcctggctgc tggcatcacc atgcttttaa
6121 cagatcgaaa cctaaacacc accttcttcg acccagcagg cggaggagac cccatcttgt
6181 accaacacct gttctgattc ttcggccacc ccgaagtata cattctcatt ctaccagggt
6241 tcggcataat ctctcacatc gttgcatact actcaggcaa aaaagaaccc ttcgggtata
6301 tgggtatggt ttgagcaatg atggccatcg gcctcttagg ctttatcgtc tgggcccacc
6361 atatgtttac agtgggaatg gacgtcgaca cccgcgccta cttcacctct gccacaataa
6421 ttattgccat cccaacaggt gttaaagtat ttagctgatt agccacccctt catggaggct
6481 caatcaaatg agaaacacca ctcctttggg cccttggttt catcttcctc tttacagttg
6541 ggggcctgac tggaatcgtt ctggctaact catccctaga tatcgtacta catgatacct
6601 actatgtagt agcccacttc cactatgtcc tgtccatggg ggccgttttc gccatcttag
6661 ctgccttcgt tcactgattc cccctgttct ccggatacac cctccacagc acatgaacca
6721 aaattcattt tgggattatg ttcgtcgggg taaacctaac tttcttcccc caacacttcc
6781 taggccttgc cggaatgcct cgacgatact ccgactaccc ggacgcctac actctttgaa
6841 ataccgtctc ttctatcgga tctctcatct ctttagttgc tgtgattata ttcctattta
6901 ttctgtgaga agcatttgta gctaaacgag aagtagcgtc cgtcgaacta acctacgcaa
6961 acgtcgaatg acttcatggc agcccccctc cttaccacac attcgaggag ccggcctatg
7021 tgcaagttca agcccactaa cgagaaaggg aggaattgaa cccccatctg ctgatttcaa
7081 gtcaaccaca taaccactct gtcactttct tcaataagac actagttaaa tttgttataa
7141 cattgctttg tcaaggcaaa actgtgggtt agaatcccgc gtgtcttgag ccctaggcta

7201 gaatggcaca tccctcccaa ttaggattcc aagacgcggc ctccccagta atagaagaac
7261 tccttcattt ccacgaccat gctctgataa tcgttcttct gattagcacc ctcgtactct
7321 acattattgt agctatggtt tctacaaaac tgactaacaa atacatcctc gactcccaag
7381 aaatcgaaat tatttgaact gtacttcctg ctgtgatcct catcctcatc gccctcccct
7441 ccctccgaat cctctacctg atagatgaga tcaacgatcc ccacctgaca atcaaagccc
7501 tgggacacca gtgatattga agctatgagt atacagacta tgaagacctg gggttcgact
7561 cgtatatgat cccaacccag gaccttaccc cggggcaatt ccgcctcctc gaagcagacc
7621 accgaatagt agtccctgcc gaattaccaa ttcgagtact cgtatctgca gaagatgttc
7681 ttcactcctg ggccgtgccc gcccttggtg tcaaaataga cgcagtccca ggacgattaa
7741 accaaacagc cttcattgct tcacgccccg gtgtgttctt cggacaatgc tcagaaatct
7801 gcggagccaa tcacagcttt atacctatcg tagtagaggc agtcccacta aaacactttg
7861 aaaactgatc ctccataatg cttgaagacg cctcactaag aagctaaaac gggagaaagc
7921 gttagccttt taagctaaaa attggtgagc ccccaaccac ccctagtgac atgcctcagc
7981 taaatccagc cccctgattt gccatcctaa tattctcatg actcgtattc ttaaccgtta
8041 ttccccctaa aattctagga cacatcttcc caaatgaacc taccacacaa agcgctaaaa
8101 aagctaaccc agaaccttga aactgaccat gacactaagc ttcttcgacc agtttataag
8161 ccctgttttc ctaggcatcc ccctcatagc cctagccctc tctataccct gaattttatt
8221 tcccacccct tcaagccggt gactcaacaa ccgcctgcta accctacaag gctgattcat
8281 taaccgcttc acacaacaac ttcttttacc cttaaacgtt gggggtcata aatgagccgt
8341 aataatggtc tcccttatga tttttctaat cactcaaaac atgctaggac tccttccgta
8401 cactttcacc cccacaaccc aactatcttt aaacatgggg ctcgccgtcc ccctctgact
8461 ggctactgtt atcattggga tacgaaatca acccacagca gcactaggcc accttcttcc
8521 agaaggaaca cctgtgcccc taatccccgt tctcatcatc atcgaaacaa ttagcctatt
8581 catccgcccc ttagcgctag gagtccgact tacagccaac ctcacagctg gtcaccttct
8641 aatccaactt attgcaaccg ctgccttcgt ccttctccct ctaataccca ctgttgcaat
8701 tttaacctcc attgtcttat tcctcctcac cctcttagaa gtcgccgtag caataatcca
8761 ggcctacgtc ttcgttcttc taatcagtct atacctacaa gaaaacgtct aatggcccac
8821 caagcacacg cataccacat agttgaccca agcccctgac ccctaaccgg cgcagtaggt
8881 gccctcctga taacctcagg cacagcaatc tgatttcact tccactctat aacccttata
8941 tcagcaggaa ctgcccttct tctcctcact atgtaccaat gatgacgaga cattgtacga
9001 gaggggacat ttcaagggca ccatactccc cctgtccaaa aaggccttcg atacggcata
9061 atcttgttta ttacatcaga ggtatttttc tttctaggat ttttctgagc attttaccat

9121 gccagccttg cccccacccc tgagctggga ggatgctgac cccccactgg catcaccacc

9181 ctcgacccct tcgaagttcc cctcctcaat accgccgtcc ttttggcatc gggggtcact

9241 gtaacctggg ctcaccacag tattatagag ggggagcgaa aacaaaccac ccagtccctc

9301 gctctgacca tcctcttggg gttttacttc accttccttc aaggtcttga gtactatgaa

9361 gcacctttca ccatcgcaga cggcgtatat ggctcaacct tcttcgtagc cacaggattc

9421 cacggcctac atgtgatcat tggttcttct ttcctcgctg tttgtttcct ccgacaaatt

9481 cagttccact ttacatccga acaccacttc ggctttgaag ccgctgcctg atactgacac

9541 ttcgtagacg tcgtatgact cttcctctac gtttccatct attgatgagg ctcatagtct

9601 ttctagtact aacatagtat atgtgacttc caatcactcg gtcttggtga aaatccaagg

9661 aaagataatg gacttaatta cctcagtaat ttctatcact gttttacttt caactgtgct

9721 tgctatcatt tctttttgac tgccccaact caacccggac gctgaaaagc tctcacccta

9781 cgaatgcggg ttcgaccccc ttggctcagc acgactcccc ttttcccttc gattcttcct

9841 aattgccatc ctattcctgc tatttgacct agaaatcgcc cttctccttc ccctcccctg

9901 aggagaccaa ctcactgccc ccgcaaccac cttcgcgtgg gctgtggctg ttctcgccct

9961 cctcaccctg ggcctcattt acgagtgaat ccaaggggga ctagagtgag ctgaataggt

10021 agttagtcca acataagacc tttgatttcg actcagaaaa ccgcggttcg actccgcgac

10081 caccttatga ctcccacaca ttttagcttc acctcagctt ttatcctggg gctaatagga

10141 ctggccttcc accgtactca ccttctctcc cccctactct gacttgaagg aataatgctg

10201 tccctttaca tcgccctctc agtctgagtt ctacaggctg aggcaaccga actttcatgt

10261 gccccccatgc tactcctcgc cttctcggcc tgtgaagctg gcgctggcct cgccatccta

10321 gtagccaccg cccgaactca cggcactgac caccttcaaa gcctcaacct cctccgatgc

10381 taaaaatttt aatcccaact atcatactat ttcccacgat ttggctgacc acagctaaat

10441 gactgtgacc cacggccctc acccaaagcc ttgtaattgc cttcgctagc ttgtcatggt

10501 tgaaatcaac ctccgagact ggctgggccg cctccagccc ctacatggcc actgacccct

10561 tgtccacccc cctgctcgtc ctctcctgct ggctactccc cctgatgatc ctcgcaagcc

10621 aaaaccacat atcatcagaa cctgtcggcc gccaacgaac ctacattacg ctgcttgcct

10681 ccttacaggc atgccttatc atagcattcg cggcaacaga acttttaatg ttttatgtaa

10741 tatttgaagc aaccttaatt cctactgcca tcattattac ccgctggggc aaccaggcag

10801 agcggttgga tgcagggact aatctccttt tcttcaccct cattagctcc ctccccctcc

10861 tagtcgccct cctctttcta caaaatgaag caggcaccct atccctcgtc tcactccaat

10921 tcgcagaacc tgcccacctc tgcacctgag ctgacaaact atggtgggct gcatgtatca

10981 cagccttcct ggtcaaaata cccctctacg gcctccactt atgactcccc aaggcccatg

11041 tagaggcccc aatcgccggc tctatagttc tagctgctgt cctcctaaaa ctcgggggct
11101 acggcattat acgcatgata cttttcctag accccctccc tgaagaactc atcaccccga
11161 tcatcatggt agccttatgg ggggctatca taacaggagt tatctgctta cgacagacag
11221 accttaaagc gctcatcgcc tactcctctg ttggtcacat gggcctggtc atcagcggga
11281 tcctcgttca aaccgcctga ggctgctcag gtgcaatcgc cctcatgatt gcccacggcc
11341 tctcatcctc agccttattt tgtctcgcca atctcaccta cgaacgaaca caaagccgaa
11401 ccatcttact aacccggggg acacaaatag ccctccctct aacagccatt tgatgattca
11461 tcagcacccct ctccaacctc gctctccccc ctcttcccaa tcttatagga gagctaacaa
11521 tcaccacggc cctgttcgac tgatccccct gaactattat catcctaggc ctcgcgggac
11581 tcattactgc agcctactcc ctctatctgt tcctggcttc ccagcgaggc cccctgccct
11641 cccacataat cgccctcgag cccacccaca cccgagaaca tctccttcta gccctccacc
11701 ttttccccac cctcctcctg accctaaagc cagagttaat gtgaggatgg tgtttctgtg
11761 gatatagttt aagtaaaacg ctagatcgtg atcctagcaa caagggttag aatcccctta
11821 tctaccgaga gaagcccgaa ggcaatagag attgctattc tctaccccta cggtttgact
11881 ccgtagtccc ctcgcgctcc tggaggatga cagcttatcc gttggtctta ggaaccaaaa
11941 actcttggtg caaatccaag cagcagctat gcatcccctc actaccattt taaactcttc
12001 actagtattg atcttcgctc tcctcctctt ccccctgttc gtcacggcta acaaacactg
12061 ggccctcaca cacgtcaata ccgccatcaa agccgcattt ctagtaagcc ttatccccct
12121 gtctattttc cttgactctg ggttgaaac agttgtttgt gcctgacaat gaatctgcac
12181 ccgcaccttc gatatcagca tcagctttaa attcgacctc tactccctta tctttacccc
12241 tgttgctctt tatgtgacgt gagctatttt agagttcgcc cgatggtata tgcatgcaga
12301 ccccaacata aaccgattct tcaaatgcct cctccttttc ctagtagcaa taattattat
12361 ggttacggct aataacatat tccaactctt tattggctgg gagggcattg gcatcatatc
12421 cttcctactc atcgactggt gggatgggcg agcagatgcc ggcgccgccg cccttcaagc
12481 cgtcctatac aaccgagttg gagacattgg acttgttctc agcatagcct gattcgccgt
12541 gaatctcaac tcttgagaca tagagcaaat atctgtatct tcccaagacc ttgacctcac
12601 cctcccccta ataggcctaa tcctggcagc tactgcaaaa tccgcacaat ttggactcca
12661 cccctgactc cccgcagcta tagagggccc tactcctgtc tctgccctac ttcactccag
12721 cacaatggtg gttgcagggg tcttccttct agtccgaact agccccctga tggaaaacaa
12781 ccccgtggcc ctcaccacct gcttatgcct gggggccctc accaccctct ttgctgccac
12841 gtgcgctctc acccagaacg acattaaaaa aattgtcgcc ttctccacct caagccagct
12901 tgggcttatg atggtcgcca ttggcctcaa tcagccacaa ctcgctttcc tccacatctg

12961 tacacacgca tttttcaaag ccatgctatt cttatgctcc ggctcaatta tccacagcct
13021 caatgacgaa caagacattc gaaaaatagg aggcatgagc aacctcgccc ctttcacctc
13081 ctcttgtctc gctatcggca gcctagccct gacgggaacc cccttcctcg caggcttctt
13141 ttcaaaagac gccatcattg aagctttaaa cacatcttac ctgaacgcct gagccctagc
13201 cctcaccctt ctagccacct ccttcaccgc agtatacagc ctccgtgtgg cctactttgt
13261 agccatgggc cgcccccgat ccccagccct ctccccccatt aatgaaaaca accccttgtgt
13321 tatcaacccc atcaaacgac tggccctggg aagcatcgtt gccggcctca tcattacctc
13381 taatctcctc ccctctaaaa cccctgtttt aacgatgcct cccctcctta aacttagcgc
13441 cctgatcgta accattatcg gccttctcac agccttaaag ctcgcctcct taacttcgaa
13501 acaatttaaa accacccccct ccctctccac ccacaatttc tccaacatgt tggggttctt
13561 tccagcaatt gtccaccgct caatccccta ctgaagcctc ttcctgggac aaacaattgc
13621 aagccaaatg cttgataaaa catgatacga aaaagtaggc cccaaggcaa tgtccactat
13681 taatctacct gcagcttccg ccactgccga cctacaccag gggataatca aaacctacct
13741 atccctgttt cttctgacag tcgttctggc tattatcctg cccctcatct aaactgctcg
13801 aagcgtcccc cggctgagac cacgagtaag ctctaggact acaaacagag tcaacaaaag
13861 aaccccccgca caaactacaa gaacccaccc cccgaaggag aacatgagag ctactccccc
13921 cgaatcagca cgcacaacga caaactcctt aaactcctcc accgctcctc aagaagactc
13981 gtaccacccc cctcaaaacc acccagccat cactaccacc gctagaaagt accctactac
14041 gtagcctaac acagaacggt cacccccacgt ttcagggtaa ggctctgcgg ccaaggccgc
14101 agaataagca aacaccacca acattccccc caagtagatt aaaaaaagaa ctaaggataa
14161 aaacggccca ccatgcccca ccaggatacc gcaccccgcc cctgccgcta ccaccaaacc
14221 tagcgccgca aaatacgggg ccggattaga cgctacagca actaaaccta acactaggcc
14281 cgctaaaaat aaagacataa tataagccat aattcctgcc agggctttaa ccaggaccag
14341 tgatttgaaa aaccaccgtt gtaaactcaa ctacaagaac taatggccaa cctccgaaaa
14401 actcaccctt tgctgaaaat gactaatcac gctttaatcg acctacctgc cccttcaaac
14461 ctttcagttt ggtgaaactt tggctccctt ttgggaatct gcctagttct ccaaatccta
14521 acaggcctat tcatggccat gcactacgcc cccgaaaccg caaatgcatt ctcttctgtc
14581 gcccacatat gtcgggacgt caacaacggc tgactaatac gcaacatgca tgccaacgga
14641 gcatctttct tcttcatctg tgtttacctc cacatcggcc gaggtcttta ctacggctca
14701 tacctttacc aagcaacatg aaatgttgga gtagtccttc tcctcctgct aataataact
14761 gcctttgtag gctacgtcct cccctgagga caaatgtcgt tctgaggggc gacagtaatc
14821 accaacctcc tctctgccgc cccctacgtg gggttcgacc tagttttatg actatgaggg

14881 gggttctctg tagacaatgc caccctcact cgattcttcg ccttccactt cattctccct

14941 ttcatcattg ccgccgccac tgtcatccac ctccttttcc tccacgaaac gggatcaaac

15001 aacccacttg gccttagctc agacgtagat aaaatccctt tcttgccata ctatattatc

15061 aaggacgtag tcggcttcct agtctttttc ctcgccttct tctcaatcac cctgttcttc

15121 cccaacctcc tcggcgaccc agataatttt acagaggcca accccctcgt caccccagcc

15181 cacattaaac ctgagtggta ctttctttc gcctacgcta tcctccggtc tattcccagc

15241 aaactgggcg gtgttttagc cctcctcttc tctatcctgg tgctccttct agtgccattc

15301 cttcacacct ctaaacagca aggcctagct tttcgcccac tcacccaact actcttctgg

15361 tctctcgtgg ctgatgtttt tatccttaca tgaatcgggg gaatacctgt agaacacccc

15421 tacatcgtaa ttggccaaat tgcttccgta atctacttct ccatcttcct gattcttttc

15481 ccctttgtag gctgggccga aaataaaatc ctcaaatgag cctgcattag aagctcaacg

15541 aaagagcgcc ggtcttgtaa gccgaaggct gggggttcaa atccccccctt ttgctcagag

15601 aagggagaat caaactcccg cccttaactc ccaaagctaa gattctaaat taaactattc

15661 tctgctgcgc cacactgcgc cacactgcgc cacactgcgc cacactgcgc cacactgcgc

15721 cacactgctg cataaaatga ttaatattac atatatgcct ttaaacaaat tatgtataaa

15781 aagcattaac ttaatgtaac caatcaagga aaatgtaact catgagttac atagacacca

15841 aaaaatttat caccatctat aatgaatgag accgaaccaa ctaggtttat ccccttaact

15901 tcttctaaaa agtttcctcg cctgacccca ctattattgc taaagtccta ttatgcgcag

15961 taagaagcga ccaattttgc atataatgca tatcatgaat gaaaggtcag ggacaaaaat

16021 cgtgggggta gctacttaat gaactattcc ttgcatttgg ttcctatttc agggccatat

16081 acagcttaaa cccccccttca attaattatc cttgcatcac gatggtggag gtctatcgac

16141 tcgttaccca ccaagccggg cgttctttta tatgcataac gttgtctttt ttttctcttc

16201 ctttcactgg catttacaag cgcatcctaa tgttaattaa tttaggttga actggatctt

16261 gccaccgtaa tatgtattaa attttaaagg atattcttcg atataacaac ataagtgata

16321 tcaagtgcat aaaagctctg tcattctagc agcttcccgt tcacgccccc tctggcttcc

16381 gcgcgttaaa ccccccctacc cccttaagtc ctgacatcac tgttacttct tgttaaaccc

16441 ctaaaccaag aaaatgatgg agaaccgcct ttaattttga ctcgctaaaa tttgcgcgag

16501 caaattttgc aaaattcacc ggtgaatttt taataaatat acgatgtttt tcgtgagcat

16561 aatatcaccc cagacaaagc actcaaaaca accacaagtg cctttaaccc ctcgtaaaaa

16621 gactaaaaca ccttatttac cctcacccta aaaaaatcag ccggtggatt ttttataaat

16681 atacaatatt tct

附录三　大银鱼线粒体序列中 13 个编码基因翻译的氨基酸序列

> *ND*1(NADH dehydrogenase subunit 1)

MITTILTHIINPLTYIVPVLLAVAFLTLLERKVLGYMQLRKGPNIVGPYGLLQPIA
DGVKLFIKEPVRPSTSSPFLFLATPTLALTLALTLWAPMPIPYPVADLNLGILFVLALSS
LAVYSILGSGWASNSKYALIGALRAVAQTISYEVSLGLILLSIIIFSGGFTLQTFNVTQES
VWLLIPAWPLTIMWYVSTLAETNRAPFDLTEGESELVSGFNVEYAGGPFALFFLAEYA
NILLMNTLSTVLFLGASHIPAFPELTACNLMTKAALLSVVFLWVRASYPRFRYDQLM
HLVWKSFLPLALALVLWHLALPVAFAGLPPQL

>*ND*2(NADH dehydrogenase subunit 2)

MNPYATSFFISALGLGTALTFSSSHWLLAWMGLEISTLAILPLMTQEHSPRAVEA
AAKYFIIQAAAAAIIMFASTTNAWLTGSWDILHLYHPASATFVFMALALKVGLAPAH
FWLPEVTQGLSLTTGLILSTWQKLAPLILILQVTPTLNPTLVQTMAVTSMLVGGWGG
MSQTQIRKILAYSSIAHLGWIVIVSQISPYLTLLALTMYIVITTATFLAMKMSTAYSFNT
LATAWTKTPGLAALTTLTLLSLGGLPPLSGFMTKWLILRELTNQGLPLMASFAALTAL
LSLYFYLRICYAMALTAFPHTSGSSPAWRLPSNQTSLLLAAAIISALQLLPVTPWLLST
CSGN

>*COX*1(cytochrome c oxidase subunit I)

MAITRWFFSTNHKDIGTLYLIFGAWAGMVGTALSLLIRAELSQPGALLGDDQIY
NVIVTAHAFVMIFFMVMPILIGGFGNWLVPLMIGAPDMAFPRMNNMSFWLLPPSFLL
LLASSGVEAGAGTGWTVYPPLSGNLAHAGASVDLTIFSLHLAGISSILGAINFITTIIN
MKPPATSQYQTPLFVWSVLITAVLLLLSLPVLAAGITMLLTDRNLNTTFFDPAGGGDP
ILYQHLFWFFGHPEVYILILPGFGMISHIVAYYSGKKEPFGYMGMVWAMMAIGLLGF
IVWAHHMFTVGMDVDTRAYFTSATMIIAIPTGVKVFSWLATLHGGSIKWETPLLWA
LGFIFLFTVGGLTGIVLANSSLDIVLHDTYYVVAHFHYVLSMGAVFAILAAFVHWFPL
FSGYTLHSTWTKIHFGIMFVGVNLTFFPQHFLGLAGMPRRYSDYPDAYTLWNTVSSI
GSLISLVAVIMFLFILWEAFVAKREVASVELTYANVEWLHGSPPPYHTFEEPAYVQVQ

AH

>*COX*2(cytochrome c oxidase subunit II)

MAHPSQLGFQDAASPVMEELLHFHDHALMIVLLISTLVLYIIVAMVSTKLTNKYILDSQEIEIIWTVLPAVILILIALPSLRILYLMDEINDPHLTIKALGHQWYWSYEYTDYEDLGFDSYMIPTQDLTPGQFRLLEADHRMVVPAELPIRVLVSAEDVLHSWAVPALGVKMDAVPGRLNQTAFIASRPGVFFGQCSEICGANHSFMPIVVEAVPLKHFENWSSMMLEDA

>*ATP*8(ATP synthase F0 subunit 8)

MPQLNPAPWFAILMFSWLVFLTVIPPKILGHIFPNEPTTQSAKKANPEPWNWPWH

>*ATP*6(ATP synthase F0 subunit 6)

MTLSFFDQFMSPVFLGIPLMALALSMPWILFPTPSSRWLNNRLLTLQGWFINRFTQQLLLPLNVGGHKWAVMMVSLMIFLITQNMLGLLPYTFTPTTQLSLNMGLAVPLWLATVIIGMRNQPTAALGHLLPEGTPVPLIPVLIIIETISLFIRPLALGVRLTANLTAGHLLIQLIATAAFVLLPLMPTVAILTSIVLFLLTLLEVAVAMIQAYVFVLLISLYLQENV

>*COX*3(cytochrome c oxidase subunit III)

MAHQAHAYHMVDPSPWPLTGAVGALLMTSGTAIWFHFHSMTLMSAGTALLLLTMYQWWRDIVREGTFQGHHTPPVQKGLRYGMILFITSEVFFFLGFFWAFYHASLAPTPELGGCWPPTGITTLDPFEVPLLNTAVLLASGVTVTWAHHSIMEGERKQTTQSLALTILLGFYFTFLQGLEYYEAPFTIADGVYGSTFFVATGFHGLHVIIGSSFLAVCFLRQIQFHFTSEHHFGFEAAAWYWHFVDVVWLFLYVSIYWWGS

>*ND*3(NADH dehydrogenase subunit 3)

MDLITSVISITVLLSTVLAIISFWLPQLNPDAEKLSPYECGFDPLGSARLPFSLRFFLIAILFLLFDLEIALLLPLPWGDQLTAPATTFAWAVAVLALLTLGLIYEWIQGGLEWAE

>*ND*4L(NADH dehydrogenase subunit 4L)

MTPTHFSFTSAFILGLMGLAFHRTHLLSPLLWLEGMMLSLYIALSVWVLQAEATELSCAPMLLLAFSACEAGAGLAILVATARTHGTDHLQSLNLLRC

>*ND*4(NADH dehydrogenase subunit 4)

MLKILIPTIMLFPTIWLTTAKWLWPTALTQSLVIAFASLSWLKSTSETGWAASSPYMATDPLSTPLLVLSCWLLPLMILASQNHMSSEPVGRQRTYITLLASLQACLIMAFAATELLMFYVMFEATLIPTAIIITRWGNQAERLDAGTNLLFFTLISSLPLLVALLFLQNEAGTLSLVSLQFAEPAHLCTWADKLWWAACITAFLVKMPLYGLHLWLPKAHVEAPIAGS

MVLAAVLLKLGGYGIMRMMLFLDPLPEELITPIIMVALWGAIMTGVICLRQTDLKAL IAYSSVGHMGLVISGILVQTAWGCSGAIALMIAHGLSSSALFCLANLTYERTQSRTILL TRGTQMALPLTAIWWFISTLSNLALPPLPNLMGELTITTALFDWSPWTIIILGLAGLITA AYSLYLFLASQRGPLPSHMIALEPTHTREHLLLALHLFPTLLLTLKPELMWGWCF

>*ND*5(NADH dehydrogenase subunit 5)

MHPLTTILNSSLVLIFALLLFPLFVTANKHWALTHVNTAIKAAFLVSLIPLSIFLDS GVETVVCAWQWICTRTFDISISFKFDLYSLIFTPVALYVTWAILEFARWYMHADPNM NRFFKCLLLFLVAMIIMVTANNMFQLFIGWEGIGIMSFLLIDWWDGRADAGAAALQ AVLYNRVGDIGLVLSMAWFAVNLNSWDMEQMSVSSQDLDLTLPLMGLILAATAKSA QFGLHPWLPAAMEGPTPVSALLHSSTMVVAGVFLLVRTSPLMENNPVALTTCLCLG ALTTLFAATCALTQNDIKKIVAFSTSSQLGLMMVAIGLNQPQLAFLHICTHAFFKAML FLCSGSIIHSLNDEQDIRKMGGMSNLAPFTSSCLAIGSLALTGTPFLAGFFSKDAIIEAL NTSYLNAWALALTLLATSFTAVYSLRVAYFVAMGRPRSPALSPINENNPCVINPIKRLA LGSIVAGLIITSNLLPSKTPVLTMPPLLKLSALIVTIIGLLTALKLASLTSKQFKTTPSLST HNFSNMLGFFPAIVHRSIPYWSLFLGQTIASQMLDKTWYEKVGPKAMSTINLPAASA TADLHQGMIKTYLSLFLLTVVLAIILPLI

>*ND*6(NADH dehydrogenase subunit 6)

MAYIMSLFLAGLVLGLVAVASNPAPYFAALGLVVAAGAGCGILVGHGGP FLSLVLFLIYLGGMLVVFAYSAALAAEPYPETWGDRSVLGYVVGYFLAVVVM AGWFWGGWYESSWGAVEEFKEFVVVRADSGGVALMFSFGGWVLVVCAGV-LLLTLFVVLELTRGLSRGTLRAV

>*Cyt* b(cytochrome b)

MANLRKTHPLLKMTNHALIDLPAPSNLSVWWNFGSLLGICLVLQILTGLFMAM HYAPETANAFSSVAHMCRDVNNGWLMRNMHANGASFFFICVYLHIGRGLYYGSYL YQATWNVGVVLLLLLMMTAFVGYVLPWGQMSFWGATVITNLLSAAPYVGFDLVL WLWGGFSVDNATLTRFFAFHFILPFIIAAATVIHLLFLHETGSNNPLGLSSDVDKIPFLP YYIIKDVVGFLVFFLAFFSITLFFPNLLGDPDNFTEANPLVTPAHIKPEWYFLFAYAILR SIPSKLGGVLALLFSILVLLLVPFLHTSKQQGLAFRPLTQLLFWSLVADVFILTWIGGM PVEHPYIVIGQIASVIYFSIFLILFPFVGWAENKILKWA

附录四　大银鱼主要单倍型序列

>Hap1

ATGGCCAACCTCCGAAAAACTCACCCTTTGCTGAAAATGACTAATCACGCTT
TAGTCGACCTACCTGCCCCTTCAAACCTTTCAGTTTGGTGAAACTTTGGCTCCCT
TTTGGGAATCTGCCTAGTTCTCCAAATCCTAACAGGCCTATTCATGGCCATGCACT
ACGCCCCCGAAACCGCGAATGCATTCTCTTCTGTCGCCCACATATGTCGGGACGT
CAACAACGGCTGACTAATACGCAACATGCATGCCAACGGAGCATCTTTCTTCTTC
ATCTGTGTTTACCTCCACATCGGCCGAGGTCTTTACTACGGCTCATACCTTTACCA
AGCAACATGAAATGTTGGAGTAGTCCTTCTCCTCCTGCTAATAATAACTGCCTTTG
TAGGCTACGTCCTCCCCTGAGGACAAATGTCGTTCTGAGGGGCAACAGTAATCAC
CAACCTCCTCTCTGCCGCCCCCTACGTGGGGTTCGACCTAGTTTTATGACTATGAG
GGGGGTTCTCTGTAGACAATGCCACCCTCACTCGATTCTTCGCCTTCCACTTCATT
CTCCCTTTCATCATTGCCGCCGCCACTGTCATTCACCTCCTTTTCCTCCACGAAAC
GGGATCAAACAACCCACTTGGCCTTAGCTCAGACGTAGATAAAATCCCTTTCTTG
CCATACTATATTATCAAGGACGTAGTCGGCTTCCTAGTCTTTTTCCTCGCCTTCTTC
TCAATCACCCTGTTCTTCCCCAACCTCCTCGGCGACCCAGATAATTTACAGAGGC
CAACCCCCTCGTCACCCCAGCCCACATTAAACCTGAGTGGTACTTTCTTTTCGCCT
ACGCTATCCTCCGGTCTATTCCCAGCAAACTGGGCGGTGTTTTAGCCCTCCTCTTC
TCTATCCTGGTGCTCCTTCTAGTGCCATTCCTTCACACCTCTAAACAGCAAGGCCT
AGCTTTTCGCCCACTCACCCAACTACTCTTCTGGTCTCTCGTGGCTGATGTTTTTA
TCCTTACATGAATCGGAGGAATACCTGTAGAACACCCCTACATCGTAATTGGCCAA
ATTGCTTCCGTAATCTACTTCTCCATCTTCCTGATTCTTTTCCCCTTTGTAGGCTGG
GCCGAAAATAAAATCCTCAAATGAGCCT

>Hap2

ATGGCCAACCTCCGAAAAACTCACCCTTTGCTGAAAATGACTAATCACGCTT
TAGTCGACCTACCTGCCCCTTCAAACCTTTCAGTTTGGTGAAACTTTGGCTCCCT
TTTGGGAATCTGCCTAGTTCTCCAAATCCTAACAGGCCTATTCATGGCCATGCACT
ACGCCCCCGAAACCGCGAATGCATTCTCTTCTGTCGCCCACATATGTCGGGACGT

CAACAACGGCTGACTAATACGCAACATGCATGCCAACGGAGCATCTTTCTTCTTC
ATCTGTGTTTACCTCCACATCGGCCGAGGTCTTTACTACGGCTCATACCTTTACCA
AGCAACATGAAATGTTGGAGTAGTCCTTCTCCTCCTGCTAATAATAACTGCCTTTG
TAGGCTACGTCCTCCCCTGAGGACAAATGTCGTTCTGAGGGGCAACAGTAATCAC
CAACCTCCTCTCTGCCGCCCCCTACGTGGGGTTCGACCTAGTTTTATGACTATGAG
GGGGGTTCTCTGTAGACAATGCCACCCTCACTCGATTCTTCGCCTTCCACTTCATT
CTCCCTTTCATCATTGCCGCCGCCACTGTCATTCACCTCCTTTTCCTCCACGAAAC
GGGATCAAACAACCCACTTGGCCTTAGCTCAGACGTAGATAAAATCCCTTTCTTG
CCATACTATATTATCAAGGACGTAGTCGGCTTCCTAGTCTTTTTCCTCGCCTTCTTC
TCAATCACCCTGTTCTTCCCCAACCTCCTCGGCGACCCAGATAATTTACAGAGGC
CAACCCCCTCGTCACCCCAGCCCACATTAAACCTGAGTGGTACTTTCTTTTCGCCT
ACGCCATCCTCCGGTCTATTCCCAGCAAACTGGGCGGTGTTTTAGCCCTCCTCTTC
TCTATCCTGGTGCTCCTTCTAGTGCCATTCCTTCACACCTCTAAACAGCAAGGCCT
AGCTTTTCGCCCACTCACCCAACTACTCTTCTGGTCTCTCGTGGCTGATGTTTTTA
TCCTTACATGAATCGGAGGAATACCTGTAGAACACCCCTACATCGTAATTGGCCAA
ATTGCTTCCGTAATCTACTTCTCCATCTTCCTGATTCTTTTCCCCTTTGTAGGCTGG
GCCGAAAATAAAATCCTCAAATGAGCCT

>Hap3

ATGGCCAACCTCCGAAAAACTCACCCTTTGCTGAAAATGACTAATCACGCTT
TAGTCGACCTACCTGCCCCTTCAAACCTTTCAGTTTGGTGAAACTTTGGCTCCCT
TTTGGGAATCTGCCTAGTTCTCCAAATCCTAACAGGCCTATTCATGGCCATGCACT
ACGCCCCCGAAACCGCAAATGCATTCTCTTCTGTCGCCCACATATGTCGGGACGT
CAACAACGGCTGACTAATACGCAACATGCATGCCAACGGAGCATCTTTCTTCTTC
ATCTGTGTTTACCTCCACATCGGCCGAGGTCTTTACTACGGCTCATACCTTTACCA
AGCAACATGAAATGTTGGAGTAGTCCTTCTCCTCCTGCTAATAATAACTGCCTTTG
TAGGCTACGTCCTCCCCTGAGGACAAATGTCGTTCTGAGGGGCAACAGTAATCAC
CAACCTCCTCTCTGCCGCCCCCTACGTGGGGTTCGACCTAGTTTTATGACTATGAG
GGGGGTTCTCTGTAGACAATGCCACCCTCACTCGATTCTTCGCCTTCCACTTCATT
CTCCCTTTCATCATTGCCGCCGCCACTGTCATTCACCTCCTTTTCCTCCACGAAAC
GGGATCAAACAACCCACTTGGCCTTAGCTCAGACGTAGATAAAATCCCTTTCTTG
CCATACTATATTATCAAGGACGTAGTCGGCTTCCTAGTCTTTTTCCTCGCCTTCTTC
TCAATCACCCTGTTCTTCCCCAACCTCCTCGGCGACCCAGATAATTTACAGAGGC

CAACCCCCTCGTCACCCCAGCCCACATTAAACCTGAGTGGTACTTTCTTTTCGCCTACGCTATCCTCCGGTCTATTCCCAGCAAACTGGGCGGTGTTTTAGCCCTCCTCTTCTCTATCCTGGTGCTCCTTCTAGTGCCATTCCTTCACACCTCTAAACAGCAAGGCCTAGCTTTTCGCCCACTCACCCAACTACTCTTCTGGTCTCTCGTGGCTGATGTTTTATCCTTACATGAATCGGGGGAATACCTGTAGAACACCCCTACATCGTAATTGGCCAAATTGCTTCCGTAATCTACTTCTCCATCTTCCTGATTCTTTTCCCCTTTGTAGGCTGGGCCGAAAATAAAATCCTCAAATGAGCCT

>Hap4

ATGGCCAACCTCCGAAAAACTCACCCTTTGCTGAAAATGACTAATCACGCTTTAGTCGACCTACCTGCCCCTTCAAACCTTTCAGTTTGGTGAAACTTTGGCTCCCTTTTGGGAATCTGCCTAGTTCTCCAAATCCTAACAGGCCTATTCATGGCCATGCACTACGCCCCCGAAACCGCGAATGCATTCTCTTCTGTCGCCCACATATGTCGGGACGTCAACAACGGCTGACTAATACGCAACATGCATGCCAACGGAGCATCTTTCTTCTTCATCTGTGTTTACCTCCACATCGGCCGAGGTCTTTACTACGGCTCATACCTTTACCAAGCAACATGAAATGTTGGAGTAGTCCTTCTCCTCCTGCTAATAATAACTGCCTTTGTAGGCTACGTCCTCCCCTGAGGACAAATGTCGTTCTGAGGGGCAACAGTAATCACCAACCTCCTCTCTGCCGCCCCCTACGTGGGATTCGACCTAGTTTTATGACTATGAGGGGGGTTCTCTGTAGACAATGCCACCCTCACTCGATTCTTCGCCTTCCACTTCATTCTCCCTTTCATCATTGCCGCCGCCACTGTCATTCACCTCCTTTTCCTCCACGAAACGGGATCAAACAACCCACTTGGCCTTAGCTCAGACGTAGATAAAATCCCTTTCTTGCCATACTATATTATCAAGGACGTAGTCGGCTTCCTAGTCTTTTTCCTCGCCTTCTTCTCAATCACCCTGTTCTTCCCCAACCTCCTCGGCGACCCAGATAATTTACAGAGGCCAACCCCCTCGTCACCCCAGCCCACATTAAACCTGAGTGGTACTTTCTTTTCGCCTACGCTATCCTCCGGTCTATTCCCAGCAAACTGGGCGGTGTTTTAGCCCTCCTCTTCTCTATCCTGGTGCTCCTTCTAGTGCCATTCCTTCACACCTCTAAACAGCAAGGCCTAGCTTTTCGCCCACTCACCCAACTACTCTTCTGGTCTCTCGTGGCTGATGTTTTATCCTTACATGAATCGGGGGAATACCTGTAGAACACCCCTACATCGTAATTGGCCAAATTGCTTCCGTAATCTACTTCTCCATCTTCCTGATTCTTTTCCCCTTTGTAGGCTGGGCCGAAAATAAAATCCTCAAATGAGCCT

>Hap5

ATGGCCAACCTCCGAAAAACTCACCCTTTGCTGAAAATGACTAATCACGCTTTAGTCGACCTACCTGCCCCTTCAAACCTTTCAGTTTGGTGAAACTTTGGCTCCCT

TTTGGGAATCTGCCTAGTTCTCCAAATCCTAACAGGCCTATTCATGGCCATGCACT
ACGCCCCCGAAACCGCGAATGCATTCTCTTCTGTCGCCCACATATGTCGGGACGT
CAACAACGGCTGACTAATACGCAACATGCATGCCAACGGAGCATCTTTCTTCTTC
ATCTGTGTTTACCTCCACATCGGCCGAGGTCTTTACTACGGCTCATACCTTTACCA
AGCAACATGAAATGTTGGAGTAGTCCTTCTCCTCCTGCTAATAATAACTGCCTTTG
TAGGCTACGTCCTCCCCTGAGGACAAATGTCGTTCTGAGGGGCAACAGTAATCAC
CAACCTCCTCTCTGCCGCCCCCTACGTGGGGTTCGACCTAGTTTTATGACTATGAG
GGGGGTTCTCTGTAGACAATGCCACCCTCACTCGATTCTTCGCCTTCCACTTCATT
CTCCCTTTCATCATTGCCGCCGCCACTGTCATTCACCTCCTTTTCCTCCACGAAAC
GGGATCAAACAACCCACTTGGCCTTAGCTCAGACGTAGATAAAATCCCTTTCTTG
CCATACTATATTATCAAGGACGTAGTCGGCTTCCTAGTCTTTTTCCTCGCCTTCTTC
TCAATCACCCTGTTCTTCCCCAACCTCCTCGGCGACCCAGATAATTTACAGAGGC
CAACCCCCTCGTCACCCCAGCCCACATTAAACCTGAGTGGTACTTTCTTTTCGCCT
ACGCTATCCTCCGGTCTATTCCCAGCAAACTGGGCGGTGTTTAGCCCTCCTCTTC
TCTATCCTGGTGCTCCTTCTAGTGCCATTCCTTCACACCTCTAAACAGCAAGGCCT
AGCTTTTCGCCCACTCACCCAACTACTCTTCTGGTCTCTCGTGGCTGATGTTTTTA
TCCTTACATGAATCGGGGGAATACCTGTAGAACACCCCTACATCGTAATTGGCCAA
ATTGCTTCCGTAATCTACTTCTCCATCTTCCTGATTCTTTTCCCCTTTGTAGGCTGG
GCCGAAAATAAAATCCTCAAATGAGCCT

>Hap6

ATGGCCAACCTCCGAAAAACTCACCCTTTGCTGAAAATGACTAATCACGCTT
TAGTCGACCTACCTGCCCCTTCAAACCTTTCAGTTTGGTGAAACTTTGGCTCCCT
TTTGGGAATCTGCCTAGTTCTCCAAATCCTAACAGGCCTATTCATGGCCATGCACT
ACGCCCCCGAAACCGCGAATGCATTCTCTTCTGTCGCCCACATATGTCGGGACGT
CAACAACGGCTGACTAATACGCAACATGCATGCCAACGGAGCATCTTTCTTCTTC
ATCTGTGTTTACCTCCACATCGGCCGAGGTCTTTACTACGGCTCATACCTTTACCA
AGCAACATGAAATGTTGGAGTAGTCCTTCTCCTCCTGCTAATAATAACTGCCTTTG
TAGGCTACGTCCTCCCCTGAGGACAAATGTCGTTCTGAGGGGCAACAGTAATCAC
CAACCTCCTCTCTGCCGCCCCCTACGTGGGGTTCGACCTAGTTTTATGACTATGAG
GGGGGTTCTCTGTAGACAATGCCACCCTCACTCGATTCTTCGCCTTCCACTTCATT
CTCCCTTTCATCATTGCCGCCGCCACTGTCATTCACCTCCTTTTCCTCCACGAAAC
GGGATCAAACAACCCACTTGGCCTTAGCTCAGACGTAGATAAAATCCCTTTCTTG

CCATACTATATTATCAAGGACGTAGTCGGCTTCCTAGTCTTTTTCCTCGCCTTCTTCTCAATCACCCTGTTCTTCCCCAACCTCCTCGGCGACCCAGATAATTTACAGAGGCCAACCCCCTCGTCACCCCAGCCCACATTAAACCTGAGTGGTACTTTCTTTTCGCCTACGCTATCCTCCGGTCTATTCCCAGCAAACTGGGCGGTGTTTTAGCCCTCCTCTTCTCTATCCTGGTGCTCCTTCTAGTGCCATTCCTTCACACCTCTAAACAGCAAGGCCTAGCTTTTCGCCCACTCACCCAACTACTCTTCTGGTCTCTCGTGGCTGATGTTTTATCCTTACATGAATCGGAGGGATACCTGTAGAACACCCCTACATCGTAATTGGCCAAATTGCTTCCGTAATCTACTTCTCCATCTTCCTGATTCTTTTCCCCTTTGTAGGCTGGGCCGAAAATAAAATCCTCAAATGAGCCT

>Hap7

ATGGCCAACCTCCGAAAAACTCACCCTTTGCTGAAAATGACTAATCACGCTTTAGTCGACCTACCTGCCCCTTCAAACCTTTCAGTTTGGTGAAACTTTGGCTCCCTTTTGGGAATCTGCCTAGTTCTCCAAATCCTAACAGGCCTATTCATGGCCATGCACTACGCCCCCGAAACCGCGAATGCATTCTCTTCTGTCGCCCACATATGTCGGGACGTCAACAACGGCTGACTAATACGCAACATGCATGCCAACGGAGCATCTTTCTTCTTCATCTGTGTTTACCTCCACATCGGCCGAGGTCTTTACTACGGCTCATACCTTTACCAAGCAACATGAAATGTTGGAGTAGTCCTTCTCCTCCTGCTAATAATAACTGCCTTTGTAGGCTACGTCCTCCCCTGAGGACAAATGTCGTTCTGAGGGGCAACAGTAATCACCAACCTCCTCTCTGCCGCCCCCTACGTGGGATTCGACCTAGTTTTATGACTATGAGGGGGGTTCTCTGTAGACAATGCCACCCTCACTCGATTCTTCGCCTTCCACTTCATTCTCCCTTTCATCATTGCCGCCGCCACTGTCATTCACCTCCTTTTCCTCCACGAAACGGGATCAAACAACCCACTTGGCCTTAGCTCAGACGTAGATAAAATCCCTTTCTTGCCATACTATATTATCAAGGACGTATACGGCTTCCTAGTCTTTTTCCTCGCCTTCTTCTCAATCACCCTGTTCTTCCCCAACCTCCTCGGCGACCCAGATAATTTACAGAGGCCAACCCCCTCGTCACCCCAGCCCACATTAAACCTGAGTGGTACTTTCTTTTCGCCTACGCTATCCTCCGGTCTATTCCCAGCAAACTGGGCGGTGTTTTAGCCCTCCTCTTCTCTATCCTGGTGCTCCTTCTAGTGCCATTCCTTCACACCTCTAAACAGCAAGGCCTAGCTTTTCGCCCACTCACCCAACTACTCTTCTGGTCTCTCGTGGCTGATGTTTTATCCTTACATGAATCGGGGGAATACCTGTAGAACACCCCTACATCGTAATTGGCCAAATTGCTTCCGTAATCTACTTCTCCATCTTCCTGATTCTTTTCCCCTTTGTAGGCTGGGCCGAAAATAAAATCCTCAAATGAGCCT

>Hap8

ATGGCCAACCTCCGAAAAACTCACCCTTTGCTGAAAATGACTAATCACGCTTTAGTCGACCTACCTGCCCCTTCAAACCTTTCAGTTTGGTGAAACTTTGGCTCCCTTTTGGGAATCTGCCTAGTTCTCCAAATCCTAACAGGCCTATTCATGGCCATGCACTACGCCCCCGAAACCGCGAATGCATTCTCTTCTGTCGCCCACATATGTCGGGACGTCAACAACGGCTGACTAATACGCAACATGCATGCCAACGGAGCATCTTTCTTCTTCATCTGTGTTTACCTCCACATCGGCCGAGGTCTTTACTACGGCTCATACCTTTACCAAGCAACATGAAATGTTGGAGTAGTCCTTCTCCTCCTGCTAATAATAACTGCCTTTGTAGGCTACGTCCTCCCCTGAGGACAAATGTCGTTCTGAGGGGCAACAGTAATCACCAACCTCCTCTCTGCCGCCCCCTACGTGGGGTTCGACCTAGTTTTATGACTATGAGGGGGGTTCTCTGTAGACAATGCCACCCTCACTCGATTCTTCGCCTTCCACTTCATTCTCCCTTTCATCATTGCCGCCGCCACTGTCATTCACCTCCTTTTCCTCCACGAAACGGGATCAAACAACCCACTTGGCCTTAGCTCAGACGTAGATAAAATCCCTTTCTTGCCATACTATATTATCAAGGACGTAGTCGGCTTCCTAGTCTTTTTCCTCGCCTTCTTCTCAATCACCCTGTTCTTCCCCAACCTCCTCGGCGACCCAGATAATTTACAGAGGCCAACCCCCTCGTCACCCCAGCCCACATTAAACCTGAGTGGTACTTTCTTTTCGCCTACGCTATCCTCCGGTCTATTCCCAGCAAACTGGGCGGTGTTTTAGCCCTCCTCTTCTCTATCCTGGTGCTCCTTCTAGTGCCATTCCTTCACACCTCTAAACAGCAAGGCCTAGCTTTTCGCCCACTCACCCAACTACTCTTCTGGTCTCTCGTGGCTGATGTTTTATCCTTACATGAATCGGGGGAATACCTGTAGAACACCCCTACATCGTAATTGGCCAAATTGCTTCCGTAATCTACTTCTCCATCTTCCTCATTCTTTTCCCCTTTGTAGGCTGGGCCGAAAATAAAATCCTCAAATGAGCCT

>Hap9

ATGGCCAACCTCCGAAAAACTCACCCTTTGCTGAAAATGACTAATCACGCTTTAATCGACCTACCTGCCCCTTCAAACCTTTCAGTTTGGTGAAACTTTGGCTCCCTTTTGGGAATCTGCCTAGTTCTCCAAATCCTAACAGGCCTATTCATGGCCATGCACTACGCCCCCGAAACCGCAAATGCATTCTCTTCTGTCGCCCACATATGTCGGGACGTCAACAACGGCTGACTAATACGCAACATGCATGCCAACGGAGCATCTTTCTTCTTCATCTGTGTTTACCTCCACATCGGCCGAGGTCTTTACTACGGCTCATACCTTTACCAAGCAACATGAAATGTTGGAGTAGTCCTTCTCCTCCTGCTAATAATAACTGCCTTTGTAGGCTACGTCCTCCCCTGAGGACAAATGTCGTTCTGAGGGGCGACAGTAATCACCAACCTCCTCTCTGCCACCCCCTACGTGGGGTTCGACCTAGTTTTATGACTATGAG

GGGGGTTCTCTGTAGACAATGCCACCCTCACTCGATTCTTCGCCTTCCACTTCATT
CTCCCTTTCATCATTGCCGCCGCCACTGTCATCCACCTCCTTTTCCTCCACGAAAC
GGGATCAAACAACCCACTTGGCCTTAGCTCAGACGTAGATAAAATCCCTTTCTTG
CCATACTATATTATCAAGGACATAGTCGGCTTCCTAGTCTTTTTCCTCGCCTTCTTC
TCAATCACCCTGTTCTTCCCCAACCTCCTCGGCGACCCAGATAATTTACAGAGGC
CAACCCCCTCGTCACCCCAGCCCACATTAAACCTGAGTGGTACTTTCTTTTCGCCT
ACGCTATCCTCCGGTCTATTCCCAGCAAACTGGGCGGTGTTTTAGCCCTCCTCTTC
TCTATCCTGGTGCTCCTTCTAGTGCCATTCCTTCACACCTCTAAACAGCAAGGCCT
AGCTTTTCGCCCACTCACCCAACTACTCTTCTGGTCTCTCGTGGCTGATGTTTTTA
TCCTTACATGAATCGGGGGAATACCTGTAGAACACCCCTACATCGTAATTGGCCAA
ATTGCTTCCGTAATCTACTTCTCCATCTTCCTGATTCTTTTCCCCTTTGTAGGCTGG
GCCGAAAATAAAATCCTCAAATGAGCCT

>Hap10

ATGGCCAACCTCCGAAAAACTCACCCTTTGCTGAAAATGACTAATCACGCTT
TAGTCGACCTACCTGCCCCTTCAAACCTTTCAGTTTGGTGAAACTTTGGCTCCCT
TTTGGGAATCTGCCTAGTTCTCCAAATCCTAACAGGCCTATTCATGGCCATGCACT
ACGCCCCCGAAACCGCGAATGCATTCTCTTCTGTCGCCCACATATGTCGGGACGT
CAACAACGGCTGACTAATACGCAACATGCATGCCAACGGAGCATCTTTCTTCTTC
ATCTGTGTTTACCTCCACATCGGCCGAGGTCTTTACTACGGCTCATACCTTTACCA
AGCAACATGAAATGTTGGAGTAGTCCTTCTCCTCCTGCTAATAATAACTGCCTTTG
TAGGCTACGTCCTCCCCTGAGGACAAATGTCGTTCTGAGGGGCAACAGTAATCAC
CAACCTCCTCTCTGCCGCCCCCTACGTGGGATTCGACCTAGTTTATGACTATGAG
GGGGGTTCTCTGTAGACAATGCCACCCTCACTCGATTCTTCGCCTTCCACTTCATT
CTCCCTTTCATCATTGCCGCCGCCACTGTCATTCACCTCCTTTTCCTCCACGAAAC
GGGATCAAACAACCCACTTGGCCTTAGCTCAGACGTAGATAAAATCCCTTTCTTG
CCATACTATATTATCAAGGACGTAATCGGCTTCCTAGTCTTTTTCCTCGCCTTCTTC
TCAATCACCCTGTTCTTCCCCAACCTCCTCGGCGACCCAGATAATTTACAGAGGC
CAACCCCCTCGTCACCCCAGCCCACATTAAACCTGAGTGGTACTTTCTTTTCGCCT
ACGCTATCCTCCGGTCTATTCCCAGCAAACTGGGCGGTGTTTTAGCCCTCCTCTTC
TCTATCCTGGTGCTCCTTCTAGTGCCATTCCTTCACACCTCTAAACAGCAAGGCCT
AGCTTTTCGCCCACTCACCCAACTACTCTTCTGGTCTCTCGTGGCTGATGTTTTTA
TCCTTACATGAATCGGGGGAATACCTGTAGAACACCCCTACATCGTAATTGGCCAA

ATTGCTTCCGTAATCTACTTCTCCATCTTCCTGATTCTTTTCCCCTTTGTAGGCTGG GCCGAAAATAAAATCCTCAAATGAGCCT

>Hap11

ATGGCCAACCTCCGAAAAACTCACCCTTTGCTGAAAATGACTAATCACGCTT TAGTCGACCTACCTGCCCCTTCAAACCTTTCAGTTTGGTGAAACTTTGGCTCCCT TTTGGGAATCTGCCTAGTTCTCCAAATCCTAACAGGCCTATTCATGGCCATGCACT ACGCCCCCGAAACCGCGAATGCATTCTCTTCTGTCGCCCACATATGTCGGGACGT CAACAACGGCTGACTAATACGCAACATGCATGCCAACGGAGCATCTTTCTTCTTC ATCTGTGTTTACCTCCACATCGGCCGAGGTCTTTACTACGGCTCATACCTTTACCA AGCAACATGAAATGTTGGAGTAGTCCTTCTCCTCCTGCTAATAATAACTGCCTTTG TAGGCTACGTCCTCCCCTGAGGACAAATGTCGTTCTGAGGGGCAACAGTAATCAC CAACCTCCTCTCTGCCGCCCCCTACGTGGGATTCGACCTAGTTTATGACTATGAG GGGGGTTCTCTGTAGACAATGCCACCCTCACTCGATTCTTCGCCTTCCACTTCATT CTCCCTTTCATCATTGCCGCCGCCACTGTCATTCACCTCCTTTTCCTCCACGAAAC GGGATCAAACAACCCACTTGGCCTTAGCTCAGACGTAGATAAAATCCCTTTCTTG CCATACTATATTATCAAGGACGTAGTCGGCTTCCTAGTCTTTTTCCTCGCCTTCTTC TCAATCACCCTGTTCTTCCCCAACCTCCTCGGCGACCCAGATAATTTACAGAGGC CAACCCCCTCGTCACCCCAGCCCACATTAAACCTGAGTGGTACTTTCTTTTCGCCT ACGCTATCCTCCGGTCTATTCCCAGCAAACTGGGCGGTGTTTTAGCCCTCCTCTTC TCTATCCTGGTACTCCTTCTAGTGCCATTCCTTCACACCTCTAAACAGCAAGGCCT AGCTTTTCGCCCACTCACCCAACTACTCTTCTGGTCTCTCGTGGCTGATGTTTTTA TCCTTACATGAATCGGGGGAATACCTGTAGAACACCCCTACATCGTAATTGGCCAA ATTGCTTCCGTAATCTACTTCTCCATCTTCCTGATTCTTTTCCCCTTTGTAGGCTGG GCCGAAAATAAAATCCTCAAATGAGCCT

>Hap12

ATGGCCAACCTCCGAAAAACTCACCCTTTGCTGAAAATGACTAATCACGCTT TAGTCGACCTACCTGCCCCTTCAAACCTTTCAGTTTGGTGAAACTTTGGCTCCCT TTTGGGAATCTGCCTAGTTCTCCAAATCCTAACAGGCCTATTCATGGCCATGCACT ACGCCCCCGAAACCGCGAATGCATTCTCTTCTGTCGCCCACATATGCCGGGACGT CAACAACGGCTGACTAATACGCAACATGCATGCCAACGGAGCATCTTTCTTCTTC ATCTGTGTTTACCTCCACATCGGCCGAGGTCTTTACTACGGCTCATACCTTTACCA AGCAACATGAAATGTTGGAGTAGTCCTTCTCCTCCTGCTAATAATAACTGCCTTTG

TAGGCTACGTCCTCCCCTGAGGACAAATGTCGTTCTGAGGGGCAACAGTAATTAC
CAACCTCCTCTCTGCCGCCCCCTACGTGGGGTTCGACCTAGTTTTATGACTATGAG
GGGGGTTCTCTGTAGACAATGCCACCCTCACTCGATTCTTCGCCTTCCACTTCATT
CTCCCTTTCATCATTGCCGCCGCCACTGTCATTCACCTCCTTTTCCTCCACGAAAC
GGGATCAAACAACCCACTTGGCCTTAGCTCAGACGTAGATAAAATCCCTTTCTTG
CCCTACTATATTATCAAGGACGTAGTCGGCTTCCTAGTCTTTTTCCTCGCCTTCTTC
TCAATCACCCTGTTCTTCCCCAACCTCCTCGGCGACCCAGATAATTTTACAGAGGC
CAACCCCCTCGTCACCCCAGCCCACATTAAACCTGAGTGGTACTTTCTTTTCGCCT
ACGCTATCCTCCGGTCTATTCCCAGCAAACTGGGCGGTGTTTTAGCCCTCCTCTTC
TCTATCCTGGTGCTCCTTCTAGTGCCATTCCTTCACACCTCTAAACAGCAAGGCCT
AGCTTTTCGCCCACTCACCCAACTACTCTTCTGGTCTCTCGTGGCTGATGTTTTTA
TCCTTACATGAATCGGGGGAATACCTGTAGAACACCCCTACATCGTAATTGGCCAA
ATTGCTTCCGTAATCTACTTCTCCATCTTCCTGATTCTTTTCCCCTTTGTAGGCTGG
GCCGAAAATAAAATCCTCAAATGAGCCT

>Hap13

ATGGCCAACCTCCGAAAAACTCACCCTTTGCTGAAAATGACTAATCACGCTT
TAGTCGACCTACCTGCCCCTTCAAACCTTTCAGTTTGGTGAAACTTTGGCTCCCT
TTTGGGAATCTGCCTAGTTCTCCAAATCCTAACAGGCCTATTCATGGCCATGCACT
ACGCCCCCGAAACCGCGAATGCATTCTCTTCTGTCGCCCACATATGTCGGGACGT
CAACAACGGCTGACTAATACGCAACATGCATGCCAACGGAGCATCTTTCTTCTTC
ATCTGTGTTTACCTCCACATCGGCCGAGGTCTTTACTACGGCTCATACCTTTACCA
AGCAACATGAAATGTTGGAGTAGTCCTTCTCCTCCTGCTAATAATAACTGCCTTTG
TAGGCTACGTCCTCCCCTGAGGACAAATGTCGTTCTGAGGGGCAACAGTAATCAC
CAACCTCCTCTCTGCCGCCCCCTACGTGGGATTCGACCTAGTTTTATGACTATGAG
GGGGGTTCTCTGTAGACAATGCCACCCTCACTCGATTCTTCGCCTTCCACTTCATT
CTCCCTTTCATCATTGCCGCCGCCACTGTCATTCACCTCCTTTTCCTCCACGAAAC
GGGATCAAACAACCCACTTGGCCTTAGCTCAGACGTAGATAAAATCCCTTTCTTG
CCATACTATATTATCAAGGACGTAGTCGGCTTCCTAGTCTTTTTCCTCGCCTTCTTC
TCAATCACCCTGTTCTTCCCCAACCTCCTCGGCGACCCAGATAATTTTACAGAGGC
CAACCCCCTCGTCACCCCAGCCCACATTAAACCTGAGTGGTACTTTCTTTTCGCCT
ACGCTATCCTCCGGTCTATTCCCAGCAAACTGGGCGGTGTTTTAGCCCTCCTCTTC
TCTATCCTGGTGCTCCTTCTAGTGCCATTCCTTCACACCTCTAAACAGCAAGGCCT

AGCTTTTCGCCCACTCACCCAACTACTCTTCTGGTCTCTCGTGGCTGATGTTTTTA
TCCTTACATGAATCGGGGGAATACCTGTAGAACACCCCTACATCGTAATTGGCCAA
ATTGCTTCCGTAATCTACTTCTCCATCTTCCTGATTCTTTTCCCCTTTGTAGGCTGG
GCCGAAAATAAAATCCTCAAATGAGCTT

>Hap14

ATGGCCAACCTCCGAAAAACTCACCCTTTGCTGAAAATGACTAATCACGCTT
TAGTCGACCTACCTGCCCCTTCAAACCTTTCAGTTTGGTGAAACTTTGGCTCCCT
TTTGGGAATCTGCCTAGTTCTCCAAATCCTAACAGGCCTATTCATGGCCATGCACT
ACGCCCCCGAAACCGCGAATGCATTCTCTTCTGTCGCCCACATATGTCGGGACGT
CAACAACGGCTGACTAATACGCAACATGCATGCCAACGGAGCATCTTTCTTCTTC
ATCTGTGTTTACCTCCACATCGGCCGAGGTCTTTACTACGGCTCATACCTTTACCA
AGCAACATGAAATGTTGGAGTAGTCCTTCTCCTCCTGCTAATAATAACTGCCTTTG
TAGGCTACGTCCTCCCCTGAGGACAAATGTCGTTCTGAGGGGCAACAGTAATCAC
CAACCTCCTCTCTGCCGCCCCCTACGTGGGGTTCGACCTAGTTTTATGACTATGAG
GGGGGTTCTCTGTAGACAATGCCACCCTCACTCGATTCTTCGCCTTCCACTTCATT
CTCCCTTTCATCATTGCCGCCGCCACTGTCATTCACCTCCTTTTCCTCCACGAAAC
GGGATCAAACAACCCACTTGGCCTTAGCTCAGACGTAGATAAAATCCCTTTCTTG
CCATACTATATTATCAAGGACGTAGTCGGCTTCCTAGTCTTTTTCCTCGCCTTCTTC
TCAATCACCCTGTTCTTCCCCAACCTCCTCGGCGACCCAGATAATTTTACAGAGGC
CAACCCCCTCGTCACCCCAGCCCACATTAAACCTGAGTGGTACTTTCTTTTCGCCT
ACGCCATCCTCCGGTCTATTCCCAGCAAACTGGGCGGTGTTTTAGCCCTCCTCTTC
TCTATCCTGGTGCTCCTTCTAGTGCCATTCCTTCACACCTCTAAACAGCAAGGCCT
AGCTTTTCGCCCACTCACCCAACTACTCTTCTGGTCTCTCGTGGCTGATGTTTTTA
TCCTTACATGAATCGGAGGAATACCTGTAGAACACCCCTACATCGTAATTGGCCAA
ATTGCTTCCGTAATCTACTTCTCCATCTTCCTGATTCTTTTCCCCTTTGTAGGCTGG
GCCGAAAATAAAATCCTCAAATGAGCTT

>Hap15

ATGGCCAACCTCCGAAAAACTCACCCTTTGCTGAAAATGACTAATCACGCTT
TAATCGACCTACCTGCCCCTTCAAACCTTTCAGTTTGGTGAAACTTTGGCTCCCTT
TTGGGAATCTGCCTAGTTCTCCAAATCCTAACAGGCCTATTCATGGCCATGCACTA
CGCCCCCGAAACCGCAAATGCATTCTCTTCTGTCGCCCACATATGTCGGGACGTC
AACAACGGCTGACTAATACGCAACATGCATGCCAACGGAGCATCTTTCTTCTTCA

TCTGTGTTTACCTCCACATCGGCCGAGGTCTTTACTACGGCTCATACCTTTACCAA
GCAACATGAAATGTTGGAGTAGTCCTTCTCCTCCTGCTAATAATAACTGCCTTTGT
AGGCTACGTCCTCCCCTGAGGACAAATGTCGTTCTGAGGGGCGACAGTAATCAC
CAACCTCCTCTCTGCCGCCCCCTACGTGGGGTTCGACCTAGTTTTATGACTATGAG
GGGGGTTCTCTGTAGACAATGCCACCCTCACTCGATTCTTCGCCTTCCACTTCATT
CTCCCTTTCATCATTGCCGCCGCCACTGTCATCCACCTCCTTTTCCTCCACGAAAC
GGGATCAAACAACCCACTTGGCCTTAGCTCAGACGTAGATAAAATCCCTTTCTTG
CCATACTATATTATCAAGGACGTAGTCGGCTTCCTAGTCTTTTTCCTCGCCTTCTTC
TCAATCACCCTGTTCTTCCCCAACCTCCTCGGCGACCCAGATAATTTACAGAGGC
CAACCCCCTCGTCACCCCAGCCCACATTAAACCTGAGTGGTACTTTCTTTTCGCCT
ACGCTATCCTCCGGTCTATTCCCAGCAAACTGGGCGGTGTTTTAGCCCTCCTCTTC
TCTATCCTGGTGCTCCTTCTAGTGCCATTCCTTCACACCTCTAAACAGCAAGGCCT
AGCTTTTCGCCCACTCACCCAACTACTCTTCTGGTCTCTCGTGGCTGATGTTTTA
TCCTTACATGAATCGGGGGAATACCTGTAGAACACCCCTACATCGTAATTGGCCAA
ATTGCTTCCGTAATCTACTTCTCCATCTTCCTGATTCTTTTCCCCTTTGTAGGCTGG
GCCGAAAATAAAATCCTCAAATGAGCCT

>Hap16

ATGGCCAACCTCCGAAAAACTCACCCTTTGCTGAAAATGACTAATCACGCTT
TAGTCGACCTACCTGCCCCTTCAAACCTTTCAGTTTGGTGAAACTTTGGCTCCCT
TTTGGGAATCTGCCTAGTTCTCCAAATCCTAACAGGCCTATTCATGGCCATGCACT
ACGCCCCCGAAACCGCAAATGCATTCTCTTCTGTCGCCCACATATGTCGGGACGT
CAACAACGGCTGACTAATACGCAACATGCATGCCAACGGAGCATCTTTCTTCTTC
ATCTGTGTTTACCTCCACATCGGCCGAGGTCTTTACTACGGCTCATACCTTTACCA
AGCAACATGAAATGTTGGAGTAGTCCTTCTCCTCCTGCTAATAATAACTGCCTTTG
TAGGCTACGTCCTCCCCTGAGGACAAATGTCGTTCTGAGGGGCAACAGTAATCAC
CAACCTCCTCTCTGCCGCCCCCTACGTGGGATTCGACCTAGTTTTATGACTATGAG
GGGGGTTCTCTGTAGACAATGCCACCCTCACTCGATTCTTCGCCTTCCACTTCATT
CTCCCTTTCATCATTGCCGCCGCCACTGTCATTCACCTCCTTTTCCTCCACGAAAC
GGGATCAAACAACCCACTTGGCCTTAGCTCAGACGTAGATAAAATCCCTTTCTTG
CCATACTATATTATCAAGGACGTAGTCGGCTTCCTAGTCTTTTTCCTCGCCTTCTTC
TCAATCACCCTGTTCTTCCCCAACCTCCTCGGCGACCCAGATAATTTACAGAGGC
CAACCCCCTCGTCACCCCAGCCCACATTAAACCTGAGTGGTACTTTCTTTTCGCCT

ACGCTATCCTCCGGTCTATTCCCAGCAAACTGGGCGGTGTTTAGCCCTCCTCTTC
TCTATCCTGGTGCTCCTTCTAGTGCCATTCCTTCACACCTCTAAACAGCAAGGCCT
AGCTTTTCGCCCACTCACCCAACTACTCTTCTGGTCTCTCGTGGCTGATGTTTTA
TCCTTACATGAATCGGGGGAATACCTGTAGAACACCCCTACATCGTAATTGGCCAA
ATTGCTTCCGTAATCTACTTCTCCATCTTCCTGATTCTTTTCCCCTTTGTAGGCTGG
GCCGAAAATAAAATCCTCAAATGAGCCT

>Hap17

ATGGCCAACCTCCGAAAAACTCACCCTTTGCTGAAAATGACTAATCACGCTT
TAGTCGACCTACCTGCCCCTTCAAACCTTTCAGTTTGGTGAAACTTTGGCTCCCT
TTTGGGAATCTGCCTAGTTCTCCAAATCCTAACAGGCCTATTCATGGCCATGCACT
ACGCCCCCGAAACCGCGAATGCATTCTCTTCTGTCGCCCACATATGTCGGGACGT
CAACAACGGCTGACTAATACGCAACATGCATGCCAACGGAGCATCTTTCTTCTTC
ATCTGTGTTTACCTCCACATCGGCCGAGGTCTTTACTACGGCTCATACCTTTACCA
AGCAACATGAAATGTTGGAGTAGTCCTTCTCCTCCTGCTAATAATAACTGCCTTTG
TAGGCTACGTCCTCCCCTGAGGACAAATGTCGTTCTGAGGGGCAACAGTAATCAC
CAACCTCCTCTCTGCCGCCCCCTACGTGGGATTCGACCTAGTTTTATGACTATGAG
GGGGGTTCTCTGTAGACAATGCCACCCTCACTCGATTCTTCGCCTTCCACTTCATT
CTCCCTTTCATCATTGCCGCCGCCACTGTCATTCACCTCCTTTTCCTCCACGAAAC
GGGATCAAACAACCCACTTGGCCTTAGCTCAGACGTAGATAAAATCCCTTTCTTG
CCATACTATATTATCAAGGACGTAGTCGGCTTCCTAGTCTTTTTCCTCGCCTTCTTC
TCAATCACCCTGTTCTTCCCCAACCTCCTCGGCGACCCAGATAATTTTACAGAGGC
CAACCCCCTCGTCACCCCAGCCCACATTAAACCTGAGTGGTACTTTCTTTTCGCCT
ACGCTATCCTCCGGTCTATTCCCAGCAAACTGGGCGGTGTTTAGCCCTCCTCTTC
TCTATCCTGGTGCTCCTTCTAGTGCCATTCCTTCACACCTCTAAACAGCAAGGCCT
AGCTTTTCGCCCACTCACCCAACTACTCTTCTGGTCTCTCGTGGCTGATGTTTTA
TCCTTACATGAATCGGGGGAATACCTGTAGAACACCCCTACATCGTAATTGGCCAA
ATTGTTTCCGTAATCTACTTCTCCATCTTCCTGATTCTTTTCCCCTTTGTAGGCTGG
GCCGAAAATAAAATCCTCAAATGAGCTT

>Hap18

ATGGCCAACCTCCGAAAAACTCACCCTTTGCTGAAAATGACTAATCACGCTT
TAGTCGACCTACCTGCCCCTTCAAACCTTTCAGTTTGGTGAAACTTTGGCTCCCT
TTTGGGAATCTGCCTAGTTCTCCAAATCCTAACAGGCCTATTCATGGCCATGCACT

ACGCCCCCGAAACCGCGAATGCATTCTCTTCTGTCGCCCACATATGTCGGGACGT
CAACAACGGCTGACTAATACGCAACATGCATGCCAACGGAGCATCTTTCTTCTTC
ATCTGTGTTTACCTCCACATCGGCCGAGGTCTTTACTACGGCTCATACCTTTACCA
AGCAACATGAAATGTTGGAGTAGTCCTTCTCCTCCTGCTAATAATAACTGCCTTTG
TAGGCTACGTCCTCCCCTGAGGACAAATGTCGTTCTGAGGGGCAACAGTAATCAC
CAACCTCCTCTCTGCCGCCCCCTACGTGGGGTTCGACCTAGTTTTATGACTATGAG
GGGGGTTCTCTGTAGACAATGCCACCCTCACTCGATTCTTCGCCTTCCACTTCATT
CTCCCTTTCATCATTGCCGCCGCCACTGTCATTCACCTCCTTTTCCTCCACGAAAC
GGGATCAAACAACCCACTTGGCCTTAGCTCAGACGTAGATAAAATCCCTTTCTTG
CCATACTATATTATCAAGGACGTAGACGGCTTCCTAGTCTTTTTCCTCGCCTTCTTC
TCAATCACCCTGTTCTTCCCCAACCTCCTCGGCGACCCAGATAATTTACAGAGGC
CAACCCCCTCGTCACCCCAGCCCACATTAAACCTGAGTGGTACTTTCTTTTCGCCT
ACGCTATCCTCCGGTCTATTCCCAGCAAACTGGGCGGTGTTTAGCCCTCCTCTTC
TCTATCCTGGTGCTCCTTCTAGTGCCATTCCTTCACACCTCTAAACAGCAAGGCCT
AGCTTTTCGCCCACTCACCCAACTACTCTTCTGGTCTCTCGTGGCTGATGTTTTTA
TCCTTACATGAATCGGAGGAATACCTGTAGAACACCCCTACATCGTAATTGGCCAA
ATTGCTTCCGTAATCTACTTCTCCATCTTCCTGATTCTTTTCCCCTTTGTAGGCTGG
GCCGAAAATAAAATCCTCAAATGAGCCT

>Hap19

ATGGCCAACCTCCGAAAAACTCACCCTTTGCTGAAAATGACTAATCACGCTT
TAGTCGACCTACCTGCCCCTTCAAACCTTTCAGTTTGGTGAAACATTGGCTCCCT
TTTGGGAATCTGCCTAGTTCTCCAAATCCTAACAGGCCTATTCATGGCCATGCACT
ACGCCCCCGAAACCGCGAATGCATTCTCTTCTGTCGCCCACATATGTCGGGACGT
CAACAACGGCTGACTAATACGCAACATGCATGCCAACGGAGCATCTTTCTTCTTC
ATCTGTGTTTACCTCCACATCGGCCGAGGTCTTTACTACGGCTCATACCTTTACCA
AGCAACATGAAATGTTGGAGTAGTCCTTCTCCTCCTGCTAATAATAACTGCCTTTG
TAGGCTACGTCCTCCCCTGAGGACAAATGTCGTTCTGAGGGGCAACAGTAATCAC
CAACCTCCTCTCTGCCGCCCCCTACGTGGGGTTCGACCTAGTTTTATGACTATGAG
GGGGGTTCTCTGTAGACGATGCCACCCTCACTCGATTCTTCGCCTTCCACTTCATT
CTCCCTTTCATCATTGCCGCCGCCACTGTCATTCACCTCCTTTTCCTCCACGAAAC
GGGATCAAACAACCCACTTGGCCTTAGCTCAGACGTAGATAAAATCCCTTTCTTG
CCATACTATATTATCAAGGACGTAGTCGGCTTCCTAGTCTTTTTCCTCGCCTTCTTC

TCAATCACCCTGTTCTTCCCCAACCTCCTCGGCGACCCAGATAATTTACAGAGGC CAACCCCCTCGTCACCCCAGCCCACATTAAACCTGAGTGGTACTTTCTTTTCGCCT ACGCTATCCTCCGGTCTATTCCCAGCAAACTGGGCGGTGTTTTAGCCCTCCTCTTC TCTATCCTGGTGCTCCTTCTAGTGCCATTCCTTCACACCTCTAAACAGCAAGGCCT AGCTTTTCGCCCACTCACCCAACTACTCTTCTGGTCTCTCGTGGCTGATGTTTTTA TCCTTACATGAATCGGAGGAATACCTGTAGAACACCCCTACATCGTAATTGGCCAA ATTGCTTCCGTAATCTACTTCTCCATCTTCCTGATTCTTTTCCCCTTTGTAGGCTGG GCCGAAAATAAAATCCTCAAATGAGCCT

>Hap20

ATGGCCAACCTCCGAAAAACTCACCCTTTGCTGAAAATGACTAATCACGCTT TAGTCGACCTACCTGCCCCTTCAAACCTTTCAGTTTGGTGAAACTTTGGCTCCCTT TTGGGAATCTGCCTAGTTCTCCAAATCCTAACAGGCCTATTCATGGCCATGCACTA CGCCCCCGAAACCGCGAATGCATTCTCTTCTGTCGCCCACATATGTCGGGACGTC AACAACGGCTGACTAATACGCAACATGCATGCCAACGGAGCATCTTTCTTCTTCA TCTGTGTTTACCTCCACATCGGCCGAGGTCTTTACTACGGCTCATACCTTTACCAA GCAACATGAAATGTTGGAGTAGTCCTTCTCCTCCTGCTAATAATAACTGCCTTTGT AGGCTACGTCCTCCCCTGAGGACAAATGTCGTTCTGAGGGGCAACAGTAATCACC AACCTCCTCTCTGCCGCCCCCTACGTGGGATTCGACCTAGTTTTATGACTATGAGG GGGGTTCTCTGTAGACAATGCCACCCTCACTCGATTCTTCGCCTTCCACTTCATTC TCCCTTTCATCATTGCCGCCGCCACTGTCATTCACCTCCTTTTCCTCCACGAAACG GGATCAAACAACCCACTTGGCCTTAGCTCAGACGTAGATAAAATCCCTTTCTTGC CATACTATATTATCAAGGACGTATTCGGCTTCCTAGTCTTTTTCCTCGCCTTCTTCTC AATCACCCTGTTCTTCCCCAACCTCCTCGGCGACCCAGATAATTTACAGAGGCC AACCCCCTCGTCACCCCAGCCCACATTAAACCTGAGTGGTACTTTCTTTTCGCCTA CGCTATCCTCCGGTCTATTCCCAGCAAACTGGGCGGTGTTTTAGCCCTCCTCTTCT CTATCCTGGTGCTCCTTCTAGTGCCATTCCTTCACACCTCTAAACAGCAAGGCCTA GCTTTTCGCCCACTCACCCAACTACTCTTCTGGTCTCTCGTGGCTGATGTTTTTAT CCTTACATGAATCGGGGGAATACCTGTAGAACACCCCTACATCGTAATTGGCCAAA TTGCTTCCGTAATCTACTTCTCCATCTTCCTGATTCTTTTCCCCTTTGTAGGCTGGG CCGAAAATAAAATCCTCAAATGAGCCT

>Hap21

ATGGCCAACCTCCGAAAAACTCACCCTTTGCTGAAAATGACTAATCACGCTT

TAGTCGACCTACCTGCCCCTTCAAACCTTTCAGTTTGGTGAAACTTTGGCTCCCTT TTGGGAATCTGCCTAGTTCTCCAAATCCTAACAGGCCTATTCATGGCCATGCACTA CGCCCCCGAAACCGCGAATGCATTCTCTTCTGTCGCCCACATATGTCGGGACGTC AACAACGGCTGACTAATACGCAACATGCATGCCAACGGAGCATCTTTCTTCTTCA TCTGTGTTTACCTCCACATCGGCCGAGGTCTTTACTACGGCTCATACCTTTACCAA GCAACATGAAATGTTGGAGTAGTCCTTCTCCTCCTGCTAATAATAACTGCCTTTGT AGGCTACGTCCTCCCCTGAGGACAAATGTCGTTCTGAGGGGCAACAGTAATCACC AACCTCCTCTCTGCCGCCCCCTACGTGGGGTTCGACCTAGTTTTATGACTATGAGG GGGGTTCTCTGTAGACAATGCCACCCTCACTCGATTCTTCGCCTTCCACTTCATTC TCCCTTTCATCATTGCCGCCGCCACTGTCATTCACCTCCTTTTCCTCCACGAAACG GGATCAAACAACCCACTTGGCCTTAGCTCAGACGTAGATAAAATCCCTTTCTTGC CATACTATATTATCAAGGACGTATTCGGCTTCCTAGTCTTTTTCCTCGCCTTCTTCTC AATCACCCTGTTCTTCCCCAACCTCCTCGGCGACCCAGATAATTTTACAGAGGCC AACCCCCTCGTCACCCCAGCCCACATTAAACCTGAGTGGTACTTTCTTTTCGCCTA CGCTATCCTCCGGTCTATTCCCAGCAAACTGGGCGGTGTTTTAGCCCTCCTCTTCT CTATCCTGGTGCTCCTTCTAGTGCCATTCCTTCACACCTCTAAACAGCAAGGCCTA GCTTTTCGCCCACTCACCCAACTACTCTTCTGGTCTCTCGTGGCTGATGTTTTTAT CCTTACATGAATCGGGGGAATACCTGTAGAACACCCCTACATCGTAATTGGCCAAA TTGCTTCCGTAATCTACTTCTCCATCTTCCTGATTCTTTTCCCCTTTGTAGGCTGGG CCGAAAATAAAATCCTCAAATGAGCCT

>Hap22

ATGGCCAACCTCCGAAAAACTCACCCTTTGCTGAAAATGACTAATCACGCTT TAGTCGACCTACCTGCCCCTTCAAACCTTTCAGTTTGGTGAAACTTTGGCTCCCT TTTGGGAATCTGCCTAGTTCTCCAAATCCTAACAGGCCTATTCATGGCCATGCACT ACGCCCCCGAAACCGCGAATGCATTCTCTTCTGTCGCCCACATATGTCGGGACGT CAACAACGGCTGACTAATACGCAACATGCATGCCAACGGAGCATCTTTCTTCTTC ATCTGTGTTTACCTCCACATCGGCCGAGGTCTTTACTACGGCTCATACCTTTACCA AGCAACATGAAATGTTGGAGTAGTCCTTCTCCTCCTGCTAATAATAACTGCCTTTG TAGGCTACGTCCTCCCCTGAGGACAAATGTCGTTCTGAGGGGCAACAGTAATCAC CAACCTCCTCTCTGCCGCCCCCTACGTGGGATTCGACCTAGTTTTATGACTATGAG GGGGGTTCTCTGTAGACGATGCCACCCTCACTCGATTCTTCGCCTTCCACTTCATT CTCCCTTTCATCATTGCCGCCGCCACTGTCATTCACCTCCTTTTCCTCCACGAAAC

GGGATCAAACAACCCACTTGGCCTTAGCTCAGACGTAGATAAAATCCCTTTCTTG
CCATACTATATTATCAAGGACGTAGTCGGCTTCCTAGTCTTTTTCCTCGCCTTCTTC
TCAATCACCCTGTTCTTCCCCAACCTCCTCGGCGACCCAGATAATTTTACAGAGGC
CAACCCCCTCGTCACCCCAGCCCACATTAAACCTGAGTGGTACTTTCTTTTCGCCT
ACGCTATCCTCCGGTCTATTCCCAGCAAACTGGGCGGTGTTTAGCCCTCCTCTTC
TCTATCCTGGTGCTCCTTCTAGTGCCATTCCTTCACACCTCTAAACAGCAAGGCCT
AGCTTTTCGCCCACTCACCCAACTACTCTTCTGGTCTCTCGTGGCTGATGTTTTA
TCCTTACATGAATCGGGGGAATACCTGTAGAACACCCCTACATCGTAATTGGCCAA
ATTGCTTCCGTAATCTACTTCTCCATCTTCCTGATTCTTTTCCCCTTTGTAGGCTGG
GCCGAAAATAAAATCCTCAAATGAGCCT

>Hap23

ATGGCCAACCTCCGAAAAACTCACCCTTTGCTGAAAATGACTAATCACGCTT
TAGTCGACCTACCTGCCCCTTCAAACCTTTCAGTTTGGTGAAACTTTGGCTCCCT
TTTGGGAATCTGCCTAGTTCTCCAAATCCTAACAGGCCTATTCATGGCCATGCACT
ACGCCCCCGAAACCGCGAATGCATTCTCTTCTGTCGCCCACATATGTCGGGACGT
CAACAACGGCTGACTAATACGCAACATGCATGCCAACGGAGCATCTTTCTTCTTC
ATCTGTGTTTACCTCCACATCGGCCGAGGTCTTTACTACGGCTCACACCTTTACCA
AGCAACATGAAATGTTGGAGTAGTCCTTCTCCTCCTGCTAATAATAACTGCCTTTG
TAGGCTACGTCCTCCCCTGAGGACAAATGTCGTTCTGAGGGGCAACAGTAATCAC
CAACCTCCTCTCTGCCGCCCCCTACGTGGGGTTCGACCTAGTTTTATGACTATGAG
GGGGGTTCTCTGTAGACAATGCCACCCTCACTCGATTCTTCGCCTTCCACTTCATT
CTCCCTTTCATCATTGCCGCCGCCACTGTCATTCATCTCCTTTTCCTCCACGAAAC
GGGATCAAACAACCCACTTGGCCTTAGCTCAGACGTAGATAAAATCCCTTTCTTG
CCATACTATATTATCAAGGACGTAGTCGGCTTCCTAGTCTTTTTCCTCGCCTTCTTC
TCAATCACCCTGTTCTTCCCCAACCTCCTCGGCGACCCAGATAATTTTACAGAGGC
CAACCCCCTCGTCACCCCAGCCCACATTAAACCTGAGTGGTACTTTCTTTTCGCCT
ACGCTATCCTCCGGTCTATTCCCAGCAAACTGGGCGGTGTTTAGCCCTCCTCTTC
TCTATCCTGGTGCTCCTTCTAGTGCCATTCCTTCACACCTCTAAACAGCAAGGCCT
AGCTTTTCGCCCACTCACCCAACTACTCTTCTGGTCTCTCGTGGCTGATGTTTTA
TCCTTACATGAATCGGGGGAATACCTGTAGAACACCCCTACATCGTAATTGGCCAA
ATTGCTTCCGTAATCTACTTCTCCATCTTCCTGATTCTTTTCCCCTTTGTAGGCTGG
GCCGAAAATAAAATCCTCAAATGAGCCT

>Hap24

ATGGCCAACCTCCGAAAAACTCACCCTTTGCTGAAAATGACTAATCACGCTTTAGTCGACCTACCTGCCCCTTCAAACCTTTCAGTTTGGTGAAACATTGGCTCCCTTTTGGGAATCTGCCTAGTTCTCCAAATCCTAACAGGCCTATTCATGGCCATGCACTACGCCCCCGAAACCGCGAATGCATTCTCTTCTGTCGCCCACATATGTCGGGACGTCAACAACGGCTGACTAATACGCAACATGCATGCCAACGGAGCATCTTTCTTCTTCATCTGTGTTTACCTCCACATCGGCCGAGGTCTTTACTACGGCTCATACCTTTACCAAGCAACATGAAATGTTGGAGTAGTCCTTCTCCTCCTGCTAATAATAACTGCCTTTGTAGGCTACGTCCTCCCCTGAGGACAAATGTCGTTCTGAGGGGCAACAGTAATCACCAACCTCCTCTCTGCCGCCCCCTACGTGGGGTTCGACCTAGTTTTATGACTATGAGGGGGGTTCTCTGTAGACAATGCCACCCTCACTCGATTCTTCGCCTTCCACTTCATTCTCCCTTTCATCATTGCCGCCGCCACTGTCATTCACCTCCTTTTCCTCCACGAAACGGGATCAAACAACCCACTTGGCCTTAGCTCAGACGTAGATAAAATCCCTTTCTTGCCATACTATATTATCAAGGACGTAGTCGGCTTCCTAGTCTTTTTCCTCGCCTTCTTCTCAATCACCCTGTTCTTCCCCAACCTCCTCGGCGACCCAGATAATTTACAGAGGCCAACCCCCTCGTCACCCCAGCCCACATTAAACCTGAGTGGTACTTTCTTTTCGCCTACGCTATCCTCCGGTCTATTCCCAGCAAACTGGGCGGTGTTTAGCCCTCCTCTTCTCTATCCTGGTGCTCCTTCTAGTGCCATTCCTTCACACCTCTAAACAGCAAGGCCTAGCTTTTCGCCCACTCACCCAACTACTCTTCTGGTCTCTCGTGGCTGATGTTTTATCCTTACATGAATCGGAGGAATACCTGTAGAACACCCCTACATCGTAATTGGCCAAATTGCTTCCGTAATCTACTTCTCCATCTTCCTGATTCTTTTCCCCTTTGTAGGCTGGGCCGAAAATAAAATCCTCAAATGAGCCT

>Hap25

ATGGCCAACCTCCGAAAAACTCACCCTTTGCTGAAAATGACTAATCACGCTTTAGTCGACCTACCTGCCCCTTCAAACCTTTCAGTTTGGTGAAACTTTGGCTCCCTTTTGGGAATCTGCCTAGTTCTCCAAATCCTAACAGGCCTATTCATGGCCATGCACTACGCCCCCGAAACCGCGAATGCATTCTCTTCTGTCGCCCACATATGTCGGGACGTCAACAACGGCTGACTAATACGCAACATGCATGCCAACGGAGCATCTTTCTTCTTCATCTGTGTTTACCTCCACATCGGCCGAGGTCTTTACTACGGCTCATACCTTTACCAAGCAACATGAAATGTTGGAGTAGTCCTTCTCCTCCTGCTAATAATAACTGCCTTTGTAGGCTACGTCCTCCCCTGAGGACAAATGTCGTTCTGAGGGGCAACAGTAATCACCAACCTCCTCTCTGCCGCCCCCTACGTGGGGTTCGACCTAGTTTTATGACTATGAG

GGGGGTTCTCTGTAGACAATGCCACCCTCACTCGATTCTTCGCCTTCCACTTCATT
CTCCCTTTCATCATTGCCGCCGCCACTGTCATTCACCTCCTTTTCCTCCACGAAAC
GGGATCAAACAACCCACTTGGCCTTAGCTCAGACGTAGATAAAATCCCTTTCTTG
CCATACTATATTATCAAGGACGTAGTCGGCTTCCTAGTCTTTTTCCTCGCCTTCTTC
TCAATCACCCTGTTCTTCCCCAACCTCCTCGGCGACCCAGATAATTTACAGAGGC
CAACCCCCTCGTCACCCCAGCCCACATTAAACCTGAGTGGTACTTTCTTTTCGCCT
ACGCTATCCTCCGGTCTATTCCCAGCAAACTGGGCGGTGTTTAGCCCTCCTCTTC
TCTATCCTGGTGCTCCTTCTAGTGCCATTCCTTCACACCTCTAAACAGCAAGGCCT
AGCTTTTCGCCCACTCACCCAACTACTCTTCTGGTCTCTCGTGGCTGATGTTTTA
TCCTTACATGAATCGGAGGAATACCTGTAGAACACCCCTACATCGTAATTGGCCAA
ATTGCTTCCGTAATCTACTTCTCCATCTTCCTGATTCTTTTCCCCTTTGTAGGCGGG
GCCGAAAATAAAATCCTCAAATGAGCCT

>Hap26

ATGGCCAACCTCCGAAAAACTCACCCTTTGCTGAAAATGACTAATCACGCTT
TAGTCGACCTACCTGCCCCTTCAAACCTTTCAGTTTGGTGAAACATTGGCTCCCT
TTTGGGAATCTGCCTAGTTCTCCAAATCCTAACAGGCCTATTCATGGCCATGCACT
ACGCCCCCGAAACCGCGAATGCATTCTCTTCTGTCGCCCACATATGTCGGGACGT
CAACAACGGCTGACTAATACGCAACATGCATGCCAACGGAGCATCTTTCTTCTTC
ATCTGTGTTTACCTCCACATCGGCCGAGGTCTTTACTACGGCTCATACCTTTACCA
AGCAACATGAAATGTTGGAGTAGTCCTTCTCCTCCTGCTAATAATAACTGCCTTTG
TAGGCTACGTCCTCCCCTGAGGACAAATGTCGTTCTGAGGGGCAACAGTAATCAC
CAACCTCCTCTCTGCCGCCCCCTACGTGGGATTCGACCTAGTTTTATGACTATGAG
GGGGGTTCTCTGTAGACAATGCCACCCTCACTCGATTCTTCGCCTTCCACTTCATT
CTCCCTTTCATCATTGCCGCCGCCACTGTCATTCACCTCCTTTTCCTCCACGAAAC
GGGATCAAACAACCCACTTGGCCTTAGCTCAGACGTAGATAAAATCCCTTTCTTG
CCATACTATATTATCAAGGACGTAGTCGGCTTCCTAGTCTTTTTCCTCGCCTTCTTC
TCAATCACCCTGTTCTTCCCCAACCTCCTCGGCGACCCAGATAATTTACAGAGGC
CAACCCCCTCGTCACCCCAGCCCACATTAAACCTGAGTGGTACTTTCTTTTCGCCT
ACGCTATCCTCCGGTCTATTCCCAGCAAACTGGGCGGTGTTTAGCCCTCCTCTTC
TCTATCCTGGTGCTCCTTCTAGTGCCATTCCTTCACACCTCTAAACAGCAAGGCCT
AGCTTTTCGCCCACTCACCCAACTACTCTTCTGGTCTCTCGTGGCTGATGTTTTA
TCCTTACATGAATCGGGGGAATACCTGTAGAACACCCCTACATCGTAATTGGCCAA

ATTGCTTCCGTAATCTACTTCTCCATCTTCCTGATTCTTTTCCCCTTTGTAGGCTGG GCCGAAAATAAAATCCTCAAATGAGCCT

>Hap27

ATGGCCAACCTCCGAAAAACTCACCCTTTGCTGAAAATGACTAATCACGCTT TAGTCGACCTACCTGCCCCTTCAAACCTTTCAGTTTGGTGAAACTTTGGCTCCCT TTTGGGAATCTGCCTAGTTCTCCAAATCCTAACAGGCCTATTCATGGCCATGCACT ACGCCCCCGAAACCGCGAATGCATTCTCTTCTGTCGCCCACATATGTCGGGACGT CAACAACGGCTGACTAATACGCAACATGCATGCCAACGGAGCATCTTTCTTCTTC ATCTGTGTTTACCTCCACATCGGCCGAGGTCTTTACTACGGCTCATACCTTTACCA AGCAACATGAAATGTTGGAGTAGTCCTTCTCCTCCTGCTAATAATAACTGCCTTTG TAGGCTACGTCCTCCCCTGAGGACAAATGTCGTTCTGAGGGGCAACAGTAATCAC CAACCTCCTCTCTGCCGCCCCCTACGTGGGGTTCGACCTAGTTTTATGACTATGAG GGGGGTTCTCTGTAGACAATGCCACCCTCACTCGATTCTTCGCCTTCCACTTCATT CTCCCTTTCATCATTGCCGCCGCCACTGTCATTCACCTCCTTTTCCTCCACGAAAC GGGATCAAACAACCCACTTGGCCTTAGCTCAGACGTAGATAAAATCCCTTTCTTG CCATACTATATTATCAAGGACGTAGTCGGCTTCCTAGTCTTTTTCCTCGCCTTCTTC TCAATCACCCTGTTCTTCCCCAACCTCCTCGGCGACCCAGATAATTTACAGAGGC CAACCCCCTCGTCACCCCAGCCCACATTAAACCTGAGTGGTACTTTCTTTTCGCCT ACGCTATCCTCCGGTCTATTCCCAGCAAACTGGGCGGTGTTTTAGCCCTCCTCTTC TCTATCTTGGTGCTCCTTCTAGTGCCATTCCTTCACACCTCTAAACAGCAAGGCCT AGCTTTTCGCCCACTCACCCAACTACTCTTCTGGTCTCTCGTGGCTGATGTTTTTA TCCTTACATGAATCGGGGGAATACCTGTAGAACACCCCTACATCGTAATTGGCCAA ATTGCTTCCGTAATCTACTTCTCCATCTTCCTGATTCTTTTCCCCTTTGTAGGCTGG GCCGAAAATAAAATCCTCAAATGAGCCT

>Hap28

ATGGCCAACCTCCGAAAAACTCACCCTTTGCTGAAAATGACTAATCACGCTT TAGTCGACCTACCTGCCCCTTCAAACCTTTCAGTTTGGTGAAACTTTGGCTCCCT TTTGGGAATCTGCCTAGTTCTCCAAATCCTAACAGGCCTATTCATGGCCATGCACT ACGCCCCCGAAACCGCGAATGCATTCTCTTCTGTCGCCCACATATGCCGGGACGT CAACAACGGCTGACTAATACGCAACATGCATGCCAACGGAGCATCTTTCTTCTTC ATCTGTGTTTACCTCCACATCGGCCGAGGTCTTTACTACGGCTCATACCTTTACCA AGCAACATGAAATGTTGGAGTAGTCCTTCTCCTCCTGCTAATAATAACTGCCTTTG

TAGGCTACGTCCTCCCCTGAGGACAAATGTCGTTCTGAGGGGCAACAGTAATTAC
CAACCTCCTCTCTGCCGCCCCCTACGTGGGGTTCGACCTAGTTTTATGACTATGAG
GGGGGTTCTCTGTAGACAATGCCACCCTCACTCGATTCTTCGCCTTCCACTTCATT
CTCCCTTTCATCATTGCCGCCGCCACTGTCATTCACCTCCTTTTCCTCCACGAAAC
GGGATCAAACAACCCACTTGGCCTTAGCTCAGACGTAGATAAAATCCCTTTCTTG
CCATACTATATTATCAAGGACGTAGTCGGCTTCCTAGTCTTTTTCCTCGCCTTCTTC
TCAATCACCCTGTTCTTCCCCAACCTCCTCGGCGACCCAGATAATTTACAGAGGC
CAACCCCCTCGTCACCCCAGCCCACATTAAACCTGAGTGGTACTTTCTTTTCGCCT
ACGCTATCCTCCGGTCTATTCCCAGCAAACTGGGCGGTGTTTTAGCCCTCCTCTTC
TCTATCCTGGTGCTCCTTCTAGTGCCATTCCTTCACACCTCTAAACAGCAAGGCCT
AGCTTTTCGCCCACTCACCCAACTACTCTTCTGGTCTCTCGTGGCTGATGTTTTTA
TCCTTACATGAATCGGGGGAATACCTGTAGAACACCCCTACATCGTAATTGGCCAA
ATTGCTTCCGTAATCTACTTCTCCATCTTCCTGATTCTTTTCCCCTTTGTAGGCTGG
GCCGAAAATAAAATCCTCAAATGAGCCT

>Hap29

ATGGCCAACCTCCGAAAAACTCACCCTTTGCTGAAAATGACTAATCACGCTT
TAGTCGACCTACCTGCCCCTTCAAACCTTTCAGTTTGGTGAAACTTTGGCTCCCTT
TTGGGAATCTGCCTAGTTCTCCAAATCCTAACAGGCCTATTCATGGCCATGCACTA
CGCCCCCGAAACCGCGAATGCATTCTCTTCTGTCGCCCACATATGTCGGGACGTC
AACAACGGCTGACTAATACGCAACATGCATGCCAACGGAGCATCTTTCTTCTTCA
TCTGTGTTTACCTCCACATCGGCCGAGGTCTTTACTACGGCTCATACCTTTACCAA
GCAACATGAAATGTTGGAGTAGTCCTTCTCCTCCTGCTAATAATAACTGCCTTTGT
AGGCTACGTCCTCCCCTGAGGACAAATGTCGTTCTGAGGGGCAACAGTAATCACC
AACCTCCTCTCTGCCGCCCCCTACGTGGGGTTCGACCTAGTTTTATGACTATGAGG
AGGGTTCTCTGTAGACAATGCCACCCTCACTCGATTCTTCGCCTTCCACTTCATTC
TCCCTTTCATCATTGCCGCCGCCACTGTCATTCACCTCCTTTTCCTCCACGAAACG
GGATCAAACAACCCACTTGGCCTTAGCTCAGACGTAGATAAAATCCCTTTCTTGC
CATACTATATTATCAAGGACGTAGTCGGCTTCCTAGTCTTTTTCCTCGCCTTCTTCT
CAATCACCCTGTTCTTCCCTAACCTCCTCGGCGACCCAGATAATTTACAGAGGCC
AACCCCCTCGTCACCCCAGCCCACATTAAACCTGAGTGGTACTTTCTTTTCGCCTA
CGCTATCCTCCGGTCTATTCCCAGCAAACTGGGCGGTGTTTTAGCCCTCCTCTTCT
CTATCCTGGTGCTCCTTCTAGTGCCATTCCTTCACACCTCTAAACAGCAAGGCCTA

GCTTTTCGCCCACTCACCCAACTACTCTTCTGGTCTCTCGTGGCTGATGTTTTAT
CCTTACATGAATCGGGGGAATACCTGTAGAACACCCCTACATCGTAATTGGCCAAA
TTGCTTCCGTAATCTACTTCTCCATCTTCCTGATTCTTTTCCCCTTTGTAGGCTGGG
CCGAAAATAAAATCCTCAAATGAGCCT

>Hap30

ATGGCCAACCTCCGAAAAACTCACCCTTTGCTGAAAATGACTAATCACGCTT
TAGTCGACCTACCTGCCCCTTCAAACCTTTCAGTTTGGTGAAACTTTGGCTCCCT
TTTGGGAATCTGCCTAGTTCTCCAAATCCTAACAGGCCTATTCATGGCCATGCACT
ACGCCCCCGAAACCGCAAATGCATTCTCTTCTGTCGCCCACATATGTCGGGACGT
CAACAACGGCTGACTAATACGCAACATGCATGCCAACGGAGCATCTTTCTTCTTC
ATCTGTGTTTACCTCCACATCGGCCGAGGTCTTTACTACGGCTCATACCTTTACCA
AGCAACATGAAATGTTGGAGTAGTCCTTCTCCTCCTGCTAATAATAACTGCCTTTG
TAGGCTACGTCCTCCCCTGAGGACAAATGTCGTTCTGAGGGGCGACAGTAATCAC
CAACCTCCTCTCTGCCGCCCCCTACGTGGGGTTCGACCTAGTTTATGACTATGAG
GGGGGTTCTATGTAGACAATGCCACCCTCACTCGATTCTTCGCCTTCCACTTCATT
CTCCCTTTCATCATTGCCGCCGCCACTGTCATCCACCTCCTTTTCCTCCACGAAAC
GGGATCAAACAACCCACTTGGCCTTAGCTCAGACGTAGATAAAATCCCTTTCTTG
CCATACTATATTATCAAGGACGTAGTCGGCTTCCTAGTCTTTTTCCTCGCCTTCTTC
TCAATCACCCTGTTCTTCCCCAACCTCCTCGGCGACCCAGATAATTTACAGAGGC
CAACCCCCTCGTCACCCCAGCCCACATTAAACCTGAGTGGTACTTTCTTTTCGCCT
ACGCTATCCTCCGGTCTATTCCCAGCAAACTGGGCGGTGTTTTAGCCCTCCTCTTC
TCTATCCTGGTGCTCCTTCTAGTGCCATTCCTTCACACCTCTAAACAGCAAGGCCT
AGCTTTTCGCCCACTCACCCAACTACTCTTCTGGTCTCTCGTGGCTGATGTTTTTA
TCCTTACATGAATCGGGGGAATACCTGTAGAACACCCCTACATCGTAATTGGCCAA
ATTGCTTCCGTAATCTACTTCTCCATCTTCCTGATTCTTTTCCCCTTTGTAGGCTGG
GCCGAAAATAAAATCCTCAAATGAGCCT

>Hap31

ATGGCCAACCTCCGAAAAACTCACCCTTTGCTGAAAATGACTAATCACGCTT
TAGTCGACCTACCTGCCCCTTCAAACCTTTCAGTTTGGTGAAACTTTGGCTCCCT
TTTGGGAATCTGCCTAGTTCTCCAAATCCTAACAGGCCTATTCATGGCCATGCACT
ACGCCCCCGAAACCGCAAATGCATTCTCTTCTGTCGCCCACATATGTCGGGACGT
CAACAACGGCTGACTAATACGCAACATGCATGCCAACGGAGCATCTTTCTTCTTC

ATCTGTGTTTACCTCCACATCGGCCGAGGTCTTTACTACGGCTCATACCTTTACCA
AGCAACATGAAATGTTGGAGTAGTCCTTCTCCTCCTGCTAATAATAACTGCCTTTG
TAGGCTACGTCCTCCCCTGAGGACAAATGTCGTTCTGAGGGGCAACAGTAATCAC
CAACCTCCTCTCTGCCGCCCCCTACGTGGGGTTCGACCTAGTTTTATGACTATGAG
GGGGGTTCTCTGTAGACAATGCCACCCTCACTCGATTCTTCGCCTTCCACTTCATT
CTCCCTTTCATCATTGCCGCCGCCACTGTCATCCACCTCCTTTTCCTCCACGAAAC
GGGATCAAACAACCCACTTGGCCTTAGCTCAGACGTAGATAAAATCCCTTTCTTG
CCATACTATATTATCAAGGACGTAGTCGGCTTCCTAGTCTTTTTCCTCGCCTTCTTC
TCAATCACCCTGTTCTTCCCCAACCTCCTCGGCGACCCAGATAATTTACAGAGGC
CAACCCCCTCGTCACCCCAGCCCACATTAAACCTGAGTGGTACTTTCTTTTCGCCT
ACGCTATCCTCCGGTCTATTCCCAGCAAACTGGGCGGTGTTTTAGCCCTCCTCTTC
TCTATCCTGGTGCTCCTTCTAGTGCCATTCCTTCACACCTCTAAACAGCAAGGCCT
AGCTTTTCGCCCACTCACCCAACTACTCTTCTGGTCTCTCGTGGCTGATGTTTTA
TCCTTACATGAATCGGGGGAATACCTGTAGAACACCCCTACATCGTAATTGGCCAA
ATTGCTTCCGTAATCTACTTCTCCATCTTCCTGATTCTTTTCCCCTTTGTAGGCTGG
GCCGAAAATAAAATCCTCAAATGAGCCT

>Hap32

ATGGCCAACCTCCGAAAAACTCACCCTTTGCTGAAAATGACTAATCACGCTT
TAGTCGACCTACCTGCCCCTTCAAACCTTTCAGTTTGGTGAAACTTTGGCTCCCTT
TTGGGAATCTGCCTAGTTCTCCAAATCCTAACAGGCCTATTCATGGCCATGCACTA
CGCCCCCGAAACCGCGAATGCATTCTCTTCTGTCGCCCACATATGCCGGGACGTC
AACAACGGCTGACTAATACGCAACATGCATGCCAACGGAGCATCTTTCTTCTTCA
TCTGTGTTTACCTCCACATCGGCCGAGGTCTTTACTACGGCTCATACCTTTACCAA
GCAACATGAAATGTTGGAGTAGTCCTTCTCCTCCTGCTAATAATAACTGCCTTTGT
AGGCTACGTCCTCCCCTGAGGACAAATGTCGTTCTGAGGGGCAACAGTAATTACC
AACCTCCTCTCTGCCGCCCCCTACGTGGGGTTCGACCTAGTTTTATGACTATGAGG
GGGGTTCTCTGTAGACAATGCCACCCTCACTCGATTCTTCGCCTTCCACTTCATTC
TCCCTTTCATCATTGCCGCCGCCACTGTCATTCACCTCCTTTTCCTCCACGAAACG
GGATCAAACAACCCACTTGGCCTTAGCTCAGACGTAGATAAAATCCCTTTCTTGC
CATACTATATTATCAAGGACGTAGTCGGCTTCCTAGTCTTTTTCCTCGCCTTCTTCT
CAATCACCCTGTTCTTCCCTAACCTCCTCGGCGACCCAGATAATTTACAGAGGCC
AACCCCCTCGTCACCCCAGCCCACATTAAACCTGAGTGGTACTTTCTTTTCGCCTA

CGCTATCCTCCGGTCTATTCCCAGCAAACTGGGCGGTGTTTTAGCCCTCCTCTTCT
CTATCCTGGTGCTCCTTCTAGTGCCATTCCTTCACACCTCTAAACAGCAAGGCCTA
GCTTTTCGCCCACTCACCCAACTACTCTTCTGGTCTCTCGTGGCTGATGTTTTTAT
CCTTACATGAATCGGGGGAATACCTGTAGAACACCCCTACATCGTAATTGGCCAAA
TTGCTTCCGTAATCTACTTCTCCATCTTCCTGATTCTTTTCCCCTTTGTAGGCTGGG
CCGAAAATAAAATCCTCAAATGAGCCT

>Hap33

ATGGCCAACCTCCGAAAAACTCACCCTTTGCTGAAAATGACTAATCACGCTT
TAGTCGACCTACCTGCCCCTTCAAACCTTTCAGTTTGGTGAAACTTTGGCTCCCT
TTTGGGAATCTGCCTAGTTCTCCAAATCCTAACAGGCCTATTCATGGCCATGCACT
ACGCCCCCGAAACCGCGAATGCATTCTCTTCTGTCGCCCACATATGCCGGGACGT
CAACAACGGCTGACTAATACGCAACATGCATGCCAACGGAGCATCTTTCTTCTTC
ATCTGTGTTTACCTCCACATCGGCCGAGGTCTTTACTACGGCTCATACCTTTACCA
AGCAACATGAAATGTTGGAGTAGTCCTTCTCCTCCTGCTAATAATAACTGCCTTTG
TAGGCTACGTCCTCCCCTGAGGACAAATGTCGTTCTGAGGGGCAACAGTAATTAC
CAACCTCCTCTCTGCCGCCCCCTACGTGGGGTTCGACCTAGTTTTATGACTATGAG
GGGGATTCTCTGTAGACAATGCCACCCTCACTCGATTCTTCGCCTTCCACTTCATT
CTCCCTTTCATCATTGCCGCCGCCACTGTCATTCACCTCCTTTTCCTCCACGAAAC
GGGATCAAACAACCCACTTGGCCTTAGCTCAGACGTAGATAAAATCCCTTTCTTG
CCATACTATATTATCAAGGACGTAGTCGGCTTCCTAGTCTTTTTCCTCGCCTTCTTC
TCAATCACCCTGTTCTTCCCCAACCTCCTCGGCGACCCAGATAATTTTACAGAGGC
CAACCCCCTCGTCACCCCAGCCCACATTAAACCTGAGTGGTACTTTCTTTTCGCCT
ACGCTATCCTCCGGTCTATTCCCAGCAAACTGGGCGGTGTTTTAGCCCTCCTCTTC
TCTATCCTGGTGCTCCTTCTAGTGCCATTCCTTCACACCTCTAAACAGCAAGGCCT
AGCTTTTCGCCCACTCACCCAACTACTCTTCTGGTCTCTCGTGGCTGATGTTTTTA
TCCTTACATGAATCGGGGGAATACCTGTAGAACACCCCTACATCGTAATTGGCCAA
ATTGCTTCCGTAATCTACTTCTCCATCTTCCTGATTCTTTTCCCCTTTGTAGGCTGG
GCCGAAAATAAAATCCTCAAATGAGCCT

>Hap34

ATGGCCAACCTCCGAAAAACTCACCCTTTGCTGAAAATGACTAATCACGCTT
TAGTCGACCTACCTGCCCCTTCAAACCTTTCAGTTTGGTGAAACTTTGGCTCCCT
TTTGGGAATCTGCCTAGTTCTCCAAATCCTAACAGGCCTATTCATGGCCATGCACT

ACGCCCCCGAAACCGCAAATGCATTCTCTTCTGTCGCCCACATATGTCGGGACGT
CAACAACGGCTGACTAATACGCAACATGCATGCCAACGGAGCATCTTTCTTCTTC
ATCTGTGTTTACCTCCACATCGGCCGAGGTCTTTACTACGGCTCATACCTTTACCA
AGCAACATGAAATGTTGGAGTAGTCCTTCTCCTCCTGCTAATAATAACTGCCTTTG
TAGGCTACGTCCTCCCCTGAGGACAAATGTCGTTCTGAGGGGCGACAGTAATCAC
CAACCTCCTCTCTGCCGCCCCCTACGTGGGGTTCGACCTAGTTTTATGACTATGAG
GGGGGTTCTCTGTAGACAATGCCACCCTCACTCGATTCTTCGCCTTCCACTTCATT
CTCCCTTTCATCATTGCCGCCGCCACTGTCATCCACCTCCTTTTCCTCCACGAAAC
GGGATCAAACAACCCACTTGGCCTTAGCTCAGACGTAGATAAAATCCCTTTCTTG
CCATACTATATTATCAAGGACGTAGTCGGCTTCCTAGTCTTTTTCCTCGCCTTCTTC
TCAATCACCCTGTTCTTCCCCAACCTCCTCGGCGACCCAGATAATTTACAGAGGC
CAACCCCCTCGTCACCCCAGCCCACATTAAACCTGAGTGGTACTTTCTTTTCGCCT
ACGCTATCCTCCGGTCTATTCCCAGCAAACTGGGCGGTGTTTAGCCCTCCTCTTC
TCTATCCTGGTGCTCCTTCTAGTGCCATTCCTTCACACCTCTAAACAGCAAGGCCT
AGCTTTTCGCCCACTCACCCAACTACTCTTCTGGTCTCTCGTGGCTGATGTTTTTA
TCCTTACATGAATCGGGGGAATACCTGTAGAACACCCCTACATCGTAATTGGCCAA
ATTGCTTCCGTAATCTACTTCTCCATCTTCCTGATTCTTTTCCCCTTTGTAGGCTGG
GCCGAAAATAAAATCCTCAAATGAGCCT

>Hap35

ATGGCCAACCTCCGAAAAACTCACCCTTTGCTGAAAATGACTAATCACGCTT
TAGTCGACCTACCTGCCCCTTCAAACCTTTCAGTTTGGTGAAACTTTGGCTCCCT
TTTGGGAATCTGCCTAGTTCTCCAAATCCTAACAGGCCTATTCATGGCCATGCACT
ACGCCCCCGAAACCGCAAATGCATTCTCTTCTGTCGCCCACATATGTCGGGACGT
CAACAACGGCTGACTAATACGCAACATGCATGCCAACGGAGCATCTTTCTTCTTC
ATCTGTGTTTACCTCCACATCGGCCGAGGTCTTTACTACGGCTCATACCTTTACCA
AGCAACATGAAATGTTGGAGTAGTCCTTCTCCTCCTGCTAATAATAACTGCCTTTG
TAGGCTACGTCCTCCCCTGAGGACAAATGTCGTTCTGAGGGGCAACAGTAATCAC
CAACCTCCTCTCTGCCGCCCCCTACGTGGGGTTCGACCTAGTTTTATGACTATGAG
GGGGGTTCTCTGTAGACAATGCCACCCTCACTCGATTCTTCGCCTTCCACTTCATT
CTCCCTTTCATCATTGCCGCCGCCACTGTCATTCACCTCCTTTTCCTCCACGAAAC
GGGATCAAACAACCCACTTGGCCTTAGCTCAGACGTAGATAAAATCCCTTTCTTG
CCATACTATATTATCAAGGACGTAGTCGGCTTCCTAGTCTTTTTCCTCGCCTTCTTC

TCAATCACCCTGTTCTTCCCCAACCTCCTCGGCGACCCAGATAATTTACAGAGGC CAACCCCCTCGTCACCCCAGCCCACATTAAACCTGAGTGGTACTTTCTTTTCGCCT ACGCTATCCTCCGGTCTATTCCCAGCAAACTGGGCGGTGTTTAGCCCTCCTCTTC TCTATCCTGGTGCTCCTTCTAGTGCCATTCCTTCACACCTCTAAACAGCAAGGCCT AGCTTTTCGCCCACTCACCCAACTACTCTTCTGGTCTCTCGTGGCTGATGTTTTA TCCTTACATGAATCGGGGGAATACCTGTAGAACACCCCTACATCGTAATTGGCCAA ATTGCTTCCGTAATCTACTTCTCCATCTTCCTGATTCTTTTCCCCTTTGTGGGCTGG GCCGAAAATAAAATCCTCAAATGAGCCT

>Hap36

ATGGCCAACCTCCGAAAAACTCACCCTTTGCTGAAAATGACTAATCACGCTT TAGTCGACCTACCTGCCCCTTCAAACCTTTCAGTTTGGTGAAACTTTGGCTCCCT TTTGGGAATCTGCCTAGTTCTCCAAATCCTAACAGGCCTATTCATGGCCATGCACT ACGCCCCCGAAACCGCGAATGCATTCTCTTCTGTCGCCCACATATGTCGGGACGT CAACAACGGCTGACTAATACGCAACATGCATGCCAACGGAGCATCTTTCTTCTTC ATCTGTGTTTACCTCCACATCGGCCGAGGTCTTTACTACGGCTCATACCTTTACCA AGCAACATGAAATGTTGGAGTAGTCCTTCTCCTCCTACTAATAATAACTGCCTTTG TAGGCTACGTCCTCCCCTGAGGACAAATGTCGTTCTGAGGGGCAACAGTAATCAC CAACCTCCTCTCTGCCGCCCCCTACGTGGGGTTCGACCTAGTTTTATGACTATGAG GGGGGTTCTCTGTAGACAATGCCACCCTCACTCGATTCTTCGCCTTCCACTTCATT CTCCCTTTCATCATTGCCGCCGCCACTGTCATTCACCTCCTTTTCCTCCACGAAAC GGGATCAAACAACCCACTTGGCCTTAGCTCAGACGTAGATAAAATCCCTTTCTTG CCATACTATATTATCAAGGACGTAGTCGGCTTCCTAGTCTTTTTCCTCGCCTTCTTC TCAATCACCCTGTTCTTCCCCAACCTCCTCGGCGACCCAGATAATTTACAGAGGC CAACCCTCTCGTCACCCCAGCCCACATTAAACCTGAGTGGTACTTTCTTTTCGCCT ACGCTATCCTCCGGTCTATTCCCAGCAAACTGGGCGGTGTTTAGCCCTCCTCTTC TCTATCCTGGTGCTCCTTCTAGTGCCATTCCTTCACACCTCTAAACAGCAAGGCCT AGCTTTTCGCCCACTCACCCAACTACTCTTCTGGTCTCTCGTGGCTGATGTTTTA TCCTTACATGAATCGGAGGAATACCTGTAGAACACCCCTACATCGTAATTGGCCAA ATTGCTTCCGTAATCTACTTCTCCATCTTCCTGATTCTTTTCCCCTTTGTAGGCTGG GCCGAAAATAAAATCCTCAAATGAGCCT

>Hap37

ATGGCCAACCTCCGAAAAACTCACCCTTTGCTGAAAATGACTAATCACGCTT

TAGTCGACCTACCTGCCCCTTCAAACCTTTCAGTTTGGTGAAACTTTGGCTCCCT
TTTGGGAATCTGCCTAGTTCTCCAAATCCTAACAGGCCTATTCATGGCCATGCACT
ACGCCCCCGAAACCGCGAATGCATTCTCTTCTGTCGCCCACATATGTCGGGACGT
CAACAACGGCTGACTAATACGCAACATGCATGCCAACGGAGCATCTTTCTTCTTC
ATCTGTGTTTACCTCCACATCGGCCGAGGTCTTTACTACGGCTCATACCTTTACCA
AGCAACATGAAATGTTGGAGTAGTCCTTCTCCTCCTGCTAATAATAACTGCCTTTG
TAGGCTACGTCCTCCCCTGAGGACAAATGTCGTTCTGAGGGGCAACAGTAATCAC
CAACCTCCTCTCTGCCGCCCCCTACGTGGGGTTCGACCTAGTTTTATGACTATGAG
GGGGGTTCTCTGTAGACAATGCCACCCTCACTCGATTCTTCGCCTTCCACTTCATT
CTCCCTTTCATCATTGCCGCCGCCACTGTCATTCACCTCCTTTTCCTCCACGAAAC
GGGATCAAACAACCCACTTGGCCTTAGCTCAGACGTAGATAAAATCCCTTTCTTG
CCATACTATATTATCAAGGACGTAGTCGGCTTCCTAGTCTTTTTCCTCGCCTTCTTC
TCAATCACCCTGTTCTTCCCCAACCTCCTCGGCGACCCAGATAATTTACAGAGGC
CAACCCCCTCGTCACCCCAACCCACATTAAACATGAGGGGTACTTTCTTTTCGCCT
ACGCTATCCTCCGGTCTATTCCCAGCAAACTGGGCGGTGTTTAGCCCTCCTCTTC
TCTATCCTGGTGCTCCTTCTAGTGCCATTCCTTCACACCTCTAAACAGCAAGGCCT
AGCTTTTCGCCCACTCACCCAACTACTCTTCTGGTCTCTCGTGGCTGATGTTTTTA
TCCTTACATGAATCGGAGGAATACCTGTAGAACACCCCTACATCGTAATTGGCCAA
ATTGCTTCCGTAATCTACTTCTCCATCTTCCTGATTCTTTTCCCCTTTGTAGGCTGG
GCCGAAAATAAAATCCTCAAATGAGCCT

>Hap38

ATGGCCAACCTCCGAAAACTCACCCTTTGCTGGAAAATGACTAATCACGCTT
TAATCGACCTACCTGCCCCTTCAAACCTTTCAGTTTGGTGAAACTTTGGCTCCCTT
TTGGGAATCTGCCTAGTTCTCCAAATCCTAACAGGCCTATTCATGGCCATGCACTA
CGCCCCCGAAACCGCAAATGCATTCTCTTCTGTCGCCCACATATGTCGGGACGTC
AACAACGGCTGACTAATACGCAACATGCATGCCAACGGAGCATCTTTCTTCTTCA
TCTGTGTTTACCTCCACATCGGCCGAGGTCTTTACTACGGCTCATACCTTTACCAA
GCAACATGAAATGTTGGAGTAGTCCTTCTCCTCCTGCTAATAATAACTGCCTTTGT
AGGCTACGTCCTCCCCTGAGGACAAATGTCGTTCTGAGGGGCGACAGTAATCAC
CAACCTCCTCTCTGCCACCCCCTACGTGGGGTTCGACCTAGTTTTATGACTATGAG
GGGGGTTCTCTGTAGACAATGCCACCCTCACTCGATTCTTCGCCTTCCACTTCATT
CTCCCTTTCATCATTGCCGCCGCCACTGTCATCCACCTCCTTTTCCTCCACGAAAC

GGGATCAAACAACCCACTTGGCCTTAGCTCAGACGTAGATAAAATCCCTTTCTTG
CCATACTATATTATCAAGGACATAGTCGGCTTCCTAGTCTTTTTCCTCGCCTTCTTC
TCAATCACCCTGTTCTTCCCCAACCTCCTCGGCGACCCAGATAATTTACAGAGGC
CAACCCCCTCGTCACCCCAGCCCACATTAAACCTGAGTGGTACTTTCTTTTCGCCT
ACGCTATCCTCCGGTCTATTCCCAGCAAACTGGGCGGTGTTTAGCCCTCCTCTTC
TCTATCCTGGTGCTCCTTCTAGTGCCATTCCTTCACACCTCTAAACAGCAAGGCCT
AGCTTTTCGCCCACTCACCCAACTACTCTTCTGGTCTCTCGTGGCTGATGTTTTTA
TCCTTACATGAATCGGGGGAATACCTGTAGAACACCCCTACATCGTAATTGGCCAA
ATTGCTTCCGTAATCTACTTCTCCATCTTCCTGATTCTTTTCCCCTTTGTAGGCTGG
GCCGAAAATAAAATCCTCAAATGAGCCT

>Hap39

ATGGCCAACCTCCGAAAAACTCACCCTTTGCTGAAAATGACTAATCACGCTT
TAGTCGACCTACCTGCCCCTTCAAACCTTTCAGTTTGGTGAAACTTTGGCTCCCT
TTTGGGAATCTGCCTAGTTCTCCAAATCCTAACAGGCCTATTCATGGCCATGCACT
ACGCCCCCGAAACCGCGAATGCATTCTCTTCTGTCGCCCACATATGTCGGGACGT
CAACAACGGCTGACTAATACGCAACATGCATGCCAACGGAGCATCTTTCTTCTTC
ATCTGTGTTTACCTCCACATCGGCCGAGGTCTTTACTACGGCTCATACCTTTACCA
AGCAACATGAAATGTTGGAGTAGTCCTTCTCCTCCTACTAATAATAACTGCCTTTG
TAGGCTACGTCCTCCCCTGAGGACAAATGTCGTTCTGAGGGGCAACAGTAATCAC
CAACCTCCTCTCTGCCGCCCCCTACGTGGGGTTCGACCTAGTTTATGACTATGAG
GGGGGTTCTCTGTAGACAATGCCACCCTCACTCGATTCTTCGCCTTCCACTTCATT
CTCCCTTTCATCATTGCCGCCGCCACTGTCATTCACCTCCTTTTCCTCCACGAAAC
GGGATCAAACAACCCACTTGGCCTTAGCTCAGACGTAGATAAAATCCCTTTCTTG
CCATACTATATTATCAAGGACGTAGTCGGCTTCCTAGTCTTTTTCCTCGCCTTCTTC
TCAATCACCCTGTTCTTCCCCAACCTCCTCGGCGACCCAGATAATTTACAGAGGC
CAACCCTCTTGTCACCCCAGCCCACATTAAACCTGAGTGGTACTTTCTTTTCGCCT
ACGCTATCCTCCGGTCTATTCCCAGCAAACTGGGCGGTGTTTAGCCCTCCTCTTC
TCTATCCTGGTGCTCCTTCTAGTGCCATTCCTTCACACCTCTAAACAGCAAGGCCT
AGCTTTTCGCCCACTCACCCAACTACTCTTCTGGTCTCTCGTGGCTGATGTTTTTA
TCCTTACATGAATCGGAGGAATACCTGTAGAACACCCCTACATCGTAATTGGCCAA
ATTGCTTCCGTAATCTACTTCTCCATCTTCCTGATTCTTTTCCCCTTTGTAGGCTGG
GCCGAAAATAAAATCCTCAAATGAGCCT

>Hap40

ATGGCCAACCTCCGAAAAACTCACCCTTTGCTGAAAATGACTAATCACGCTT TAGTCGACCTACCTGCCCCTTCAAACCTTTCAGTTTGGTGAAACTTTGGCTCCCT TTTGGGAATCTGCCTAGTTCTCCAAATCCTAACAGGCCTATTCATGGCCATGCACT ACGCCCCCGAAACCGCAAATGCATTCTCTTCTGTCGCCCACATATGTCGGGACGT CAACAACGGCTGACTAATACGCAACATGCATGCCAACGGAGCATCTTTCTTCTTC ATCTGTGTTTACCTCCACATCGGCCGAGGTCTTTACTACGGCTCATACCTTTACCA AGCAACATGAAATGTTGGAGTAGTCCTTCTCCTCCTGCTAATAATAACTGCCTTTG TAGGCTACGTCCTCCCCTGAGGACAAATGTCGTTCTGAGGGGCAACAGTAATCAC CAACCTCCTCTCTGCCGCCCCCTACGTGGGGTTCGACCTAGTTTTATGACTATGAG GGGGGTTCTCTGTAGACAATGCCACCCTCACTCGATTCTTCGCCTTCCACTTCATT CTCCCTTTCATCATTGCCGCCGCCACTGTCATTCACCTCCTTTTCCTCCACGAAAC GGGATCAAACAACCCACTTGGCCTTAGCTCAGACGTAGATAAAATCCCTTTCTTG CCATACTATATTATCAAGGACGTAGACGGCTTCCTAGTCTTTTTCCTCGCCTTCTTC TCAATCACCCTGTTCTTCCCCAACCTCCTCGGCGACCCAGATAATTTACAGAGGC CAACCCCCTAGTCACCCCAGCCCACATTAAACCTGAGTGGTACTTTCTTTTCGCAT ACGCTATCCTCCGGTCTATTCCCAGCAAACTGGGCGGTGTTTTAGCCCTCCTCTTC TCTATCCTGGTGCTCCTTCTAGTGCCATTCCTTCACACCTCTAAACAGCAAGGCCT AGCTTTTCGCCCACTCACCCAACTACTCTTCTGGTCTCTCGTGGCTGATGTTTTTA TCCTTACATGAATCGGGGGAATACCTGTAGAACACCCCTACATCGTAATTGGCCAA ATTGCTTCCGTAATCTACTTCTCCATCTTCCTGATTCTTTTCCCCTTTGTAGGCTGG GCCGAAAATAAAATCCTCAAATGAGCCT

>Hap41

ATGGCCAACCTCCGAAAAACTCACCCTTTGCTGAAAATGACTAATCACGCTT TAGTCGACCTACCTGCCCCTTCAAACCTTTCAGTTTGGTGAAACTTTGGCTCCCT TTTGGGAATCTGCCTAGTTCTCCAAATCCTAACAGGCCTATTCATGGCCATGCACT ACGCCCCCGAAACCGCGAATGCATTCTCTTCTGTCGCCCACATATGTCGGGACGT CAACAACGGCTGACTAATACGCAACATGCATGCCAACGGAGCATCTTTCTTCTTC ATCTGTGTTTACCTCCACATCGGCCGAGGTCTTTACTACGGCTCATACCTTTACCA AGCAACATGAAATGTTGGAGTAGTCCTTCTCCTCCTGCTAATAATAACTGCCTTTG TAGGCTACGTCCTCCCCTGAGGACAAATGTCGTTCTGAGGGGCAACAGTAATCAC CAACCTCCTCTCTGCCGCCCCCTACGTGGGATTCGACCTAGTTTTATGACTATGAG

GGGGGTTCTCTGTAGACAATGCCACCCTCACTCGATTCTTCGCCTTCCACTTCATT
CTCCCTTTCATCATTGCCGCCGCCACTGTCATTCACCTCCTTTTCCTCCACGAAAC
GGGATCAAACAACCCACTTGGCCTTAGCTCAGACGTAGATAAAATCCCTTTCTTG
CCATACTATATTATCAAGGACGTAGTCGGCTTCCTAGTCTTTTTCCTCGCCTTCTTC
TCAATCACCCCTGTTCTTCCCCAACCTCCTCGGCGACCCAGATAATTTACAGAGG
CCAACCCTCTTGTCGCGCCAGCGCACATTAAACAGGAGGGGTACTTTCTTTTGGC
GTACGCTATCCTCCGGTCATTCCCAGCAAACTGGGCGGTGTTTTAGCCCTCCTCTT
CTCTATCCTGGTGCTCCTTGTAGTGCCATTCCTTCACACCTGAAAACAGCAAGGC
CTAGCTTTTCGCCCACTCACCCAACTACTCTTCTGGTCTCTAGTGGCTGATGTTTT
TATCGTAACCTGAATCGGGGGAATACCTGTAGAACACCCCTACATCGTAATTGGCC
AAATTGCTTCCGTAATCTACTTATCCATCTTCGGGATTCTTTTCCCCTTCGTAGGCT
GGGCCGAAAATAAAATCCTCAAATGAGCCT

>Hap42

ATGGCCAACCTCCGAAAAACTCACCCTTTGCTGAAAATGACTAATCACGCTT
TAGTCGACCTACCTGCCCCTTCAAACCTTTCAGTTTGGTGAAACTTTGGCTCCCT
TTTGGGAATCTGCCTAGTTCTCCAAATCCTAACAGGCCTATTCATGGCCATGCACT
ACGCCCCCGAAACCGCAAATGCATTCTCTTCTGTCGCCCACATATGTCGGGACGT
CAACAACGGCTGACTAATACGCAACATGCATGCCAACGGAGCATCTTTCTTCTTC
ATCTGTGTTTACCTCCACATCGGCCGAGGTCTTTACTACGGCTCATACCTTTACCA
AGCAACATGAAATGTTGGAGTAGTCCTTCTCCTCCTGCTAATAATAACTGCCTTTG
TAGGCTACGTCCTCCCCTGAGGACAAATGTCGTTCTGAGGGGCGACAGTAATCAC
CAACCTCCTCTCTGCCGCCCCCTACGTGGGGTTCGACCTAGTTTTATGACTATGAG
GGGGGTTCTCTGTAGACAATGCCACCCTCACTCGATTCTTCGCCTTCCACTTCATT
CTCCCTTTCATCATTGCCGCCGCCACTGTCATCCACCTCCTTTTCCTCCACGAAAC
GGGATCAAACAACCCACTTGGCCTTAGCTCAGACGTAGATAAAATCCCTTTCTTG
CCATACTATATTATCAAGGACGTAGTCGGCTTCCTAGTCTTTTTCCTCGCCTTCTTC
TCAATCACCCTGTTCTTCCCCAACCTCCTCGGCGACCCAGATAATTTACAGAGGC
CAACCCCCTCGTCACCCCAGCCCACATTAAACCTGAGTGGTACTTTCTTTTCGCAT
ACGCCATCCTCCGGTCTATTCCCAGCAAACTGGGCGGTGTTTTAGCCCTCCTCTTC
TCTATCCTGGTGCTCCTTCTAGTGCCATTCCTTCACACCTCTAAACAGCAAGGCCT
AGCTTTTCGCCCACTCACCCAACTACTCTTCTGGTCTCTCGTGGCTGATGTTTTTA
TCCTTACATGAATCGGGGGAATACCTGTAGAACACCCCTACATCGTAATTGGCCAA

ATTGCTTCCGTAATCTACTTCTCCATCTTCCTGATTCTTTTCCCCTTTGTAGGCTGG GCCGAAAATAAAATCCTCAAATGAGCCT

>Hap43

ATGGCCAACCTCCGAAAAACTCACCCTTTGCTGAAAATGACTAATCACGCTT TAGTCGACCTACCTGCCCCTTCAAACCTTTCAGTTTGGTGAAACTTTGGCTCCCTT TTGGGAATCTGCCTAGTTCTCCAAATCCTAACAGGCCTATTCATGGCCATGCACTA CGCCCCCGAAACCGCGAATGCATTCTCTTCTGTCGCCCACATATGTCGGGACGTC AACAACGGCTGACTAATACGCAACATGCATGCCAACGGAGCATCTTTCTTCTTCA TCTGTGTTTACCTCCACATCGGCCGAGGTCTTTACTACGGCTCATACCTTTACCAA GCAACATGAAATGTTGGAGTAGTCCTTCTCCTCCTACTAATAATAACTGCCTTTGT AGGCTACGTCCTCCCCTGAGGACAAATGTCGTTCTGAGGGGCAACAGTAATCACC AACCTCCTCTCTGCCGCCCCCTACGTGGGGTTCGACCTAGTTTTATGACTATGAGG GGGGTTCTCTGTAGACAATGCCACCCTCACTCGATTCTTCGCCTTCCACTTCATTC TCCCTTTCATCATTGCCGCCGCCACTGTCATTCACCTCCTTTTCCTCCACGAAACG GGATCAAACAACCCACTTGGCCTTAGCTCAGACGTAGATAAAATCCCTTTCTTGC CATACTATATTATCAAGGACGTAGTCGGCTTCCTAGTCTTTTTCCTCGCCTTCTTCT CAATCACCCTGTTCTTCCCCAACCTCCTCGGCGACCCAGATAATTTACAGAGGG CCAACCCTCTCGTCACCCCAGCCCACATTAAACCTGAGTGGTACTTTCTTTTCGCA TACGTGTCCTCTGGTCTATTCCCAGCAAACTGGGCGATGTTTTAGCCCTCCTATTG TCAATCCTGGTGCTCCTTCTAGAGCCATTCCTTCACACCTCTAAACAGCAAGGCCT AGCTTTTGGCCCACTCACCCAACTACTCTTCTGGTCTCTCGTGGCTGATGTTTTTA TCCTTACATGAATCGGAGGAATACCTGTAGAACACCCCTACATCGTAATTGGCCAA ATTGCTTCCGTAATCTACTTCTCCATCTTCCTGATTCTTTTCCCCTTTGTAGGCTGG GCCGAAAATAAAATCCTCAAATGAGCCT

>Hap44

ATGGCCAACCTCCGAAAAACTCACCCTTTGCTGAAAATGACTAATCACGCTT TAGTCGACCTACCTGCCCCTTCAAACCTTTCAGTTTGGTGAAACTTTGGCTCCCT TTTGGGAATCTGCCTAGTTCTCCAAATCCTAACAGGCCTATTCATGGCCATGCACT ACGCCCCCGAAACCGCGAATGCATTCTCTTCTGTCGCCCACATATGTCGGGACGT CAACAACGGCTGACTAATACGCAACATGCATGCCAACGGAGCATCTTTCTTCTTC ATCTGTGTTTACCTCCACATCGGCCGAGGTCTTTACTACGGCTCATACCTTTACCA AGCAACATGAAATGTTGGAGTAGTCCTTCTCCTCCTGCTAATAATAACTGCCTTTG

TAGGCTACGTCCTCCCCTGAGGACAAATGTCGTTCTGAGGGGCAACAGTAATCAC
CAACCTCCTCTCTGCCGCCCCCTACGTGGGGTTCGACCTAGTTTTATGACTATGAG
GGGGGTTCTCTGTAGACAATGCCACCCTCACTCGATTCTTCGCCTTCCACTTCATT
CTCCCTTTCATCATTGCCGCCGCCACTGTCATTCACCTCCTTTTCCTCCACGAAAC
GGGATCAAACAACCCACTTGGCCTTAGCTCAGACGTAGATAAAATCCCTTTCTTG
CCATACTATATTATCAAGGACGTAGTCGGCTTCCTAGTCTTTTTCCTCGCCTTCTTC
TCAATCACCCTGTTCTTCCCCAACCTCCTCGGCGACCCAGATAATTTTACAGAGGC
CAACCCCCTCGTCACCCCAGCCCACATTAACCCTGAGTGGTACTTTCTTTTCGCCT
ACGCTATCCTCCGGTCTATTCCCAGCAAACTGGGCGGTGTTTTAGCCCTCCTCTTC
TCTATCCTGGTGCTCCTTCTAGTGCCATTCCTTCACACCTCTAAACAGCAAGGCCT
AGCTTTTCGCCCACTCACCCAACTACTCTTCTGGTCTCTCGTGGCTGATGTTTTTA
TCCTTACATGAATCGGGGGAATACCTGTAGAACACCCCTACATCGTAATTGGCCAA
ATTGCTTCCGTAATCTACTTCTCCATCTTCCTGATTCTTTTCCCCTTTGTAGGCTGG
GCCGAAAATAAAATCCTCAAATGAGCCT

>Hap45

ATGGCCAACCTCCGAAAAACTCACCCTTTGCTGAAAATGACTAATCACGCTT
TAGTCGACCTACCTGCCCCTTCAAACCTTTCAGTTTGGTGAAACTTTGGCTCCCT
TTTGGGAATCTGCCTAGTTCTCCAAATCCTAACAGGCCTATTCATGGCCATGCACT
ACGCCCCCGAAACCGCAAATGCATTCTCTTCTGTCGCCCACATATGTCGGGACGT
CAACAACGGCTGACTAATACGCAACATGCATGCCAACGGAGCATCTTTCTTCTTC
ATCTGTGTTTACCTCCACATCGGCCGAGGTCTTTACTACGGCTCATACCTTTACCA
AGCAACATGAAATGTTGGAGTAGTCCTTCTCCTCCTGCTAATAATAACTGCCTTTG
TAGGCTACGTCCTCCCCTGAGGACAAATGTCGTTCTGAGGGGCAACAGTAATCAC
CAACCTCCTCTCTGCCGCCCCCTACGTGGGGTTCGACCTAGTTTTATGACTATGAG
GGGGGTTCTCTGTAGACAATGCCACCCTCACTCGATTCTTCGCCTTCCACTTCATT
CTCCCTTTCATCATTGCCGCCGCCACTGTCATTCACCTCCTTTTCCTCCACGAAAC
GGGATCAAACAACCCACTTGGCCTTAGCTCAGACGTAGATAAAATCCCTTTCTTG
CCATACTTTATTATCAAGGACGTAGTCGGCTTCCTAGTCTTTTTCCTCGCCTTCTTC
TCAATCACCCTGTTCTTCCCCAACCTCCTCGGCGACCCAGATAATTTTACAGAGGC
CAACCCCCTCGTCACCCCAGCCCACATTAAACCTGAGGGGTACTTTCTTTTCGCAT
ACGCTATCCTCCGGTCTATTCCCAGCAAACTGGGCGGTGTTTTAGCCCTCCTATTC
TCTATCCTGGTGCTCCTTCTAGTGCCATTCCTTCACACCTCTAAACAGCAAGGCCT

AGCTTTTCGCCCACTCACCCAACTACTCTTCTGGTCTCTCGTGGCTGATGTTTTTATCCTTACATGAATCGGGGGAATACCTGTAGAACACCCCTACATCGTAATTGGCCAAATTGCTTCCGTAATCTACTTCTCCATCTTCCTGATTCTTTTCCCCTTTGTGGGCTGGGCCGAAAATAAAATCCTCAAATGAGCCT

>Hap46

ATGGCCAACCTCCGAAAAACTCACCCTTTGCTGAAAATGACTAATCACGCTTTAGTCGACCTACCTGCCCCTTCAAACCTTTCAGTTTGGTGAAACTTTGGCTCCCTTTTGGGAATCTGCCTAGTTCTCCAAATCCTAACAGGCCTATTCATGGCCATGCACTACGCCCCCGAAACCGCGAATGCATTCTCTTCTGTCGCCCACATATGTCGGGACGTCAACAACGGCTGACTAATACGCAACATGCATGCCAACGGAGCATCTTTCTTCTTCATCTGTGTTTACCTCCACATCGGCCGAGGTCTTTACTACGGCTCATACCTTTACCAAGCAACATGAAATGTTGGAGTAGTCCTTCTCCTCCTGCTAATAATAACTGCCTTTGTAGGCTACGTCCTCCCCTGAGGACAAATGTCGTTCTGAGGGGCAACAGTAATCACCAACCTCCTCTCTGCCGCCCCCTACGTGGGGTTCGACCTAGTTTTATGACTATGAGGGGGGTTCTCTGTAGACAATGCCACCCTCACTCGATTCTTCGCCTTCCACTTCATTCTCCCTTTCATCATTGCCGCCGCCACTGTCATTCACCTCCTTTTCCTCCACGAAACGGGATCAAACAACCCACTTGGCCTTATCTCAGACGTACATAAAATCCCTTTCTTGCCATACTATATTATCAAGGACGTAGTCGGCTTCCTAGTCTTTTTCCTCGCCTTCTTCTCAATCACCCTGTTCTTCCCCAACCTCCTCGGCGACCCAGATAATTTTACAGAGGCCAACCCCCTTGTCGCCCCAGCCCACATTAAACATGAGTGGTACTTTCTTTTCGCGTACGCTATCCTCCGGTCTATTCCCAGCAAACTGGGCGGTGTTTTAGCCCTCCTCTTCTCTATCCTGGTGCTCCTTCTAGTGCCATTCCTTCACACCTCTAAACAGCAAGGCCTAGCTTTTCGCCCACTCACCCAACTACTCTTCTGGTCTCTCGTGGCTGATGTTTTTATCCTTACATGAATCGGGGGAATACCTGTAGAACACCCCTACATCGTAATTGGCCAAATTGCTTCCGTAATCTACTTCTCCATCTTCCTGATTCTTTTCCCCTTTGTAGGCTGGGCCGAAAATAAAATCCTCAAATGAGCCT

>Hap47

ATGGCCAACCTCCGAAAAACTCACCCTTTGCTGAAAATGACTAATCACGCTTTAGTCGACCTACCTGCCCCTTCAAACCTTTCAGTTTGGTGAAACTTTGGCTCCCTTTTGGGAATCTGCCTAGTTCTCCAAATCCTAACAGGCCTATTCATGGCCATGCACTACGCCCCCGAAACCGCGAATGCATTCTCTTCTGTCGCCCACATATGTCGGGACGTCAACAACGGCTGACTAATACGCAACATGCATGCCAACGGAGCATCTTTCTTCTTCA

TCTGTGTTTACCTCCACATCGGCCGAGGTCTTTACTACGGCTCATACCTTTACCAAGCAACATGAAATGTTGGAGTAGTCCTTCTCCTCCTGCTAATAATAACTGCCTTTGTAGGCTACGTCCTCCCCTGAGGACAAATGTCGTTCTGAGGGGCAACAGTAATCACCAACCTCCTCTCTGCCGCCCCCTACGTGGGGTTCGACCTAGTTTTATGACTATGAGGGGGGTTCTCTGTAGACAATGCCACCCTCACTCGATTCTTCGCCTTCCACTTCATTCTCCCTTTCATCATTGCCGCCGCCACTGTCATTCACCTCCTTTTCCTCCACGAAACGGGATCAAACAACCCACTTGGCCTTATCTCAGACGTACATAAAATCCCTTTCTTGCCATACTATATTATCAAGGACGTAGTCGGCTTCCTAGTCTTTTTCCTCGCCTTCTTCTCAATCACCCTGTTCTTCCCCAACCTCCTCGGCGACCCAGATAATTTACAGAGGCCAACCCCCTCGTCACCCCAGCCCACATTAAACCTGAGTGGTACTTTCTTTTCGCCTACGCTATCCTCCGGTCTATTCCCAGCAAACTGGGCGGTGTTTTAGCCCTCCTCTTCTCTATCCTGGTGCTCCTTCTAGTGCCATTCCTTCACACCTCTAAACAGCAAGGCCTAGCTTTTCGCCCACTCACCCAACTACTCTTCTGGTCTCTCGTGGCTGATGTTTTATCCTTACATGAATCGGGGGAATACCTGTAGAACACCCCTACATCGTAATTGGCCAAATTGCTTCCGTAATCTACTTCTCCATCTTCCTGATTCTTTTCCCCTTTGTAGGCTGGGCCGAAAATAAAATCCTCAAATGAGCCT

>Hap48

ATGGCCAACCTCCGAAAAACTCACCCTTTGCTGAAAATGACTAATCACGCTTTAGTCGACCTACCTGCCCCTTCAAACCTTTCAGTTTGGTGAAACTTTGGCTCCCTTTTGGGAATCTGCCTAGTTCTCCAAATCCTAACAGGCCTATTCATGGCCATGCACTACGCCCCCGAAACCGCGAATGCATTCTCTTCTGTCGCCCACATATGTCGGGACGTCAACAACGGCTGACTAATACGCAACATGCATGCCAACGGAGCATCTTTCTTCTTCATCTGTGTTTACCTCCACATCGGCCGAGGTCTTTACTACGGCTCATACCTTTACCAAGCAACATGAAATGTTGGAGTAGTCCTTCTCCTCCTGCTAATAATAACTGCCTTTGTAGGCTACGTCCTCCCCTGAGGACAAATGTCGTTCTGAGGGGCAACAGTAATCACCAACCTCCTCTCTGCCGCCCCCTACGTGGGGTTCGACCTAGTTTTATGACTATGAGGGGGGTTCTCTGTAGACAATGCCACCCTCACTCGATTCTTCGCCTTCCACTTCATTCTCCCTTTCATCATTGCCGCCGCCACTGTCATTCACCTCCTTTTCCTCCACGAAACGGGATCAAACAACCCACTTGGCCTTAGCTCAGACGTAGATAAAATCCCTTTCTTGCCATACTATATTATCAAGGACGTAGTCGGCTTCCTAGTCTTTTTCCTCGCCTTCTTCTCAATCACCCTGTTCTTCCCTAACCTCCTCGGCGACCCAGATAATTTACAGAGGCCAACCCCCTCGTCACCCCAGCCCACATTAAACCGGAGTGGTACTTTCTTTTCGCG

TACGCTATCCTCCGGTCTATTCCCAGCAAACTGGGCGGTGTTTAGCCCTCCTCTT CTCTATCCTGGTGCTCCTTCTAGTGCCATTCCTTCACACCTCTAAACAGCAAGGCC TAGCTTTTCGCCCACTCACCCAACTACTCTTCTGGTCTCTCGTGGCTGATGTTTTA TCCTTACATGAATCGGGGGAATACCTGTAGAACACCCCTACATCGTAATTGGCCAA ATTGCTTCCGTAATCTACTTCTCCATCTTCCTGATTCTTTTCCCCTTTGTAGGCTGG GCCGAAAATAAAATCCTCAAATGAGCCT

>Hap49

ATGGCCAACCTCCGAAAAACTCACCCTTTGCTGAAAATGACTAATCACGCTT TAGTCGACCTACCTGCCCCTTCAAACCTTTCAGTTTGGTGAAACTTTGGCTCCCT TTTGGGAATCTGCCTAGTTCTCCAAATCCTAACAGGCCTATTCATGGCCATGCACT ACGCCCCCGAAACCGCGAATGCATTCTCTTCTGTCGCCCACATATGTCGGGACGT CAACAACGGCTGACTAATACGCAACATGCATGCCAACGGAGCATCTTTCTTCTTC ATCTGTGTTTACCTCCACATCGGCCGAGGTCTTTACTACGGCTCATACCTTTACCA AGCAACATGAAATGTTGGAGTAGTCCTTCTCCTCCTGCTAATAATAACTGCCTTTG TAGGCTACGTCCTCCCCTGAGGACAAATGTCGTTCTGAGGGGCAACAGTAATCAC CAACCTCCTCTCTGCCGCCCCCTACGTGGGGTTCGACCTAGTTTTATGACTATGAG GGGGGTTCTCTGTAGACAATGCCACCCTCACTCGATTCTTCGCCTTCCACTTCATT CTCCCTTTCATCATTGCCGCCGCCACTGTCATTCACCTCCTTTTCCTCCACGAAAC GGGATCAAACAACCCACTTGGCCTTAGCTCAGACGTAGATAAAATCCCTTTCTTG CCATACTATATTATCAAGGACGTAGTCGGCTTCCTAGTCTTTTTCCTCGCCTTCTTC TCAATCACCCTGTTCTTCCCCAACCTCCTCGGCGACCCAGATAATTTTACAGAGGC CAACCCCCTTGTCACCCCAGCCCACATTAAACCTGAGTGGTACTTTCTTTTCGCGT ACGCCATCCTCCGGTCTATTCCCAGCAAACTGGGCGGTGTTTAGCCCTCCTCTTC TCTATCCTGGTGCTCCTTCTAGTGCCATTCCTTCACACCTCTAAACAGCAAGGCCT AGCTTTTCGCCCACTCACCCAACTACTCTTCTGGTCTCTCGTGGCTGATGTTTTTA TCCTTACATGAATCGGAGGAATACCTGTAGAACACCCCTACATCGTAATTGGCCAA ATTGCTTCCGTAATCTACTTCTCCATCTTCCTGATTCTTTTCCCCTTTGTAGGCTGG GCCGAAAATAAAATCCTCAAATGAGCCT

>Hap50

ATGGCCAACCTCCGAAAAACTCACCCTTTGCTGAAAATGACTAATCACGCTT TAGTCGACCTACCTGCCCCTTCAAACCTTTCAGTTTGGTGAAACTTTGGCTCCCT TTTGGGAATCTGCCTAGTTCTCCAAATCCTAACAGGCCTATTCATGGCCATGCACT

ACGCCCCCGAAACCGCGAATGCATTCTCTTCTGTCGCCCACATATGTCGGGACGT
CAACAACGGCTGACTAATACGCAACATGCATGCCAACGGAGCATCTTTCTTCTTC
ATCTGTGTTTACCTCCACATCGGCCGAGGTCTTTACTACGGCTCATACCTTTACCA
AGCAACATGAAATGTTGGAGTAGTCCTTCTCCTCCTGCTAATAATAACTGCCTTTG
TAGGCTACGTCCTCCCCTGAGGACAAATGTCGTTCTGAGGGGCAACAGTAATCAC
CAACCTCCTCTCTGCCGCCCCCTACGTGGGGTTCGACCTAGTTTTATGACTATGAG
GGGGGTTCTCTGTAGACAATGCCACCCTCACTCGATTCTTCGCCTTCCACTTCATT
CTCCCTTTCATCATTGCCGCCGCCACTGTCATTCACCTCCTTTTCCTCCACGAAAC
GGGATCAAACAACCCACTTGGCCTTAGCTCAGACGTAGATAAAATCCCTTTCTTG
CCATACTATATTATCAAGGACGTAGTCGGCTTCCTAGTCTTTTTCCTCGCCTTCTTC
TCAATCACCCTGTTCTTCCCCAACCTCCTCGGCGACCCAGATAATTTTCCAGAGGC
CAACCCCCTCGTCACCCCAGCCCACATTAAACATGAGTGGTACTTTCTTTTCGCCT
GCGCTATCCTCCGGTCTATTCCCAGCAAACTGGGCGGTGTTTTAGCCCTCCTCTTC
TCTATCCTGGTGCTCCTTCTAGTGCCATTCCTTCACACCTCTAAACAGCAAGGCCT
AGCTTTTCGCCCACTCACCCAACTACTCTTCTGGTCTCTCGTGGCTGATGTTTTTA
TCCTTACATGAATCGGGGGAATACCTGTAGAACACCCCTACATCGTAATTGGCCAA
ATTGCTTCCGTAATCTACTTCTCCATCTTCCTGATTCTTTTCCCCTTTGTAGGCTGG
GCCGAAAATAAAATCCTCAAATGAGCCT

>Hap51

ATGGCCAACCTCCGAAAAACTCACCCTTTGCTGAAAATGACTAATCACGCTT
TAGTCGACCTACCTGCCCCTTCAAACCTTTCAGTTTGGTGAAACTTTGGCTCCCT
TTTGGGAATCTGCCTAGTTCTCCAAATCCTAACAGGCCTATTCATGGCCATGCACT
ACGCCCCCGAAACCGCAAATGCATTCTCTTCTGTCGCCCACATATGTCGGGACGT
CAACAACGGCTGACTAATACGCAACATGCATGCCAACGGAGCATCTTTCTTCTTC
ATCTGTGTTTACCTCCACATCGGCCGAGGTCTTTACTACGGCTCATACCTTTACCA
AGCAACATGAAATGTTGGAGTAGTCCTTCTCCTCCTGCTAATAATAACTGCCTTTG
TAGGCTACGTCCTCCCCTGAGGACAAATGTCGTTCTGAGGGGCAACAGTAATCAC
CAACCTCCTCTCTGCCGCCCCCTACGTGGGGTTCGACCTAGTTTTATGACTATGAG
GGGGGTTCTCTGTAGACAATGCCACCCTCACTCGATTCTTCGCCTTCCACTTCATT
CTCCCTTTCATCATTGCCGCCGCCACTGTCATTCACCTCCTTTTCCTCCACGAAAC
GGGATCAAACAACCCACTTGGCCTTAGCTCAGACGTAGATAAAATCCCTTTCTTG
CCATACTATATTATCAAGGACGTAGTCGGCTTCCTAGTCTTTTTCCTCGCCTTCTTC

TCAATCACCCTGTTCTTCCCCAACCTCCTCGGCGACCCAGATAATTTACAGAGGC
CAACCCCCTCGTCACCCCAGCCCACATTAAACCTGAGTGGTACTTTCTTTTCGCGT
ACGCTATCCTCCGGTCTATTCCCAGCAAACTGGGCGGTGTTTTAGCCCTCCTCTTC
TCTATCCTGGTGCTCCTTCTAGTGCCATTCCTTCACACCTCTAAACAGCAAGGCCT
AGCTTTTCGCCCACTCACCCAACTACTCTTCTGGTCTCTCGTGGCTGATGTTTTTA
TCCTTACATGAATCGGGGGAATACCTGTAGAACACCCCTACATCGTAATTGGCCAA
ATTGCTTCCGTAATCTACTTCTCCATCTTCCTGATTCTTTTCCCCTTTGTGGGCTGG
GCCGAAAATAAAATCCTCAAATGAGCCT

>Hap52

ATGGCCAACCTCCGAAAACTCACCCTTTGCTGGAAAATGACTAATCACGCTT
TAGTCGACCTACCTGCCCCTTCAAACCTTTCAGTTTGGTGAAACTTTGGCTCCCT
TTTGGGAATCTGCCTAGTTCTCCAAATCCTAACAGGCCTATTCATGGCCATGCACT
ACGCCCCCGAAACCGCGAATGCATTCTCTTCTGTCGCCCACATATGTCGGGACGT
CAACAACGGCTGACTAATACGCAACATGCATGCCAACGGAGCATCTTTCTTCTTC
ATCTGTGTTTACCTCCACATCGGCCGAGGTCTTTACTACGGCTCATACCTTTACCA
AGCAACATGAAATGTTGGAGTAGTCCTTCTCCTCCTGCTAATAATAACTGCCTTTG
TAGGCTACGTCCTCCCCTGAGGACAAATGTCGTTCTGAGGGGCAACAGTAATCAC
CAACCTCCTCTCTGCCGCCCCCTACGTGGGGTTCGACCTAGTTTTATGACTATGAG
GGGGGTTCTCTGTAGACAATGCCACCCTCACTCGATTCTTCGCCTTCCACTTCATT
CTCCCTTTCATCATTGCCGCCGCCACTGTCATTCACCTCCTTTTCCTCCACGAAAC
GGGATCAAACAACCCACTTGGCCTTAGCTCAGACGTAGATAAAATCCCTTTCTTG
CCATACTATATTATCAAGGACGTAGTCGGCTTCCTAGTCTTTTTCCTCGCCTTCTTC
TCAATCACCCTGTTCTTCCCCAACCTCCTCGGCGACCCAGATAATTTACAGAGGC
CAACCCCCTCGTCACCCCAGCCCACATTAAACCTGAGTGGTACTTTCTTTTCGCCT
ACGCTATCCTCCGGTCTATTCCCAGCAAACTGGGCGGTGTTTTAGCCCTCCTCTTC
TCTATCCTGGTGCTCCTTCTAGTGCCATTCCTTCACACCTCTAAACAGCAAGGCCT
AGCTTTTCGCCCACTCACCCAACTACTCTTCTGGTCTCTCGTGGCTGATGTTTTTA
TCCTTACATGAATCGGAGGAATACCTGTAGAACACCCCTACATCGTAATTGGCCAA
ATTGCTTCCGTAATCTACTTCTCCATCTTCCTGATTCTTTTCCCCTTTGTAGGCTGG
GCCGAAAATAAAATCCTCAAATGAGCCT

附录五　大银鱼微卫星引物表

位点名称 Locus	正向引物 序列(5’-3’) Forward primer(5’-3’)	反向引物序列 Reverse primer(5’-3’)	重复序列 Repeat sequence	退火温度 *Ta* /℃	目的片段 大小 Fragment size (bp)
HLJCHI001	aggaattgaaaacggagcct	ctcctctcccctctcctctc	$(ga)_8$	58	194
HLJCHI002	aaggaaggagtgaacgaggg	gcaggagtcagggagaacag	$(ga)_8$	58	158
HLJCHI003	cacacacacggtcgctaaac	tatggtgtttgaactgccga	$(tc)_8$	58	230
HLJCHI004	caccctgccgtgactttact	tttcacagaacactgcctgg	$(tc)_8$	58	156
HLJCHI005	ggggcgtcgtctaaatatga	ccccatactgggttttggat	$(ct)_8$	57	203
HLJCHI006	tgtacagacccaccacctga	tgtttgtttgaagggactcca	$(ag)_8$	57	144
HLJCHI007	acaacgtgtcatgtccctca	ttagtcccactgccagctct	$(ga)_8$	58	252
HLJCHI008	gctcgcaacatctcttcctc	tccctgcgtatgtgtgtgtt	$(ga)_8$	58	274
HLJCHI009	gggggtaactgatcgaggat	ccacagacagacagctggaa	$(ct)_8$	58	206
HLJCHI010	ttctgtctgtctttgcccct	agacaacgttttcaggtgcc	$(ac)_8$	57	237
HLJCHI011	gtcaatggatggagtctggg	agctggcttcagaccagtgt	$(tc)_8$	58	259
HLJCHI012	cagcagctgtttctgctgac	agggctggagcaaagttgta	$(ac)_8$	57	193
HLJCHI013	ctgtctctcgtcgttggtca	aaatggcaggaccaaaacac	$(gt)_8$	58	156
HLJCHI014	atgcagagttaatgggctgg	accaacggatttatgggaca	$(ag)_8$	58	218
HLJCHI015	tatcttgcctgggacgtttc	ctcgactcaaacgaccgaat	$(ct)_8$	58	247
HLJCHI016	ccagcagaatgaatcccagt	cccaaattctgtttgtggct	$(ta)_8$	58	211
HLJCHI017	gtttgttttgctgctgctca	ttgtgcgttcgtggtattgt	$(ct)_8$	58	155
HLJCHI018	tcccaaaacaacagcaacag	agttgcactgggttaggtgg	$(ca)_8$	57	226
HLJCHI019	atttccactccccaaattcc	ctgtggcacgtgattgacat	$(cg)_8$	57	269
HLJCHI020	aggcacagagtttgcatgtg	ccggtttgttctctggtgtt	$(gc)_8$	57	136
HLJCHI021	gtggttttcacaggggacat	ggaagctgctttcagactgg	$(ca)_8$	57	257
HLJCHI022	gaaacaagcttctgtcatgagtaa	cggacaggtatcatcagggt	$(act)_6$	55	142
HLJCHI023	cttccgttacttcacctggc	gctgctgggactcaggtagt	$(tgc)_6$	57	148
HLJCHI024	ggatgcctaacaatgcctct	tttgctcaagtttgtgtggc	$(cat)_6$	57	131

续表

位点名称 Locus	正向引物序列(5'-3') Forward primer(5'-3')	反向引物序列 Reverse primer(5'-3')	重复序列 Repeat sequence	退火温度 Ta /℃	目的片段大小 Fragment size (bp)
HLJCHI025	tctctgtggacatgctcagg	cctgcacacacacactggac	$(gct)_6$	57	122
HLJCHI026	tcactaacacaggacgccac	tccagctgtgttgtggtgat	$(cag)_6$	57	158
HLJCHI027	ttcttgctttgaggcgtctt	tccctaagaaacgcaggaga	$(ttc)_6$	58	148
HLJCHI028	cagagagagaggcaggatgg	ctggtccaggctcactccta	$(gca)_6$	58	233
HLJCHI029	cctcatccctgaaggtgga	gttctgcatctgctgctacg	$(gca)_6$	59	196
HLJCHI030	agcctttaggacagcagcag	acctggtgagtgttatccgc	$(cag)_6$	57	101
HLJCHI031	accccctgggttaagaaccac	gaacacgcaggtgtacgttg	$(tag)_6$	58	205
HLJCHI032	cccactggtgtccattctct	ggaagttcaaatgggagctg	$(aga)_6$	57	212
HLJCHI033	tgttgtgtgttcagcctggt	cctttcatctcctcccctgt	$(agc)_6$	58	156
HLJCHI034	ttccaacctgagaatcctgg	ggagaagggggaggactatg	$(ttc)_6$	58	117
HLJCHI035	accctcccaaagtctgtcct	gaagccgtcgttactgaagc	$(ttc)_6$	57	255
HLJCHI036	tagattttccaggggagggt	aaagtgatgcaactgtccca	$(tgc)_6$	57	163
HLJCHI037	gcatgctgggttaactggat	accttgttccagggtcattg	$(ctg)_6$	57	129
HLJCHI038	cgctgaaacacgaaacagaa	tctgtctctcccccactctg	$(caa)_6$	58	115
HLJCHI039	ctcctccctggtctccttct	ctctccgttctccgatcct	$(cgc)_6$	57	181
HLJCHI040	cactcacttgtgctggtgct	cttccctgtgtttccagagc	$(cag)_6$	58	139
HLJCHI041	gggagcaatcttccctttc	gagagttgctggtctgggag	$(atg)_6$	58	179
HLJCHI042	gatacgctctcctcgtccag	gcaaggagcactacctgtca	$(ctt)_6$	57	205
HLJCHI043	gcgtgtgtgtctcctctcaa	ccgctccagagctaaatcac	$(tga)_6$	58	235
HLJCHI044	actgattgcctttacgtgcc	ggtttgcttaaggtgcgtgt	$(caa)_6$	58	107
HLJCHI045	ggtgacctgtaggactggga	ctgctcctgtctggacactg	$(taa)_6$	57	207
HLJCHI046	agcgttgattgacgggatag	ctacaggtggcgctgctatt	$(cta)_6$	58	203
HLJCHI047	tgttttgtttcaggtcgctg	acggagagaaggcagtgaaa	$(tct)_6$	57	191
HLJCHI048	aaacgggaagaaacacatgc	tgatagagtgtccgcacgtc	$(caa)_6$	57	158
HLJCHI049	ggcagaaagcagagcagtct	accgtcgtgttatctggagg	$(atc)_6$	57	159
HLJCHI050	tgatgacatagtgacagaagatgc	ccaggttttcattggctgat	$(aga)_6$	57	110
HLJCHI051	ttagggaggcaggaggatct	gttaaggtcacacgggcagt	$(aga)_6$	58	228

续表

位点名称 Locus	正向引物序列(5'-3') Forward primer(5'-3')	反向引物序列 Reverse primer(5'-3')	重复序列 Repeat sequence	退火温度 *Ta* /℃	目的片段大小 Fragment size (bp)
HLJCHI052	tagagagccagcagggtgtt	tgggagttggtcctcttgtc	$(ctg)_6$	58	159
HLJCHI053	cggacagagtcctggagaag	gggtccttagtgttgccaaa	$(cg)_9$	57	211
HLJCHI054	ggattggtttaggtcaggca	gggtgtgaggtggtaactgc	$(cag)_6$	57	153
HLJCHI055	ttttatgacgaggacggacc	gtcatggcgtctaaccctgt	$(tta)_6$	57	188
HLJCHI056	caacaaaccgtgctgtgtct	gatcaagaggccttgggttt	$(aat)_6$	57	138
HLJCHI057	tgtggtcatgctgctaaagg	ccaagcagacacagaatgga	$(taa)_6$	57	233
HLJCHI058	gctcactgtgtcctcttccc	ctgaggaggttgtgcagaca	$(agc)_6$	57	193
HLJCHI059	ggagtcacaaggagctggag	tgcttctgctttgactgtttg	$(atg)_6$	57	277
HLJCHI060	agaaaacccgaccatgagtg	tgctgaagctatggaacagc	$(caa)_6$	57	134
HLJCHI061	gtgacttgacggtgaagggt	cagcaaggtaacctgaagcc	$(att)_6$	58	124
HLJCHI062	cttggggactgtccagatgt	actttccagggtgcaactgt	$(tac)_6$	57	249
HLJCHI063	gagatcggatcagaaccagc	atcatgaggaccaaccttgc	$(cat)_6$	57	266
HLJCHI064	cattcagacggattgtgacg	gttaatgcagtccagcagca	$(tat)_6$	58	277
HLJCHI065	ctcccagtggaggtgatgat	tgtaatcagggcagaggtcc	$(atg)_6$	57	276
HLJCHI066	tgatctgacgttcagcgaag	ccacattctccccagtatcg	$(gtg)_6$	58	248
HLJCHI067	ttggaatggggatgacaact	tcatctccatcatcacgttca	$(tga)_6$	58	244
HLJCHI068	tctatggggatttctgtcgc	ctggtggacgatgagatcct	$(ctc)_6$	58	191
HLJCHI069	atcctggtcagtcctggttg	ccagccctgagagatgagtc	$(cag)_6$	57	236
HLJCHI070	tgcacacatatccctgcact	cctcagttctcttgggcaac	$(att)_6$	58	233
HLJCHI071	gagagaagcatccaacagcc	gacggcacacattcattgag	$(gag)_6$	57	131
HLJCHI072	caattgtaatgcaatggggg	tgtgcagttttggtctctgc	$(tgt)_6$	58	276
HLJCHI073	gctttcaaaactgcctccaa	aacggtggatgagattctgg	$(aac)_6$	58	257
HLJCHI074	ctgaaggagatcaggaacgg	atctcgctggagttgacgat	$(ccg)_6$	57	233
HLJCHI075	accacatgcaccaccagtt	ctggttctggttctgctgct	$(cag)_6$	57	122
HLJCHI076	ttatgaaccagcagcttccc	ttttccgtgttttagctggg	$(gtt)_6$	58	148
HLJCHI077	acaggagaaccgcactgact	cagctggtgtcagatggct	$(ggt)_6$	57	235
HLJCHI078	ccccaacatcatccaaatct	tctctgtgtgttctcaggcg	$(aca)_6$	57	244

续表

位点名称 Locus	正向引物序列(5'-3') Forward primer(5'-3')	反向引物序列 Reverse primer(5'-3')	重复序列 Repeat sequence	退火温度 *Ta* /℃	目的片段大小 Fragment size (bp)
HLJCHI079	ccaaacatcagcacacaagc	tgtggagtgaaagaattatgcaa	$(taa)_6$	58	262
HLJCHI080	atggagatctcagcagccat	cgttcatttgtcaatgctgg	$(agc)_6$	57	174
HLJCHI081	gtagggcgtctgttctccag	gcccactgagattggacagt	$(gtt)_6$	57	226
HLJCHI082	accctgacagagccaatcac	cagacacagctccttggagaa	$(agc)_6$	58	227
HLJCHI083	tgtttactgcctgctggatg	ttatttccttccctccgtcc	$(gat)_6$	57	227
HLJCHI084	agcagcagatgtaccgcaac	gctaggctctgctggctg	$(agc)_6$	59	154
HLJCHI085	aatgggcctcatcaacagag	cccccaaagagaaggagaga	$(ctt)_6$	58	242
HLJCHI086	gaacgagacaaagaggctgg	aatagcggtgtgtgaaaggg	$(ttg)_6$	57	178
HLJCHI087	gcaaagctaccacaacactgtc	ggaccatttggtgtcaaggt	$(atc)_6$	57	234
HLJCHI088	cagacctcacaacacaatttga	catgatcaaaaatgcctgga	$(caa)_6$	56	208
HLJCHI089	ttatattccagagcggtggc	ccttccaccaaagtggagaa	$(agc)_6$	58	199
HLJCHI090	ttggcacctgtaaccttgtg	tgttgataatttcagccttgga	$(aat)_6$	57	149
HLJCHI091	ttctgcctctgattccatcc	aggcccctttgttaaacgac	$(att)_6$	58	245
HLJCHI092	ctgtaatcgccgtcagtcaa	caagctggtctctctcaccc	$(aca)_6$	57	216
HLJCHI093	aacgttaaaacatgggcagc	gcccatgtagttggttctcc	$(act)_6$	58	163
HLJCHI094	gaaagacaactgggcttcca	tatgaggtctggccctgttt	$(ctg)_6$	58	212
HLJCHI095	cgagcgttaaaagaagccac	gatcaaagaggaccggttga	$(aat)_6$	58	180
HLJCHI096	gtcacttcctatgacgcggt	agctccgagcaaaaacaaaa	$(aga)_6$	58	157
HLJCHI097	caactggaaggtgtgtcacg	gcagctttgtatttccctgc	$(gac)_6$	58	243
HLJCHI098	aggcctctttttagaacggc	tcgttgaattcgttcccttc	$(att)_6$	57	244
HLJCHI099	gatgtcacgtgtcagatgcc	aaacaaacacggggaccata	$(aga)_6$	58	169
HLJCHI100	tctccggacttcgtcaattc	atgtgtgctgtgctgtcctc	$(gct)_6$	58	192
HLJCHI101	cagagcgtccttgtcaaaca	atctgccagctgctttctgt	$(gct)_6$	58	188
HLJCHI102	aggggaacagagggacagtt	gctgctaccaaccacctgat	$(gtt)_6$	57	262
HLJCHI103	gcatcacggtgtctgtctgt	acaagtgtgagatctggggg	$(agg)_6$	57	191
HLJCHI104	aagcaagcagtgccttctaaa	cctgttctgcatggagtgtg	$(aat)_6$	57	258
HLJCHI105	gcctatcagaggcagcagac	gctgaccgaaactaacccaa	$(gtt)_6$	58	251

续表

位点名称 Locus	正向引物序列(5'－3') Forward primer(5'－3')	反向引物序列 Reverse primer(5'－3')	重复序列 Repeat sequence	退火温度 Ta /℃	目的片段大小 Fragment size (bp)
HLJCHI106	actttgggtttggcctgttt	tgaggagggtccacatcaag	$(agc)_6$	58	280
HLJCHI107	tgacacatggtggctctctc	tgcccagtaggacgtttacc	$(aga)_6$	57	225
HLJCHI108	gagagaaggggagctgtgtg	tcccttcaatatacgccagg	$(tgt)_6$	57	229
HLJCHI109	caaaagatggttctggctcc	agctgtttgaaatcatgaccaa	$(cta)_6$	57	195
HLJCHI110	atgtactccatcaccagccc	aatcgcatggaacaataggc	$(gaa)_6$	57	250
HLJCHI111	ggtagcacttgcggttgtct	tcctacttcctgccaggtca	$(ggc)_6$	58	276
HLJCHI112	cgtgtaggaggagggtgtgt	ttgcgtctgtttcgtttgag	$(ctt)_6$	58	251
HLJCHI113	ggctcactgatgtctctccc	tgctcaaaggacatggacaa	$(cca)_6$	57	124
HLJCHI114	cacagaccaactgtgaaggg	tcagcagtttctccgcatta	$(tag)_6$	57	269
HLJCHI115	agccatctgactccagccta	gatggtgattgacagcatcg	$(tgg)_6$	57	256
HLJCHI116	tgtcagagcaggaacaggtg	agttctgaccaccagatggc	$(gct)_6$	58	163
HLJCHI117	tgcctatgctgctatgatgc	aatctgcaggtcatccccta	$(ttg)_6$	57	246
HLJCHI118	tctcctccgtctcctctgaa	ccccattcaagggaactttt	$(aac)_6$	58	273
HLJCHI119	tcaacagtgtcaatcctgcac	aggttgggttgagaggtgtg	$(cca)_6$	57	105
HLJCHI120	aacccaatacagaaacccca	tcgtcatagctgcatcgact	$(caa)_6$	57	257
HLJCHI121	tagccaactgggccaattac	aatatggcggtgcatgaaat	$(aag)_6$	57	262
HLJCHI122	attcccacattctttgcagg	cgccatcgtctttcttcttc	$(aga)_6$	57	262
HLJCHI123	cctgtcctgtggggacttta	aggccaacgcagacataact	$(gta)_6$	57	268
HLJCHI124	ggccttgtgacgaaaacatt	ccttaggcattctgttccca	$(gaa)_6$	57	237
HLJCHI125	ttgaaaccatgctgaagtcg	gttagatggaaaaacggcga	$(agg)_6$	57	275
HLJCHI126	tctttccagaacccgatgac	cagagggagcttccaaacag	$(ctt)_6$	58	104
HLJCHI127	atcttgcgagacgaagagga	gagcccaatctgatgagtcc	$(ctg)_6$	58	115
HLJCHI128	cgcaggtacttcccacactt	ttagtctgctttggggcaac	$(act)_6$	58	260
HLJCHI129	agcgatcaaaaatcaccctg	gcatcaaataactcgggcat	$(tgt)_6$	58	263
HLJCHI130	tctcacgacaggcaaacaag	atgtcaagcgctgatgtacg	$(aag)_6$	58	171
HLJCHI131	aacgcacactcttacacgca	tgtgatgctgtgcatttgaa	$(cag)_6$	58	184
HLJCHI132	gaggaggagatctgcacgag	ctctttcctgagaagcccct	$(ggc)_6$	58	229

续表

位点名称 Locus	正向引物序列(5'-3') Forward primer(5'-3')	反向引物序列 Reverse primer(5'-3')	重复序列 Repeat sequence	退火温度 *Ta* /℃	目的片段大小 Fragment size (bp)
HLJCHI133	tcgattgtgtgctctcctfg	caaacagcaggaggagaagg	$(cag)_6$	57	204
HLJCHI134	ccaggcccagatgtgactat	ctcgtggggtatgttatggg	$(atg)_6$	57	187
HLJCHI135	cagccgaagactaggaatgg	gaggacacatggaggtggtt	$(ctg)_6$	57	245
HLJCHI136	atggatgaatcactgcccat	atctggtgtccgtatcaggc	$(aca)_6$	58	209
HLJCHI137	atcatcctcaacaaggtggc	gtgactagcagcttctgccc	$(cca)_6$	57	107
HLJCHI138	ttaacgtgacctccgtttcc	ttttcataggggcggtgtag	$(cag)_6$	57	273
HLJCHI139	tcgaatcactgcaggaactg	aggagagagatgcacctgga	$(cag)_6$	57	113
HLJCHI140	tccattcttccttagcaccg	ccttctccttgtgtttgcgt	$(gac)_6$	58	250
HLJCHI141	gatctgtctcagcctctggg	cctgcatttccgacttcaat	$(cga)_6$	57	247
HLJCHI142	gacccagtgcctgtcttgat	gactgggaatgtgccttgtt	$(att)_6$	58	222
HLJCHI143	tccaccagaaccaacagaca	agcagagttcccaggtgtgt	$(tta)_6$	58	274
HLJCHI144	ccctccacacacacactcac	caaggtagggagagggaggt	$(gaa)_6$	58	231
HLJCHI145	gaactttctgggaacatggg	cccagaggaactaccaacca	$(atg)_6$	57	271
HLJCHI146	tgggagtcaaatctgctgag	cggtaggttgaatccggtaa	$(taa)_6$	56	270
HLJCHI147	gtgcagagcaaatcgaatga	gcgagtgtgtacattggcat	$(acc)_6$	57	200
HLJCHI148	aaagaagattcatccgggct	ccgccgggatactacaacta	$(ccg)_6$	58	236
HLJCHI149	aacgataaggcatcggacac	cacactgctcgctctctgac	$(aag)_6$	57	198
HLJCHI150	tgagagcccagttcagatca	gcttggaggctgttttattcc	$(aca)_6$	57	277
HLJCHI151	gtcgttcgtcgaatggtttt	cctccaacagaggacatggt	$(gtg)_6$	57	243
HLJCHI152	gcacctttgaactggttggt	ggcagagtttagcggcatag	$(gtg)_6$	58	195
HLJCHI153	tcacggttgaccagtagcag	gcatttccattttgctggac	$(cac)_6$	57	180
HLJCHI154	gagcagggcatgtggatatt	cgaggaggattgctctaacg	$(aat)_6$	57	257
HLJCHI155	acacgatgacaggtactgcg	caggagttaatgggctctgc	$(ata)_6$	57	272
HLJCHI156	cctgagcatagactgccaca	acttcaacccctggaggact	$(ctt)_6$	58	257
HLJCHI157	aacagactgcggtacttgcc	gacagaatttgccgaacgat	$(tgc)_6$	58	257
HLJCHI158	catctggatattggggatgc	cgcgagttgggaaagattag	$(gtt)_6$	58	243
HLJCHI159	tcagctttgatttgtttgcg	tattaccgaggaggcacacc	$(gtt)_6$	57	215

续表

位点名称 Locus	正向引物 序列(5’-3’) Forward primer(5’-3’)	反向引物序列 Reverse primer(5’-3’)	重复序列 Repeat sequence	退火温度 *Ta* /℃	目的片段 大小 Fragment size (bp)
HLJCHI160	gttcccagtgttctctccca	gcattagtggacgtgcttga	$(tac)_6$	58	126
HLJCHI161	tgtttgtccaaccagcagag	acgaactacaccaaggtcgc	$(tag)_6$	57	268
HLJCHI162	ggacgggaaagaaaagaagc	tctctaaaaggcccacgcta	$(aag)_6$	58	251
HLJCHI163	ggtctgtgacctcctggtgt	tgtacctgcacggtttcaat	$(cta)_6$	58	114
HLJCHI164	tcaaccaaaagaaaatggca	cccctagcaagaatcagttca	$(ata)_6$	57	235
HLJCHI165	gaaactagttcaggcgtggc	aacagcaaggaggagaaggg	$(tgc)_6$	57	195
HLJCHI166	cgtcattacatccacccaca	caggaaggagttcagcaagg	$(acc)_6$	58	113
HLJCHI167	ttgaaaggagtcagggtgct	gaagctgatggaaaggatgc	$(tca)_6$	57	271
HLJCHI168	ttcttccgtgagcagtaccc	gctgaggcagcagatgtgta	$(agcc)_5$	58	123
HLJCHI169	ctcaggactcggacctcttg	cgctcctcctctccttctct	$(ttta)_5$	57	149
HLJCHI170	gaggctcatggcttgacatt	tgtcgtagtaatcctcccgc	$(acaa)_5$	58	120
HLJCHI171	tttgacagtgaaggcaggtc	atcgtttatcatcgccatcc	$(tgag)_5$	56	146
HLJCHI172	tattaagccggacagatggc	cccacacggtcaacaataca	$(gaaa)_5$	58	248
HLJCHI173	tactaggacctcggagccaa	cagcctaatgtctgcagctct	$(tagt)_5$	57	231
HLJCHI174	caggaaggccaacaaggtaa	gctgcatcatttcccagaat	$(ggaa)_5$	58	115
HLJCHI175	atcaggatgggtcagtctgc	actggtacctacgccatgct	$(attg)_5$	58	228
HLJCHI176	ctagttttccgcagaccagg	cccccgtctctctatcatttc	$(gaac)_5$	57	259
HLJCHI177	caatgaacgtgttaagtggca	ctcccaggcagttacaccat	$(taat)_5$	57	275
HLJCHI178	aggatggaaggagggagaga	acagttgcgcttgacatctg	$(gagc)_5$	58	107
HLJCHI179	cacgactggatcaaatgtgc	agtcctccttccatctgggt	$(actg)_5$	58	197
HLJCHI180	cgcaaagatacacacaaacaca	cccatgttcctactgttcgg	$(taca)_5$	57	222
HLJCHI181	tgctgagcatcctgtgattc	gctctgcctgttgaaggaac	$(tgcc)_5$	57	204
HLJCHI182	cgtctgctttctaacggacc	caggcttactgggggtgtta	$(acag)_5$	57	146
HLJCHI183	gcaagacatccaggaagagc	tcctccagaatctgcatcct	$(cctg)_5$	57	216
HLJCHI184	cttgatgtcagtcggcaaga	aaagcggaaacccctatcat	$(acat)_5$	57	260
HLJCHI185	ttggctttttgtgtgcaaag	tcagtggacgtggcaattta	$(ttga)_5$	57	199
HLJCHI186	ctagctgacctgctgactgc	tttagagggggaaagaggga	$(tgac)_5$	56	197

续表

位点名称 Locus	正向引物序列(5'-3') Forward primer(5'-3')	反向引物序列 Reverse primer(5'-3')	重复序列 Repeat sequence	退火温度 *Ta* /℃	目的片段大小 Fragment size (bp)
HLJCHI187	agcactttggtcaacaatgg	atgaccgagtggacttgagc	$(ttga)_5$	56	219
HLJCHI188	acaagtccggtccagttgtc	tgaatggaatgggatttcct	$(aatc)_5$	58	277
HLJCHI189	agctgagcgctagacgaaag	actgaacaccaacacccaca	$(tatg)_5$	58	242
HLJCHI190	tggagaggtagcttggatgg	ccccacttcagttcaaatgc	$(caaa)_5$	58	249
HLJCHI191	atggacaacctcttaccccc	gaggtatgaggaggactgcg	$(atga)_5$	58	262
HLJCHI192	tcttagacgccgcaagagtt	acgcatccatttaccgtctc	$(aata)_5$	58	229
HLJCHI193	agagccatcaccaggagtgt	cgccagtggctagataggaa	$(ctaa)_5$	57	250
HLJCHI194	tctctcctgtccccgtttta	gaaaagcccgagtgtgagag	$(gtcc)_5$	57	226
HLJCHI195	cattttcgtgggactcctgt	tggatgttgtcgggatacct	$(ttta)_5$	57	248

附录六　大银鱼多态微卫星序列

>HLJCHI003

CACACACACACACACGGTCGCTAAACCACCCCCTCGCAATCTTTCACTCACT CCCACTCTCCTCTCACACTTTCACTCACTCCCACACTCCTCTCACACTCCTCTCTA ACAAGGCTTCTCTCTCTCTCTCAAACTGACTACAATCCCCAAAGTGCAGCCCT TTTCAGCTCATTTACATTCATAATTAAACACTGCATTAAAAACTGGGGGCCATTCG GCAGTTCAAACACCATACTATTGAATCATGTCATTCTAGGCGATGCTCTAATCCAG GGGTGCACACAC

>HLJCHI019

AAATAAAGTTGGATTGGATTGGTGATTAACTGAGAACATGTTCTCTTACTTAG ATATTATATAAAATATTTGCGTTAGAGTCGCCCCCACTTACAAGTTGGAGTCAAGG AAGCACCGAAGATGATTTGGGTGAAGAAGAAAAACAGAAATCCACAATGCATCA TGAGGTTGTAAAAGACATGCATCCTATATATAAAAAAAGATGAACCAGAAAATCG TTGTGGAATCCTTTTCGTCTATACGGAGCAGAGCAAAGCCACAAAATCTCTTAAA AGTGGGGAGGAATTGGACAGAAAGTCGCTAGCAGCATCCTGTGTCTTTCTAATGC TGTGTTCTGTCTCCGCTCCCTAAAAACTGGACATTTCCATTCAAAATAATCCAAAA TGTGTACAATGACGACTCCACGGAACGGAATCGCTCATAAACCGCACGGTGTTTT ATACCGTTCACTGTCAACAAACAGTTCTTTAAAATAAAGACAAATCTCAAGTAGA AAGAAACGGATCCACTTCCAGTGATCAATATCGCAGATACTCGCGATCCGCTCAC AAAAAAACAACAACCAAGGCGTCAGAAAACGACACAGTTTGACGGTGAGTCCG GAGATCTGCTGCTTTTTATGCTGCTCGTGACTCTCCGGGTCTCCGATTGCGATGCG AACTGACCGCCGAAGAGAAAAATGTCAGAGGAGTCAGTAAAGCGCTTCTGACTC AAGCTGAGGAAGCAGCAGTGGTATTTCCACTCCCCAAATTCCTCCTCCAGCACA ACTCTGACCTGTCTGTTCGCTGCGGAGAGGCGCGAGTGAATGACACCGGTGCGC CCTCGCGCGCGCGCGCGCGCTCACGGCTTCAGGGTTGGGGGGGACATCAATTATT CACGGTCTTCCGTTCGTTCCGTGAAAAGAATAAAAAACCTTTGTTGAATGTTGTC CATTCTACCTTTATCGAAACATCGTCTTACATGGAGATATTGTTTTTCTGCACATGT CAATCACGTGCCACAGGATGTGTACGCGTAAAACGTCAATGACTGGTTGGCAATG

ATATGAGCTTTTTATGTTTATCTATATGTTTGGTTGTATTAAGGTCTGACTGACTTAC
CGGGGACATTAAACATGAATTCAAAGTTCACAGCAAGAATGTTGTCTCTAAAAGC
GTATGTATTTCAGGCAACAGCTGTTCCATTGCCGGAAAGTCTTCTGCCACTGCATC
AAATAACCGTTAAGGAGTCCATGGAAACAATGAAGAAGATGGCTGAATCCTTCAC
ATGAGGAAGTACTGACAGTCATTAGGCGGTAAAGTTCTTACTACCCTTTTTCACTC
AGAGTAAAGAAGAAAGAACATGTAGTAAAGTAAAAAGTAGCCATACTTGTTTGC
AAGAGTACAGATATTTGTAAAAACAAAAAGGGACAAAACGAAAGAATGTGTGTG
TGTGTGTG

>HLJCHI026

GAACACACACCCAGCTGTCACCAGTGGATGAACCATGTTCCAGTTCACCAC
AGTTCACTAACACAGGACGCCACATTACAGCAGCAGCAGCAGCAGCCTGAGGCT
GGAGCAGAGTACCTGGGCCAGGGCTGCCTGGGAGAGGGAGTACAGCTGCTCCAT
ACTGGGGGAGGGGGGCATGCCTGAGGGACTTAGATCACCACAACACAGCTGGAC
ACACAGGCATACACACACA

>HLJCHI027

TGCTCCTCTCCGGGGCCGGCCCCCAGGTGTGACCTCAGGCTCGACCGAGAG
GTCCTGCCCAGCCTGGTCCGCAGGCGTCTTCTTGCTTTGAGGCGTCTTCATCGCT
GGTTCTTCTTCTTCTTCTGCAGCTTCCTGGTCCTGGGAGATCTTCTTCTGGCT
GGCAGAATACTTTTTCAAAGGAGGGTTTGTCTTAGCAGGAGTGTTTCTCCTGCGT
TTCTTAGGGATCTCCTCCTCCTCTTCCTCATCCT

>HLJCHI038

TGTGTGTGTGTGTCTCTGCGTACCTCTCGTGCCTGGCCGCACACGCTGCACC
TCCTGCTGTGAGGCGGAGGGTCACAGGGGGGCGGGGCCTGCGCTCCTGCCTCGT
ACTGAGCCAGACACACAGCACTGCAGAACTCGTGGAAGGATTGTCCGATCTGGG
CCATCGTGGCGTTCTTGTTATTCGTCATATCGCTGAAACACGAAACAGAAAAGAT
GTCAGTGTTGGTCAACAACAACAACAACAACCTGATTCCAGTTGTAGCTCGGCT
GGGTGCAGTGGTGCAGCAGAGTGGGGGAGAGACAGAGGGAG

>HLJCHI043

GTGTGTGTGCGTGTGTGTCTCCTCTCAAAGCTCCTCTCTCTGTTGCAGCTGG
AACACAGATTATCTCTGACGGAGACTTGTAAGGTGATGATGATGATGATGAATCTT
CATCTCTGCTGGGGTTAATTCCCCCTAATGCATGTTAACGATAGTGAGGGGTCAAC
CTGGGGTCAGAGGGTTGAGTTCACTGGGCACTGGGTGCCATGGTGACGGGGATC

AGACTGTGATTTAGCTCTGGAGCGGTGATTCAAGATGGTGTGTTTATCCAGGAGACCCAGACTGAAGGATGGTGCTGTCGTGTTTGATCTCATGCATTTCTGTTTTCTCTCTCTCTCTC

>HLJCHI046

TGTGAATTTCCACAGCAATGTGTTAGCACTCACAATTAAGACTATCACCAAATATGCGTGTGATCATGCGTTGCGAGCGTTGATTGACGGGATAGGTTCTTTTTAATGCTTAGATTAAGACCGATTTGTACAACGCAGCAATTTGTACTATCGAAAACTACCAGGTTTTTATTGTCTTCTCAACCATATACAGTTGCAAACTACTTTTTTCCAGGTCTACTACAAGATACTAGCAGCTACTACTACTACTACTACTTTAATAGCAGCGCCACCTGTAGACTACGCTGTTCTGTGTTATTAAGTGCCGTTTAAGCTTTAGAGCAGGTAAAGCATATATAACTATTAAAATATATATATA

>HLJCHI048

TCCGACCTACAGGATGGTATAGCCTCCAGTCCACCACAGCACCGCACACCGAGACAATTACCGCACAATTACTTCAGCTTAGCATCATTAAAACGGGAAGAAACACATGCCAGATGCGTCTCAGAAATACGGTGACCAACAACAACAACAACAACTCGGAAAAAATATTGGTCTGGAGGTCTTGGCTGACCCTGTCCAGCCGGAAGGTGCCCGGGTGTTTACCAGTAGGACGTGCGGACACTCTATCACTCATTAACCCCCGGGCCTCGCTAACGAGCTCAGGCCTCGACGAGGGCTCAGGCCTCATTAAGGAAATGCTAACCGCAGAGGGACGGCGAGGAGGGAAAATAACATCTCTCTCTCTCTTTTCCCTCCT

>HLJCHI053

GGGGGGGGGGGGGGTCCTTTGACAAGATGAAAGTAGGATTTCCCCCCCGGGGACGGCTGTGAGGAAAAGAATCTGAGCAGCGGACCAAGGGACGGACAGAGTCCTGGAGAAGAACGATCTGCACGAACTCTAGTTCAGCTGCGCTAACTGACAGACGCGCGCGCGCGCGCGCTCGCTTAAACCATCTCTTTTGACGCCTCTGGAGCAGGAAGACTTATCTTAAATGAAAAAATAGAGAGACTGTTCTCTGTCCGGAAAGAAAAAACCCTCCCCCCGAAAACTTTGGCAACACTAAGGACCCATTCCAACATGATTTGGTCTGTGCCAACTTGGGTTGTGTATTCTTTACCACATTCTGAATCTTCCTGTCTTTGTGTCTTCTTTTCTTTCCCCCCCCCCC

>HLJCHI057

AGGGTTAGAGGCAGCAGGGAGGGATTGCATCAGATTGAACTGGATGACGTGTGGGTGCTGTGTGGTCATGCTGCTAAAGGCAGCTAAATCAATCCCATACAAACCCTCCTGGTGTAATATCAGGATCTCATGCTGCTCCCATGTTCAAACACCAGTGATCAT

TAATAATAATAATAATAAACTATCTTATCTTCCAGGCCACGCGGGCTCACATTAACATGGTGGTTTGTTAGCTACATGCTACATGCTAACATGTTCTCCACTTACATTTCCTCCATTCTGTGTCTGCTTGGATCAGTTTATCCACCAGAGTTTCATCTTTAAATCTCTTCCTCTGAGTCTCTCGGATCAACTCTGGATCTCCTCCTTTATCGGTCCTGAACAGATCTAAGTCGAGAACCATGATGAGCTGCTGATCACCGGAGAGACGAGAGACGAGA

>HLJCHI069

AGATTTCAAACCAAATGTTGAAAGGCAAAAACGAATCCTGGTCAGTCCTGGTTGTGTAACATTTCATAGTGTTCAGAAAGTTGTGTGAACGCACATTTCAACACAGCAGCAGCAGCAGCAGAAATGAACCTTTTACTGTGGAGCAGGAAAAATGCTCAAATTGGATTTGATGTAGTAAGACCAAGATGACGATGGGAAACTGTGAAATCAGATAGAAGAGAACAACCACATCTCATCTGCTTGGCATACAGACTCATCTCTCAGGGCTGGGATCCTTCTAGAACTTTCACAGACTCTTGATGTCCACCGTGTCGTATCTCACACAATATAGTTCAGTAGAAAGCCAAGTATCAGTTCTGCAGCAGCACGATCAAATCAAAACTGTTATATGTGGGGGTGAAATTAAAGATATACACTGATATATCCCTCTCCTCACCCCTTCATCTCTCTTTCCTCACCCCCCATACTATCTCTCCCTCTCTCTC

>HLJCHI076

CACACAAACACACACAAACACTTCTTCTAAAGCGCAAGGATTCTGTCCACAATGTCAACCGCATCATTTACATGCAAATGGTCAATGGTTCCCCTGCTTCCTGTCCTCCGTCCCTCAGGGGCCCCTGCGGTCCGGCGCTCCTGCTTGCCGTCTCCACGGTTACCAAGGCGCTGATAGTGCGGGGCTTCCATCAAATATTTAAAGCTACATTATGAACCAGCAGCTTCCCCTGTCCCTAACCCTGGGGGGGTTGTTGTTGTTGTTGTTGATTCTGCGTTACCTTGCATGACTACAAGCTAAGCTAAGCTTCGTAAACACGCGTGTGCGTGTCGTACCTCCCAGCTAAAACACGGAAAAAGAGCCCTCCTTAATTACATTAGAACTTCAGCGGGGGCGTTTGACATTCTCCGACCTCGATACAGGAGGATATTTGTTGCCGTTCAATGGAAGGAAGCTCCAGGGAGCGTCTCTCGTATCCAGATCCGGGGGCAATTAGCCAGGCTAGGCCAGGT

>HLJCHI114

GGGGTTAGGGTTCTACACTTGATAAAGTATGTAATACATTTCCATCTGCAGTGCTGAAGAAGAGAAGAAAGAATGAAGACTCTGCTGTTAGCCAGTGTTCTCTTGGTTTGGAGCATGATGGGTAGGTTGGAGAACATAAAACACAGACCAACTGTGAAGGGAAATTAGTCCTAACTATTTACTGTCCAAAATTGCAAAAGTTAGAAGGTAAAACACTTGTGAGTTGTCATTCTTTATAATGTACTTATGTCTTATTCATCAATATCCTTTTAGT

AGTAGTAGTAGTAGAAGACAAACATGTACTTGTTCTTCTAGCACGATAAATGTTTT
GAAATATTGTGATGAAATTATGAATTATAAATGATGGTTAAGTGCAACAGGGTCAG
ATAATAATGCGGAGAAACTGCTGAAATTTTTTTAAGCGTCTTCACAGGATCCAATA
AAAGTGAATAAAGAGAAAGACGGAATCATGCTTGAATGTCCGAAGCCAAATATG
AAGTTGTATAAAAGATCTGACGAAACATTCGATGGGAAATTACTGTATGAAGATG
AAAATACTGGAGAGTACAAATGCAAAGATGGTACTGATATCAGCTATATGTACGTC
AAGTTCCGGAGTAAGTCAAAACCTTTTGCATCGGTTTATGGTGATTAAAAGACTC
ACAGAAACTTTAGGAATGATTGTGAGAAGCATAATTGCAATTGAATGTGGAGAGT
TATGGTAACCAGTTATTTTGTTACTTTTGAAAGCCCTGGTTTAAGTGTGTGTTTGT
GTTTGTTTGTG

>HLJCHI128

GCTGCCCTCGCTGTGGAACACGTGAGTGCCCGTTTCTGCCCCGATAATTCAC
ACAATATAGCGCAGGTACTTCCCACACTTTCACTACTACTACTACTACTTACCCTC
CAAATGCTCCTTTTGTTCATTTCTTTAAATAAAAACAGCCTCTTCTAAATGAATAA
CACGTCAAATGTGGACAACATACATCCAATACGGCATTCAACACTCATGTAGTTAC
ATGCCGGCACACACAAAGGTGTGCTTTATTTTAGTCAGGATGTACGGTAGTGAAA
GGCCTTGGTAAGTCATCAGATTGCGCGTTGCCCCAAAGCAGACTAAACCTTTAAA
ACAACTCTGCCTTTCACTGAGAGCCATTTTAATGTTACCGACCAAATTCAAAAGA
AGCGCCACCAATATTTTCAGAACGAGAGAGTTTCTCTTCAAGAAAACCTCGTTCG
TTTTAAAGATGATTTAAAACTGCAATAGCATCCCGGGCAATGAAAAGCTCTTGTGT
ATTTGAACATTGGCTCATTGTACCCACAAAACATCTTTGAATCTTCAACTTGTAAT
GGCTGTAATTGGCCAAATTGGTTTAAGTGGGATGGAAAATTGGCGGGGCTTTTCA
GCAGAGCCATCCTCAGTGCAAGCAGAACTCACGTGTTCCCCCGTACCTCGGAGA
GCTTTGGCTGCTGAGCTGCCTGAAGCTACGTACACAAGGAAAGCCTCAGGCATC
CCTACCTTGATCACCCAGGGTTACGCTTTGAGTCGAGACCCTGTTTGCAAGTTCC
ATTTCCTCTCTGATTTATGGCAAAAACAACATCAGCTCCTTTCAACAGGGCATCCC
TGTGCGTTCTGAGCAGAAGGGAGGGTTTCACTGAATAGGCCTGCCCTCACTCCTG
CTCCCTGCCTCTGCTAACCCACCCACTCCCTTCCTCCCTCCCCCT

>HLJCHI139

GTCTGGGGCTGGAGTCCTGGAGGTCTGAAGGTCTGTGGGTCTGATATCGCTG
ATCTCAATACTGACTTCCAGGCGCCGCACTGTTGCAGCGCATCAAACCTCCACCT
ACAAATTCAGTAACCTATATCAGCTGTCCTGCCAAAAAAGTGTCTCCGCCCAAAA

CAGACGATCCTATTGGATACAGGATACTAAGTCCCGCCTCCGCGCCGACCTACGT
GTTCCTATTGGTCAAACCACAGTGAGGCTGTTCAACAAACAAGCTCGTGAGGAA
ATCTGTCGGAATGGATGCAGGTAGGATGACTAGTTTGGGCTGAACTGATTCAATAT
TTGGCTATTTTAGTTACTTACAAAATCTAACTGTAAATAGATATATACAGTCCTGTT
TCATATAATTAGTTATGTTATTTATGTATTTGTTATATTATGAGAAACGTTCCGACTTA
ACTGGACAGTCTGCCAGCTAGCGCGTTAGCTAGCAGTTGCTACCCTCTCCTTCTG
GGTACGCTCCTTTCGTTACCAGTGACCTCCCAGACGGGTGGAGATGTCCTCATTT
GGACTGTTCCTATCTTAGACAGTCTGGCATCAAGGACGAAACCTCCACGTCCTCA
GCCAGGCTACCTCGCTTTACAAAACCATCAGTCTGAGCTACTGACAGAATAGACT
TGCTTTGCAATGACAATAAATAAACACTCATGACTTCATGAACGATATCATATTTCG
TTCTTGTCGGTTGGTTAAATCTTTATAATCTGAGTAGCTCTACTTTCTCCTTACCTG
TCCTTTATATCTGTCCCGCCCTGCGTCCATGTATTTAACTGTCACATCAGTTGTCGA
ATCACTGCAGGAACTGACAGCAGACCAGCAGCAGCAGCAGCAGCTTTGAAACA
GTGATGTTTGTCCAGAGATCAGGTGTGATGATCTGATCCAGGTGCATCTCTCTCCT
CAGCTACCCTCACCTACGACACACTTCGCTTTGGAGAGTTTGAAGAATTCCCAGA
GACCTCGGAGCCCGTGTGGATCTTAGGGAAGCAGTTCAACGCACTGACAGGTAA
GGGGGGTCGACCAGGCCCACGTGTCACTGCCCCTC

>HLJCHI141

CTACGTCACTAAGACGTCCCTGAGCACGTATTTATCATGCGACGCCCTCTTTG
TCTTCCGGACACGGAAGCGTCATTGTTCACCAAACTGGTCAAGTTTACCTCTTTA
AACTGTCTTTTCTTCACATGTAATTTCATTAGTCAAACATGAACAATTCAAGCGAA
TTAAAGATGTTCTTAGAGTCTTCTTTGAATGAGATTTTCAGAGCGACAGTAAGTGA
TATACTGGACTCAGTGGGGAAGACCTTGTCTGAATATCAGGGAACAATCAGGAGG
ATTGAAGCAGAAAATAAAGATCTGAAGAGAAGATTAAACCAGGAGATCAAACCA
GGTACAAGATCACATCCTCTGTTATTTCAAATCAAACCATTAGGTCGTCAGTGTCT
TGAACTCAATCGTTATTTTGTTTTGTTTGTTGCTGATTAGGTAAAAAAAAAACACC
CAACACATGTTAGTTCATAACGAGCTGCTTTTCTGTTGCAGACACAGACGCTCAC
TATGAAGATGCTGCCTGCTCCGATCTGTCTCCAACAACCAGCAGAAAATATGATG
CCAATAAAGCAGAGATTAAAAGATGTTCGCCTCTCCCTGCTCTCGCTAAAACTGC
ATCTACAGTGTCGACCCTGACAGATGCTCCTCTTATTAAGAGCGACCCAGACGCT
GAGAATTCCAGAGCCATGGATCTGTCTCAGCCTCTGGGTCCTCTAAACCTGGCTG
CCAAACCCATCAAGGTGGAGATCTCGGAGGTGAAGTACATCGACCAGGAAGGAC

TCGCTCCTCTGGAGTCAGCCTCCGGATCTGAAGACGAGGTCCCCGACGACGACG
ACGACGACAGCATCGTCAGGGTTACCGTTGTCCCCGGCAGCTACCATACCTCAGA
GGGAAGCGAGGATGAGGACGGCCATTTATTGAAGTCGGAAATGCAGGAGGAGGT
CAAAGTTCAGACGGAGTGTGATGAAGGAGAGCTGTTTCAGGAAGGGGTCTTCAT
CAGGAAGCTCCTCCCACTTCCTCCTGAGCAGGAGAACTGCTTCCCGGAGGACAG
GATGCAGGACATGTCGGGCATCCCGAACTCTGCGTTGCCAGGTTGGAAGGGAAA
AACCCCTCGAGCAGTGTTCCCCTGCACAC

>HLJCHI158

ATATTATTTATCAGGGCTGACTGGACATCTTTGTTCTGAAGTTTAGGGGGGGT
GATCAAACTGATATAAGATCAGTAAGATGTTGGTTCAGCATTCCCATTATCATGAG
ACAACCACTTCAACCAAAAGCCTTCAGGCGAGACAATTTCATTAGCGGCTGCAA
ATGGCATCACTCACTGACATGGGCGAGCACTTGGACTTGGCCTCCGGTCTCCCTT
GATGTTGCTGACAACTGCTTCTCTGGAGTATAGACAGCAGGATGGGATAAATAAA
TAGCAAACTTTTATTTATATCTACATGTATTAATTCATCACACGCTTTTATTCAAAGC
GTAACGGCTATTTAGTGTGTTTGTTTCCCATTGTTGTGGAAAGATTTGTGTCAAG
CTTGTAAAACCAATTAACGTCTTCCAGCTGTAGAGCAATGGCGCCCTCTGTGGGT
TGATCGGAGCTCTTCTTGTTAAAATCAGACTTGCGGACAACATAATACATGACTTA
ATTACGGAGTTTATTTCTTAAATAGTGTAGAGTCATGAATTCAGAGACAATCATAC
ATAGCTATTTAGCTCAACATTTTGGAAAAAATACAATATTATATATAATGCTCGTAA
ATGCCCCGCTAACCAATGATCTGGACTGATCAACGCTACAGCAAACGCTCGAGTT
TGAGAGAATCAATTTGCGACTTTCTGGAAGCTTTGCGACTGTTACAGTCTTATGG
CGCACGACACGGAAAGTGGCAGAGAGAAGATGGCGGAGGGAGATAATAATGCA
GAGAAACTCAAGGAGAAGGCGAATACATACTTTAAAGGTACATGTACAATTCGTT
TGTGTTGTGTTTATATCTTAATATGGACAGTTGACTGGGACGCAGCCTGTTATTAA
ATGAACGCAGTGCCCTTCAACGGGATGTCAGAGGGGGATATTTCTAGCACATGAG
CCGGTTGCTAGCGAGCCATCACCATTCATCTGGATATTGGGGATGCGTTAGTTGTG
GTGATTAAATCATTTAATTTACCAACTAGATACTCATCATCAAAACATTAGCGGGC
TAGATTGAAAGGCAGTATACCGTTGTTGTTGTTGTTGTTAGCCGACGACAAACGG
CACGCGAGGTAATCTGCTAGTAGTTAGCTTTCATTTTCTACGCGCGCTGCATTG
CGAGTTGACGTTAGCTAGCTCGCGAGCTAATCTTTCCCAACTCGCGGATACGCGT
GCTGTCAGGCATGTTAGCTTGAACTAGCTAGTTAGCTTCGTCAAGTCATTCATTTA
AGTTGTCCGGACTGTCTACCTATTTGACAAGCCTTTTTCTCTCGGTGAGTTAAAA

ACTATGATAGATCATTTGTAACAAATGGATGGGCCGTTTCATATACATAATTGGCGTTTTAAGGGGTTTAACATGTCTGAGGCCCATGACTAGGTATATATGTATCGTTTTGAAAGCTAGTGCTACAGCTACCTTTAGTTAGCTTGATGCTGTGGGGCTGATAGTTAGCTAGACGGCTTGCAGCGCGTGGTAATTTAACATTTGACCACACCGTATCGTACTTCCATTAGCTATCTTAACAACTGCTACTGCTTTGCTGACTAAGCTGTAAAGATAAGCAGCACGCTCGATCCAGGATCTTGGACCAATACTTTGCCCTACTTGTT

>HLJCHI170

CCCCCCCCCCGGGTCCCGGGGCATATGGTGCCCTGCGAAGGACACACCACACCCACCACATCGCCATGACAATGGAGGCTCATGGCTTGACATTTCCTGTTTAACACCCTCTAATCCCGCCCCCCAAACAAACAACCGACTCCAAGACAAACAAACAAACAAACAAGGACTGAGGCGGGAGGATTACTACGACAACCCCGCTGCGTCACCAAGGCGATGGCTCGGTCGGAGAAGACGAGAGCGTGTTTCTGTGACAGTCAGAGGAGATCAGAGACAGTGTACTGTGTGCCAGGGGGGAGGGACAGAGGGGGGGG

>HLJCHI179

CCCCCCCCATCCACCGAGCAGCACGCTGTCCTTCAGCAGTCCTGCCTTCCTCCCACTTTGCTCATTTCAAGCCGAGCCTCACACAATGAGCCAGAAAGGGCTTTTATAGTCTCCTTGGATGTTTTAAAGCAGAGCTGGTGGAGTCTCCCAGCCCTGCTGCTGCCTCTGTCTGAGCACATGGCACACTTACAAACACACAGTGTAACTCCTCTCACCATCTAACTCATGTACAAGTGTGGAAATTCTTGGACAGCCGGCGAAAAAACAACAATAAGAGTGTTGAAATACAACAATAGCCTGTATCTCTTTATTAAAACAACATGGATCTGGTGTATCAGCATGAAAGGAGGTGTTTGTACACGACTGGATCAAATGTGCTTTGCTAGTGAACACAAAGCTTCTGTAATAAACTGACTGACTGACTGACTGTTGTTGTTGTTGATCTGCCTGTTGTTTGGCTGTTTGTCCAGACTTGTACACAGCAGTTGACCCCTGGACCAGCAGAGGGGGATCAGTGTGGCCTGAACACAGGCTGACCCAGATGGAAGGAGGACTGAGGTCTGGACAACCAGCCAGGACCTGCAGGGCTGCAGGCAGAACACCTGGGGGGGCTGGGGCACCAGGGCAGGGGCACCA

>HLJCHI185

AGAGAGAGAGAGAAAGAGAAACTCTGTCCCCTTTAGATCTTTCCAGGAAAACTCCCATTTTCGATCTGGTCATCCCACTTTTGCACCTATGAGAGAAACAAAGAACATGATATGAAGTTACTTTAATATCAAGCAGCTTTATCATTGAGATCAACTTAGACCAATAGAACCCTTCATATTCCTCAGGTTCACATGCTGTCCATACCCAGCTCATAGGACAGAGGCTCTTGTAGACCCTCTGGTACCAAATGCAGGGGGCTACATCCTGACCCTT

GTCTGACAGAGACTTGTTACACCTGTGGAAGTCTGGAGAACAGAAACAAGACAC TTGGCTTTTTGTGTGCAAAGATTGTAAATAAAAAAGTGAATAGACAGCATTCATTC GTGAAATGGAAAACCCAATTTGGACCCCAAAATAGGTAGTAAGACAGCTGGAAA GTGAAAGAAATCAATACAAACACTTGACTTCGGTTGATTGATTGATTGATTGAGG CAAATGGAAATCAATAAATTGCCACGTCCACTGATATTAGTAAAACCACGTCAGC TGACATGCCAACCTATGGCAGGAGTGCAAACATGCTGAGTCAGTAAATTTAGGCA TTTATCTGATGACTGATGGAGCTTAACTTCAGGATTTAGGCTTAAGTTAGAACTAT CCGTGCATTATGAGCAGCGCCCACCGAATTCAACCAAACAAACTGAAACGAACA AACAAAAGATGACCCACATCCAACCTGTATAGAATATGAACCTGTAGCCTGTTTTA CCTGCTGCTCAGTGTTAAACTGTTTAGGTAGGATTCAGCAGAGTTGGACTGGGAA CCACTCAGAGTAGCTCTACCATAAAAGAACACAGTTAATGTCAGAGCATTCCTCT GATGCCACTGTAATCCTGTGGGACCGTGTAAAGGGGGGAACAGTAGACCTTTTGA CAGCTGCAGACCTGTGCGTTCGTCTGAGCTGGTAGGATTGGAGTTCCATCTGAAA TAAGTTTATCGTCTGTCATGATATTTCCAAAGAAGATGGTTAAATGGCGGTTGGAT ACCCAGG

>HLJCHI189

AAATATAAGTTACACAAACACACTAGCCATCATTTATTTTTTATCTATCCACA AGATATCCACGATAGATATCCACTATAATAGCCACCAGATGGCAGTCACATATAATA GCTCTGTTCTTAGTGCAACACATGGACTGTATGTCTATGGTTCAAATATAATTGATC GTTTTAACAAATATATCTAAAGCAAGACCAAAAAACGGGCTCGTTTCCATACTTGT ACATGAGTTGTTTCCGTACAAACATGTTTATATTGCTTTTATGTTGTTTATAATACTA ATTCACTTACCTGGCCCAATGTGCATTCTAATTAAGATTCAATACTGGCAGCTGAG CGCTAGACGAAAGAATTCAGACGTCCAATATTCTGGAGAACAATGTAACAGAAA CACGGTTAAATATGATCAATTGAAAGAATGTCTCGTGTATATTTGTACTTATATACA AATTTAAATCATATGTGCACTTATGTATGTATGTATGTATGACCAAAAAGAAAATTT ATAAAAAATAAGTTACTAAAGTCTGCCTTCCCTCAGCAGTGTTGGATTGTGGGTG TTGGTGTTCAGTAACAAGGTTTCCTGCAGTTTGGGGATGTAGCCAGATAACTCGC CCACTTTCTCTATATTTCTCCTTCTAGGGAGTAAATTCAGGTTAAACTTTAAAAAA ATATTTTAATACTACTTAACTTTAAGTCACAAAGTCTACCGAACGACTTCAAAGCT GCTGAGGAAAAAAAAAGAAGAAGTTAATTGTTAGCCAAGTAGCATAACATTGCC TGCTTTGCTGGAAAGTTTTGCAGAGTTGGAAAGTGAGCAGAGTTAAAACTTAAA ATGAGTTTAAACGAGCACTCTTTACAAGCTCTGTCCTGGAGAAAGCTGTACCTGA

GCAGGGCTAAACTCAAGGCCACCAGCCGGACATCAGCACTTTTGTCTGGTTTTGCAATGGTGAGTAAAGTTACATTTAGAAAGGAAAAATTTGGCTTAACTAGAGGACGAATGTCACATAGACCGCGACGTGAAATGGGTCAACTATGGTTGTTAGTTGGCAGCATTTGATTCCACATGTAGGCTGAGGTTAACTATGTAATTGTGTATGTTTTAGTAGCAGGGTGTTTTATAGATTTAAGTGCATACAAGTTAGTGTGTTTAGTGTTAAAACTACGATAAGGCTCCTCTGCAATTGTGTGACGCAGTGAGACTGCATGAGTCATGAAGTTTTGGTGTCAGCAGTCTTCTGTCGAGTGTAAACTAGAGGCCATTGGCTATAATTAAATATCATTTAAAGAAAATATATGTATTAATACAGTATGTGAACTGCATCTGCATGCATTTGATCGAATATGCATTGCTGCTTGTAACCCTTTTCAATGTTATTGTTGTCTATCAAACAATTATCATTTGACTGTGGTGTTTT

>HLJCHI190

GATTTCCCAGAAGTCATTGCAAGGGCACGTACATCTTAAACCGTTCTCCCTCATTGCGGTCTTGCTAGAACATTCTTCTGAAGAACGCAAGTAGCTACATTGTGTTATTCGAATTGATGACAGAATAACAAACAGCCTATGATTAACCTTTAGCAAACTATCATAAAATTATTTATTTTTAAATTTAGGAGCAAACCTGGTTCATTAGTTAGATCCATCATGGGGTTTCAAACTGCAGTCAGATTTGACGAGATGGAGAGGTAGCTTGGATGGTGTCTATCCATATCAGAATCAATAGGTAATCATTTGTGACTCAATGACTTACTCAGCCACTTTTTAAATATAAGTTCCATCAAACAAACAAACAAACAAAAAATCATTAAAATGGCAGAAGTACCGACATAAATGTAGTAGTGACTGTGATTGTCACCCCACCTGGCACTAACCATGCACCACCGTATTGAAATAAAGGTGAAACCTTTGCATTTGAACTGAAGTGGGGAATATGCCCATAGAACACGCCCCTGCATCCTCTCACACGCAGGTTGCACACATTTGAGGCATGTATTTGCTCACATAAAAGGTGCGATTTTAATGAAAACTGGTATTATCTAAAAATAAAACCGACCTATCTACGATACATATCTCACGGATGTAGCGGTGTAAATGACATGTCACTTTCCATAGCACAAAACAACCCATAGCCATGTTATGCAAACATTGCACGAATTTGCGCCAGTAACACTGTAACTGTTAACTTTTCATTTTCACTGCAGTTCTTTTTAGTGAGCAGAAGTATTGAGAGAGCTGTCCTCCATATGTCGCCTAATTTGAACATGTGTAGCCTCCTTGTGCCCCTGTTGGTGCTCTGCTTAGTGGGCCTTAACTCTAGTCTGCTCCCTACCGACCAGTGTCCATCCATCCAAATCCACTTCAAATCTCACTCTCTTTCTCTCACCTCTTCCTCTCTCGTTCCTGCACGCTTTTAAAGATGTAGTAAGGCAACAAACCTGTATTGCTGCTGATTTTTGGATTTAGGCTCCGCTGCAGGATTACGACTCGTTCATTTGGGAACACGGATAAGAGGTCAGGAGGGCGTTTAACCGGGAGATGGATACCAATGACAGACAGTGCATAGACAACATAGACAACACAGAATTGAACT

TCTATGCATCGAAAGCAGCTTTGTAACGATCCTACCGTCGCCACGAGTCGGGTTG
AACACTATTGTGAATATGCATCTGAAGTGCATGTGCACTCTCTTCCATCAGTTATG
CTTTCTCGGAGCGTTTGCAATTGCAGGTACAGGAGTTCCACCTATGTACAGATGC
CAAAGCATTGTAATACTGATGCAGCACTAAGTTGCAGTTTTAATGTAAAACTTGTT
TGTGACTTGCTGAGGCGTAAAGCACAGGAGACACGCGAAATGAGATGATTTTATT
GCGCAACGCGACAA

附录七　大银鱼连环湖群体部分个体扩增图谱

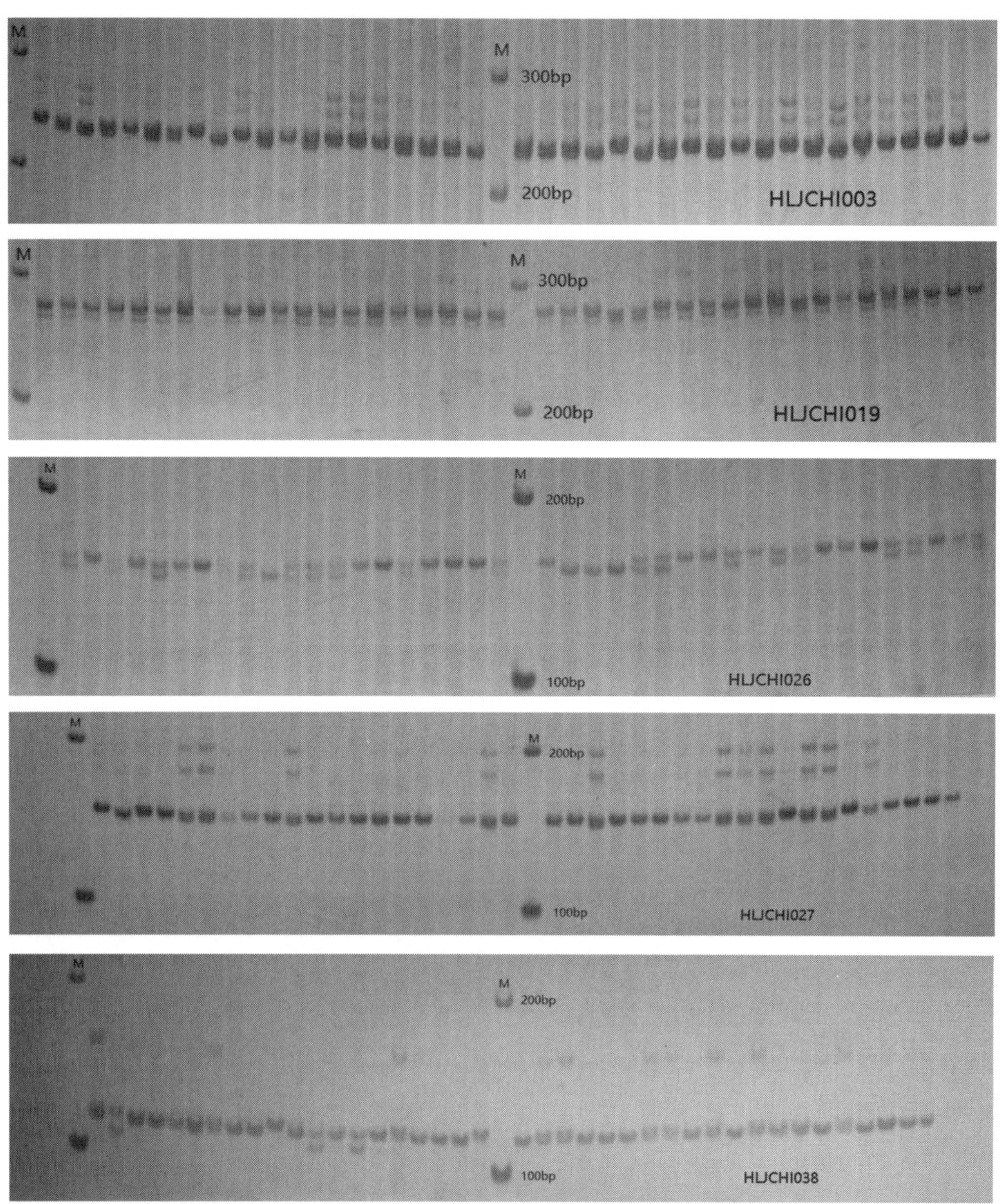

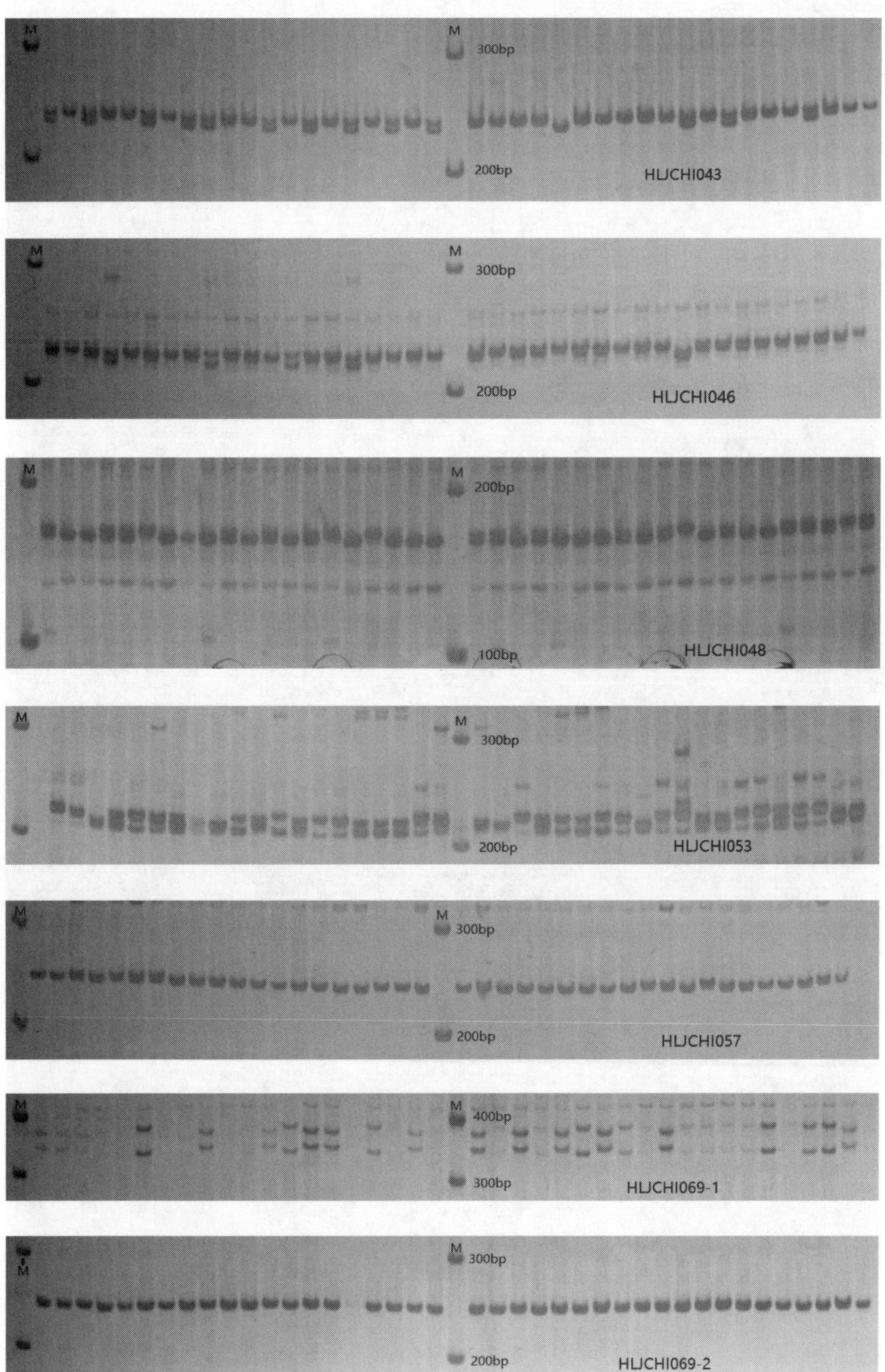
M
M
300bp
200bp
HLJCHI043
M
M
300bp
200bp
HLJCHI046
M
M
200bp
100bp
HLJCHI048
M
M
300bp
200bp
HLJCHI053
M
M
300bp
200bp
HLJCHI057
M
M
400bp
300bp
HLJCHI069-1
M
M
300bp
200bp
HLJCHI069-2

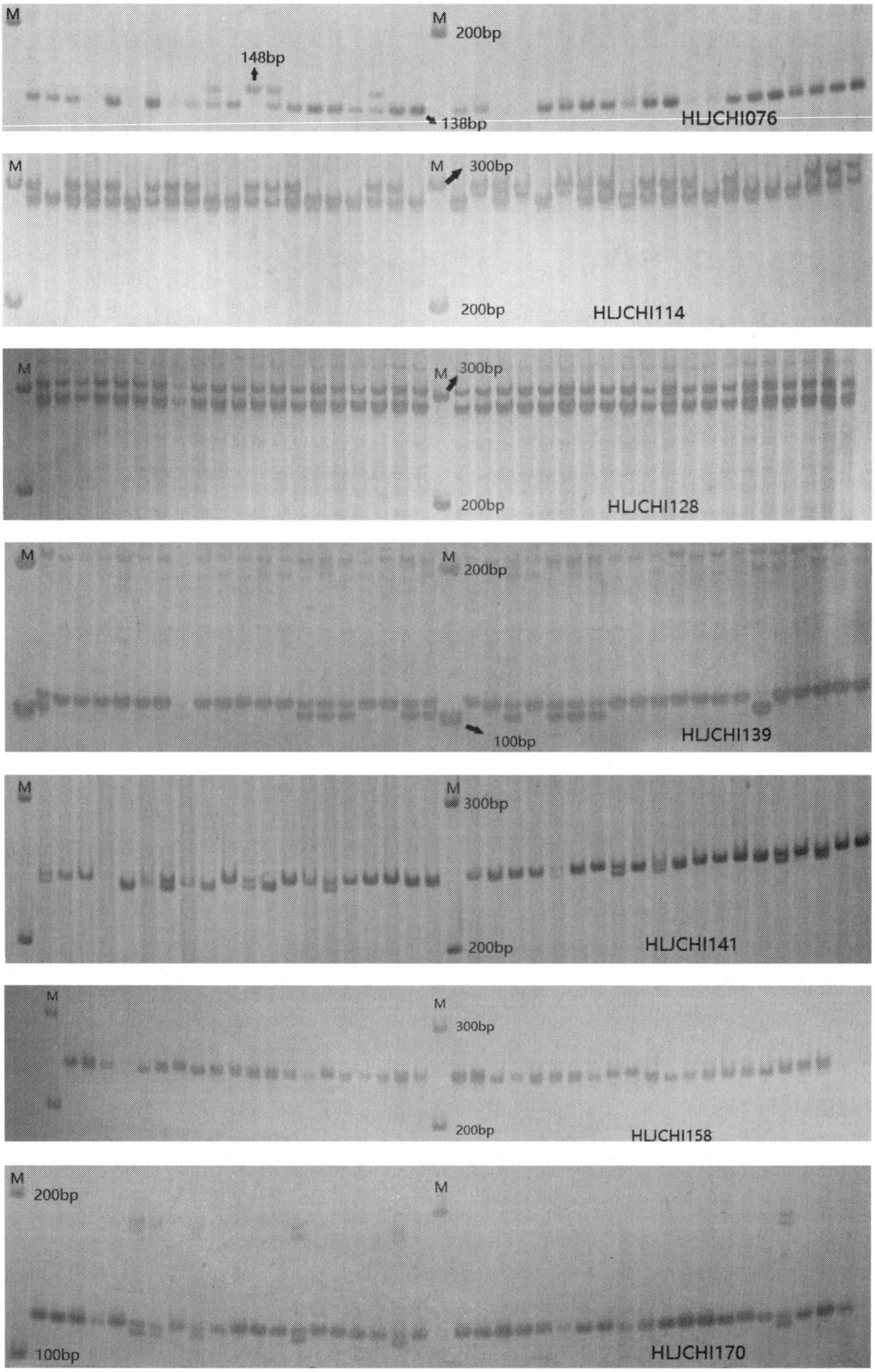

M M 200bp 148bp 138bp HLJCHI076

M M 300bp 200bp HLJCHI114

M M 300bp 200bp HLJCHI128

M M 200bp 100bp HLJCHI139

M M 300bp 200bp HLJCHI141

M M 300bp 200bp HLJCHI158

M 200bp M 100bp HLJCHI170

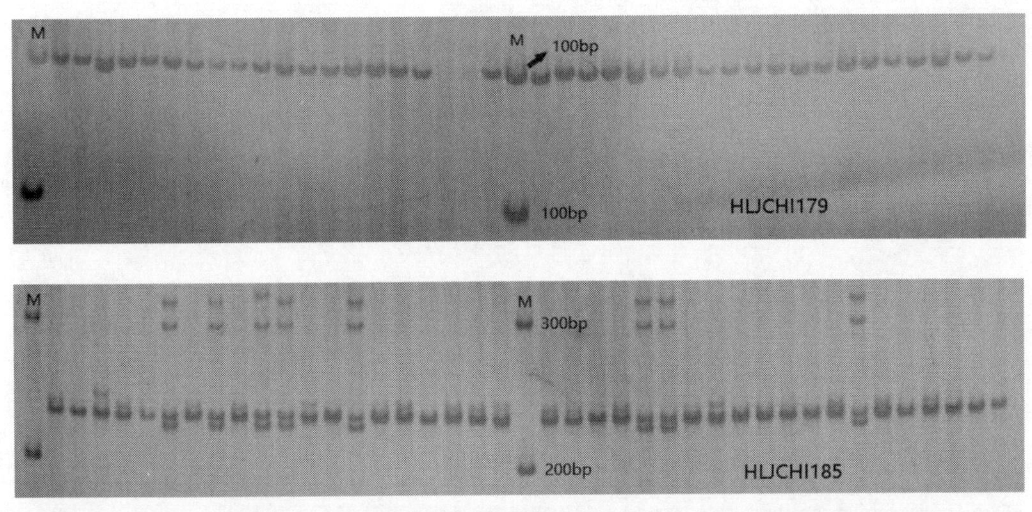
M
M
100bp
100bp
HLJCHI179
M
M
300bp
200bp
HLJCHI185

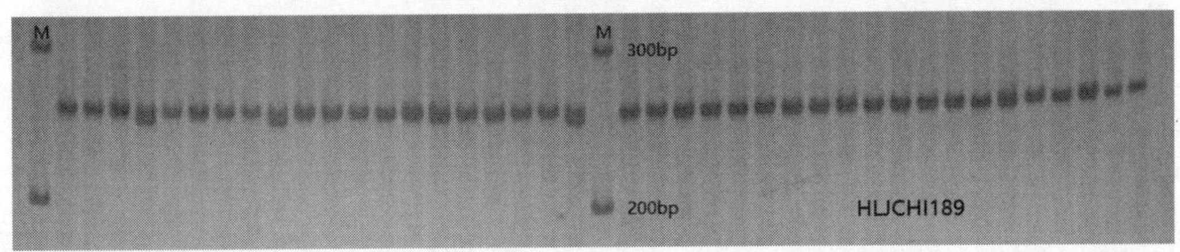
M
M
300bp
200bp
HLJCHI189

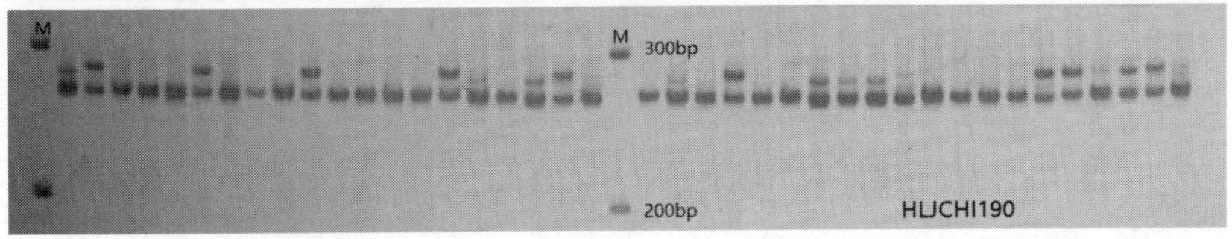
M
M
300bp
200bp
HLJCHI190